Eduard Karl Heinrich Heydenreich

Bibliographisches Repertorium über die Geschichte der Stadt Freiberg

und ihres Berg- und Hüttenwesens

Eduard Karl Heinrich Heydenreich

Bibliographisches Repertorium über die Geschichte der Stadt Freiberg
und ihres Berg- und Hüttenwesens

ISBN/EAN: 9783743632479

Hergestellt in Europa, USA, Kanada, Australien, Japan

Cover: Foto ©ninafisch / pixelio.de

Weitere Bücher finden Sie auf **www.hansebooks.com**

Bibliographisches Repertorium

über die

Geschichte der Stadt Freiberg

und ihres

Berg- und Hüttenwesens.

Herausgegeben

von

Dr. ph. Eduard Heydenreich,

Oberlehrer am Gymnasium Albertinum,
Privatdozent der Geschichte an der Königl. Sächs. Bergakademie,
Bibliothekar des Freiberger Altertumsvereines.

Freiberg in Sachsen 1885.

Druck der Gerlach'schen Buchdruckerei.

Vorrede.

Der gedruckte Katalog der Bibliothek des Freiberger Altertums=
vereins (vgl. Nr. 393) ist nicht alphabetisch, sondern in chronologischer
Folge der Schenkungen oder Ankäufe gefertigt und gegenwärtig ver=
griffen. Ein neues und bequemeres Hilfsmittel zur Benutzung der
genannten reichen und viele Seltenheiten umfassenden Büchersammlung
habe ich daher bei der Verwaltung der genannten Bibliothek schon seit
Jahren als ein dringendes Bedürfnis empfunden.

Das vorliegende Repertorium wurde zugleich durch den Wunsch ver=
anlaßt, für diejenigen meiner historischen Vorlesungen an der hiesigen
Bergakademie, welche sich auf die Geschichte der Stadt Freiberg und
ihres Berg= und Hüttenwesens beziehen, eine bibliographische Unter=
lage zu gewinnen. Auch bei Vorlesungen über das Freiberger Berg=
recht wird dasselbe mit Nutzen zu gebrauchen sein, dank der wohl=
wollenden Unterstützung, welche mir für den Abschnitt „Bergrecht,
Bergwerks= und Hüttenverfassung" (Nr. 597 bis 731) die Herren Berg=
amtsdirektor Dr. Leuthold und Bergamtsrat Professor Dr. Wahle
in der liebenswürdigsten Weise haben zu teil werden lassen. Beiden
Herren sei auch an dieser Stelle der verbindlichste Dank ausgesprochen.

Die außergewöhnliche Wichtigkeit der Stadt Freiberg für
die spezielle sächsische sowie für die allgemeine deutsche Geschichte und
die internationale Bedeutung des Freiberger Berg= und Hüttenwesens
legten den Gedanken nahe, nicht nur das zusammenzustellen, was den
angegebenen praktischen Gesichtspunkten entspricht, sondern ein Reper=
torium zu schaffen, in welchem die gesamte zahlreiche Litteratur, auch
juristischen und technischen Inhaltes, Aufnahme fände, soweit sie irgend
für die Geschichte Freibergs und seines Berg= und Hüttenwesens in
betracht kommt. Wie sehr aber Freiberg ein solches Repertorium ver=
dient, zeigen die zahlreichen archivalischen und monumentalen Überreste,
welche über die ruhmvolle Vergangenheit von Sachsens Berghauptstadt

noch jetzt ein beredtes Zeugnis ablegen. Stadtrecht und Stadtverfassung haben sich hier, um nur auf einiges besonders Wichtige hinzuweisen, in höherem Grade als in den meisten anderen meißnisch=sächsischen Städten entwickelt und bereits auf der Grenze des 13. und 14. Jahrhunderts eine Niederschrift erfahren, welche um so mehr Beachtung verdient, als sie fast die einzige umfangreichere Rechtsaufzeichnung ist, die während des Mittelalters im Meißner Lande abgefaßt wurde. Das Freiberger Bergrecht fand nicht allein bereits im 13. Jahrhundert in Schlesien Eingang, sondern hat auch seit dem 16. Jahrhundert durch andere von ihm abgeleitete Bergordnungen eine weite Verbreitung in Böhmen, West=, Mittel= und Norddeutschland gefunden und einen bedeutenden Einfluß auf die gesamte deutsche Berggesetzgebung ausgeübt. Durch die langbewährte Lebensfähigkeit aber des Freiberger Bergbaues, an dem die Landesfürsten das regste Interesse nahmen und welchen sie durch Erteilung von Freiheiten und Privilegien auf alle Weise förderten, sind bis zum Jahre 1883 dem Lande über 9 587 000 Pfund Silber, außerdem außerordentliche Mengen anderer Metalle aus den Tiefen des Gebirges zugeführt worden; und die Freiberger Bergakademie, an der eine erhebliche Anzahl Männer von mehr als europäischem Rufe gewirkt hat und noch wirkt, sieht alljährlich Studierende aus allen Weltteilen, auch aus den jenseits des Oceans gelegenen Ländern, in ihren Mauern.

Die Abfassung eines Repertoriums von der angegebenen Vollständigkeit war freilich mit den größten Schwierigkeiten verbunden. Die vorhandenen Vorarbeiten für die früheren Jahrhunderte (Kreysig, George Christoph, historische Bibliothek von Ober=Sachsen, 1732, 8°, Seite 287—289; Struve, Burc. Gotth., Bibliotheca Saxonica, 1736, 8°, Seite 108—116; Weinart, Bernh. Gottfr., Versuch einer Litteratur der sächsischen Geschichte und Staatskunde, Bd. I., 1790, 8°, Seite 322—332; Wilisch, Christian Gotth., Kirchenhistorie der Stadt Freyberg, 1737, zweiter Anhang, 6 Seiten in 4°) sind unvollständig, teilweise auch unrichtig. Für die Freiberger Geschichte aber im 19. Jahrhundert ist zu einer, das gesamte städtische und bergmännische Leben umfassenden, Bibliographie auch nicht einmal der Versuch gemacht worden. Nur für wenige sehr spezielle Gegenstände findet man in einschlagenden Abhandlungen die Litteratur verzeichnet, wie über die Geschichte der Freiberger Gymnasialbibliothek von Julius Petzholdt im Adreßbuch der Bibliotheken Deutschlands S. 140 (vgl. Nr. 236) und über Heinrich von Freiberg, den bekannten mittelhochdeutschen Dichter, von Paul Kuanth in den Mitteilungen des Freiberger Altertumsvereines Heft 20, Seite 82 (vgl. Nr. 853), so daß in solchem Falle, soweit es sich um Herbeischaffung des bibliographischen Materiales handelte, nur nötig war, die inzwischen neu erschienene Litteratur nachzutragen. Für die allerneueste Zeit bildeten die Referate in den Jahresberichten der Geschichtswissenschaft (im Auftrag der histo=

rischen Gesellschaft zu Berlin, herausgegeben von F. Abraham, J. Hermann, Edm. Meyer, seit 1878) und besonders diejenigen Litteraturübersichten über sächsische Geschichte, welche Hubert Ermisch in dem von ihm herausgegebenen Neuen Archiv für Sächsische Geschichte und Altertumskunde (Dresden, Wilhelm Bänsch; jetzt bis zum 5. Band vorgeschritten) veröffentlicht hat, eine wertvolle Unterlage für meine Arbeit. Für die frühere Zeit aber fehlt es an derartigen, regelmäßig die gesamte zeitgenössische Geschichtsschreibung über Sachsen registrierenden, Verzeichnissen leider nur allzusehr.

Es blieb mir daher nichts übrig, als in verschiedenen Bibliotheken nach einschlagenden Druckschriften zu suchen und die Resultate dieser Nachforschungen durch eigene Lektüre zu ergänzen. Für die Bibliothek des Freiberger Altertumsvereines (die ich mit „Alt." bezeichnet habe), bot der erwähnte Katalog mit seinen zwei Nachträgen (vgl. Nr. 393), die aber die neuesten Erwerbungen nicht mit enthalten, ein erwünschtes Hilfsmittel. Die Bibliothek der Königlich Sächsischen Bergakademie (bezeichnet mit „Ak.") wird durch einen alphabetischen Katalog (vgl. Nr. 740) registriert, welchen ich, da ein sachlicher bis jetzt noch nicht erschienen ist, Buch für Buch durchgenommen habe. Die Benutzung der Königlichen öffentlichen Bibliothek in Dresden-Neustadt (bezeichnet mit Dresd. Bibl.) wurde mir wesentlich dadurch erleichtert, daß die Direktion derselben mir den ganz ausführlichen Zettelkatalog durchzusehen gestattete. Auch der handschriftliche Katalog der Freiberger Gymnasialbibliothek (bezeichnet mit FGflb.) leistete gute Dienste, obwohl die umfangreiche, aber ungeordnete Sammlung Freiberger und auswärtiger Leichpredigten (vgl. Nr. 933ff.) nicht speziell darin registriert ist. Außerdem habe ich die Bibliotheken des Freiberger Bergamts und des Freiberger Ratsarchives, sowie die Leipziger Universitätsbibliothek benutzt. — Für das wohlwollende Entgegenkommen und die vielseitige Förderung, welche ich bei Benutzung dieser Büchersammlungen durch sämtliche Herren Bibliotheksbeamten erfahren habe, spreche ich diesen allen, besonders aber Herrn Geheimen Hofrat Oberbibliothekar Prof. Dr. Förstemann in Dresden-Neustadt, welcher mir auch zahlreiche Bücher wiederholt nach Freiberg sandte, meinen sehr verbindlichen Dank aus. Diejenigen Leichpredigten, deren Titel der Zittauer Stadtbibliothek entnommen sind (vgl. Nr. 943ff.), fand ich in einem Schreiben des jetzt verstorbenen dortigen Stadtbibliothekars Dr. Tobias (vgl. auch Nr. 1153), welches sich im Besitz des Freiberger Altertumsvereines befindet.

Möglichste Vollständigkeit zu erreichen, habe ich mich redlich bemüht; die Zahl von 1413 verzeichneten Arbeiten würde noch erheblich höher sein, wenn ich Recensionen (vgl. z. B. Nr. 4) und derartige Besprechungen, wie die unter Nr. 187 erwähnten, mit einer selbständigen Ziffer versehen hätte. Die lange Reihe dieser Drucksachen ist ein Zeugnis davon, ein wie reiches geistiges Leben in Sachsens Berghauptstadt zu allen Zeiten pulsiert hat. Ich würde aber, besonders aus der mir ferner stehenden technischen, berg- und hüttenmännischen Litteratur, nicht soviel Material zusammengebracht haben, wenn mich nicht außer den obengenannten Autoritäten auf dem Gebiete des Bergrechtes noch die Herren Gymnasialoberlehrer Paul Knauth, Bergrat Prof. C. G. Kreischer, Oberbergrat und Direktor der Königl. Bergakademie Prof. Dr. H. Th. Richter, Prof. Dr. A. W. Stelzner, sämtlich in Freiberg, sowie die Herren Geheimer Hofrat Bibliothekar Dr. Jul. Petzholdt in Dresden und Prof. Dr. H. Wunder in Grimma in mannigfaltiger Weise unterstützt hätten. Ferner hatte Herr Archivrat Dr. Hubert Ermisch die Güte, meine ganze Arbeit auf gedruckten Fahnenabzügen durchzusehen und mir eine Reihe von Bemerkungen und Nachträgen zur Verfügung zu stellen, welche ich alle in gewissenhafter Weise verwertet habe. Herr Stadtrat Heinrich Gerlach, Vorstand des Freiberger Altertumsvereines, hatte die Freundlichkeit, mir eine schriftliche Zusammenstellung derjenigen historischen Arbeiten zur Benutzung zu überlassen, welche sich in den verschiedenen Freiberger Lokalzeitschriften zerstreut finden. Auch unterstützte mich derselbe nachdrücklich dadurch, daß er das mühsame Geschäft möglichst sorgfältiger Korrektur mit übernahm, was der Genauigkeit des Repertoriums um so mehr zu statten kam, als derselbe mit der Geschichte der Stadt Freiberg und mit der diesbezüglichen Litteratur viele Jahre hindurch sich beschäftigt hat.

Allen den genannten Herren sei für ihre wertvolle Mitarbeit auch hierdurch der verbindlichste Dank ausgesprochen.

Ausnahmslos freilich habe ich ein jedes, was ich über Freiberger Geschichte fand, nicht aufgenommen, vielmehr so wertlose Drucksachen, wie die anonyme Beschreibung des Balkons am Rathause, aus welchem der Kurfürst am 12. Mai 1769 die Erbhuldigung angenommen hat, Freiberg 1769 (Alt. B¹ 39) weggelassen. Wo ich aber in Zweifel war, ob eine Arbeit wissenschaftlichen Wert habe oder nicht, habe ich gemeint, eher allzuvollständig, als lückenhaft sein zu sollen; wo der Titel die Beziehung zu Freiberg nicht erkennen läßt, habe ich auch Werke (vgl. Nr. 773. 284) aufgenommen, die entweder allgemeineren Inhalts sind oder ihrem Titel nach andere spezielle Gegenstände behandeln und nur gelegentlich auf Freiberger Verhältnisse eingehen. Prinzipiell sind alle kartographischen Arbeiten ausgeschlossen, da ein vollständiges Verzeichnis derselben von Herrn Prof. Dr. Sophus Ruge in Dresden bearbeitet wird und in den Veröffentlichungen der Central-Kommission für wissenschaftliche Landeskunde von Deutschland (vgl. Fünfter Bericht der Central-Kommission für wissenschaftliche Landeskunde von Deutschland „Ausland", Jahrgang 1884 Nr. 15) seinen Platz finden soll; das zweite Heft der zuletzt genannten Publikationen (Die landeskundliche Litteratur für Nord-Thüringen, den Harz und den provinzialsächsischen, wie anhaltischen Teil an der norddeutschen Tiefebene. Halle, herausgegeben vom Verein für Erdkunde zu Halle.

Tausch & Grosse, 1884. 174 S. gr. 8°) ist der Abfassung des vorliegenden Repertoriums mehrfach förderlich gewesen. Ferner habe ich mich lediglich auf die im Druck veröffentlichten Arbeiten beschränkt und davon abgesehen, die zahlreichen handschriftlichen Quellen zur Freiberger Geschichte mitzuregistrieren; über diese genüge es, auf die Zusammenstellungen von Hubert Ermisch im Freiberger Urkundenbuch zu verweisen.

So sehr ich nun auch innerhalb dieser mir gesteckten Grenzen nach Vollständigkeit gestrebt habe und so umfänglich meine Bibliographie gegenüber den früheren, dagegen gänzlich verschwindenden Zusammenstellungen auch ausgefallen ist, so wird man doch von einem ersten, derartig umfassenden Versuch absolute Vollständigkeit nicht verlangen dürfen. — Der Freiberger Altertumsverein hat die Absicht, in Nachträgen zu meinem Repertorium die zukünftige Litteratur über Freiberger Geschichte sowie die etwa von mir übersehenen, bisher erschienenen Arbeiten zusammenzustellen. Ich würde daher allen denen zu Dank verpflichtet sein, welche mich auf Lücken aufmerksam machen und eventuelle Nachträge entweder direkt an mich oder an die „Bibliothek des Freiberger Altertumsvereins" einsenden wollten.

Die unter Nr. 225 genannte Abhandlung von mir, welche während des Druckes nur als demnächst erscheinend bezeichnet werden konnte, ist inzwischen unter dem Titel: „Über ein neugefundenes Handschriftenbruchstück der Freiberger Gymnasialbibliothek und über das Gedicht von der vrouwen turnei" im Archiv für Litteraturgeschichte, Band XIII., Seite 145—175 abgedruckt worden. Außerdem seien hier auch noch folgende Arbeiten nachgetragen: Familien-Album des Geschlechtes von Schönberg. (Dieses Prachtwerk enthält eine reichhaltige Sammlung von Kunstblättern in Fol., Familienglieder, Wohnsitze und Wappen des Geschlechtes von Schönberg darstellend.) Dazu: Erläuterungen zu dem Familien-Album des Geschlechtes von Schönberg Meißnischen Stammes. Leipzig, Druck von Giesecke & Devrient. 32 Seiten in gr. 8°. 1884. — Rich. Schütze, Nachrichten der Parochie Tuttendorf mit Halsbrücke, Loßnitz und Lößnitz vom Jahre 1880. Freiberg, Druck der Gerlach'schen Buchdruckerei. 16 S. U. 8°. Hierin Seite 12ff. Nachrichten aus den Turmknopf-Dokumenten von Tuttendorf. — Freyberger Gemeinnützige Nachrichten für das Chursächsische Erzgebirge, Donnerstag, den 29. September 1803, worin ein interessanter Bericht über frühere Schulzustände und über Erbauung und Einweihung der jetzigen alten Schule zu Großvoigtsberg enthalten ist (abgedruckt in der Beilage zum Freiberger Anzeiger und Tageblatt, Freitag, den 21. November 1884). — Erinnerungen an Dr. Gotthilf Ferdinand Döhner, Comthur des Königl. Sächs. Civil-Verdienst-Ordens und Geheimer Kirchen- u. Schulrat zu Zwickau, nebst vier an seinem Grabe gehaltenen Reden, herausg. zum Besten sächsischer Lehrerwaisen. Zwickau 1866. Buchhandlung des Volksschriften-Vereins, Julius Döhner. (Hierin über

Döhners Freiberger Thätigkeit (S. 9 ff.) — Eine anonyme Biographie des als Jurist, Politiker und Schriftsteller bekannten Albert von Carlowitz, geboren 1802 zu Freiberg, gestorben 1874, ist enthalten in der Wissenschaftlichen Beilage der Leipziger Zeitung 1874, Nr. 70.

Das gesamte Material habe ich der Übersicht wegen in Quellenwerke und Darstellungen, jene wieder in vier, diese in zwölf Abteilungen zerlegt; innerhalb einer jeden Abteilung ist alphabetische Reihenfolge innegehalten worden. Eine Anzahl Nachträge, die sich während des Druckes ergaben, sind der letzten dieser Abteilungen angefügt worden. Die beiden sehr ausführlichen Register, welche sich auch auf die eben erwähnten Nachträge beziehen, werden, wie ich hoffe, die Übersichtlichkeit vermehren.

Soweit meine Kenntnis reichte, habe ich jedem Werke eine bibliothekarische Angabe darüber, wo dasselbe gegenwärtig zu finden ist, beigefügt. Für die Mitglieder des Freiberger Altertumsvereines sei noch bemerkt, daß die Bibliothek desselben eine doppelte Reihe sämtlicher von Herrn Stadtrat Heinrich Gerlach herausgegebenen Vereinshefte (vgl. Nr. 68), außerdem die Mitteilungen sämtlicher sächsischer Geschichts- und Altertumsvereine und eine sehr große Zahl von Publikationen der übrigen deutschen, sowie der außerdeutschen historischen Vereine enthält. (vgl. „Verzeichnis der mit dem Freiberger Altertumsverein in Schriften-Austausch stehenden Vereine und Anstalten" in den Mitteilungen des Freiberger Altertumsvereins Heft 20, S. 141 ff.) Diese Hefte sind von mir ungeordnet und in alphabetischer Folge der betreffenden Vereins- und Druckorte aufgestellt worden, tragen aber, mit geringen Ausnahmen, keine besondere Bibliotheksignatur.

Besonders häufig von mir zu citierende Zeitschriften habe ich mit folgenden Abkürzungen bezeichnet:

ASG. = Archiv für die Sächsische Geschichte, herausgegeben von W. Wachsmuth und K. von Weber. Leipzig 1863 ff.

ASG. NF. = Archiv für die Sächsische Geschichte. Herausgegeben von Karl von Weber. Neue Folge. Leipzig 1875 ff.

BHZ. = Berg- und hüttenmännische Zeitung. Herausgegeben von C. Hartmann, K. R. Bornemann, B. Kerl und F. Wimmer. Nordhausen und Leipzig. 1842 ff.

Cur. Sax. = Sächsisches Curiositäten-Cabinet, darinnen Merckwürdige Begebenheiten aus der Historia Politica, Ecclesiastica, Artificiali, Literaria und Mixta, ingleichen aus der Genealogie, Physica und Natura anzutreffen. Dresden 1731 ff. (Auch Curiosa Saxonica betitelt.)

FGN. = Freiberger gemeinnützige Nachrichten. Freiberg, Gerlach'sche Druckerei. 1800 ff. (vgl. Nr. 29.)

JBH. = Jahrbuch für den Berg- und Hüttenmann. Herausgegeben von der Kgl. Bergakademie. 1852 ff. Fortgesetzt unter dem Titel: Jahrbuch für das Berg- und Hüttenwesen im Königreich Sachsen. Herausgegeben von C. G. Gottschalk. 1873 ff. (vgl. Nr. 37 und 38.)

MFA. = Mitteilungen vom Freiberger Altertumsverein. Herausgegeben von Heinrich Gerlach. Freiberg 1862 ff. (vgl. Nr. 58.)

MKSA. = Mitteilungen des Königl. Sächsischen Altertumsvereins. Dresden, Wilhelm Baensch' Verlagshandlung. 1835 ff.

MCS. = Magazin für die Cryptographie von Sachsen. Herausgegeben von J. C. Freiesleben. Freiberg 1828 ff.

NASG. = Neues Archiv für Sächsische Geschichte und Altertumskunde. Herausgegeben von Hubert Ermisch. Dresden, Wilhelm Baensch' Verlagshandlung. 1880 ff.

SVN. = Sammlung vermischter Nachrichten zur sächsischen Geschichte. Herausgegeben von G. J. Grundig und J. F. Klotzsch. Chemnitz 1767 ff.

ZBR. = Zeitschrift für Bergrecht. Herausgegeben von H. Brassert und H. Achenbach. Köln 1860 ff.

Der Druck ist auf Kosten des Freiberger Altertumsvereines durch die Druckerei von Heinrich Gerlach in Freiberg, trotz der Schwierigkeiten des Satzes in sehr anerkennenswerter Weise, ausgeführt worden.

Möchte meine Arbeit sich als ein praktisches Nachschlagebuch erweisen; möchte sie manchem eine Anregung werden, der interessanten Vergangenheit von Sachsens Berghauptstadt sein Studium zu widmen und die Schätze zu heben, welche insbesondere das vortreffliche Freiberger Ratsarchiv und die gut erhaltenen und sehr reichhaltigen Pfarr- und Dorfarchive von Freibergs Umgegend enthalten; möchte sie auch andere Geschichtsvereine veranlassen, durch ähnliche Zusammenstellungen die historische Forschung vertiefen zu helfen.

Glück auf!

Freiberg, im Dezember 1884.

Dr. Eduard Heydenreich.

Inhalts-Verzeichnis.

A. Quellenwerke Nr. 1 bis Nr. 57 . . . . . . Seite 1—5.
   1. Urkundliche Quellen Nr. 1—28 . . . . „ 1—3.
   2. Lokalblätter, Kalender ꝛc. Nr. 29—38 . . „ 3.
   3. Monumentale Quellen Nr. 39—47 . . . „ 3—4.
   4. Inschriften und Münzen Nr. 48—57. . . „ 4—5.

B. Darstellungen Nr. 58—1317. . . . . . . „ 5—96.
   1. Allgemeines Nr. 58—82. . . . . . . „ 5—8.
   2. Stadtrecht und Stadtverfassung Nr. 83—126 „ 8—11.
   3. Kirche. a. Kirchengeschichtliches Nr. 127—163 „ 11—13.
           b. Kunstgeschichtliches Nr. 164—201 „ 13—16.
   4. Schule Nr. 202—263 . . . . „ 16—19.
   5. Städtisches Leben Nr. 264—420 . . . . „ 19—30.
   6. Berg- und Hüttenwesen: Ausbeute, Bergbau-
      und Hütten-Anlagen von Freiberg und
      Umgegend Nr. 421—596 . . . . . „ 30—43.
   7. Bergrecht, Bergwerks- und Hüttenverfassung
      Nr. 597—731 . . . . „ 43—54.
      a. Älteste Zeit Nr. 597—610 . . . . „ 43—44.
      b. Zeit der Bergordnungen Nr. 611-693 „ 44—51.
      c. Neues Bergrecht Nr. 694—731. . . „ 51—54.
   8. Geschichte der Bergakademie Nr. 732—748 „ 54—55.
   9. Bergmännisches Leben Nr. 749—812 . . „ 55—60.
  10. Familiengeschichte Nr. 813—838 . . . . „ 60—62.
  11. Biographisches Nr. 839—1280 . . . . . „ 62—94.
      a. Mittelalter Nr. 839—875 . . . . „ 62—64.
      b. Reformationszeit Nr. 876—932 . . „ 64—68.
      c. Zeit der Leichpredigten Nr. 933—1200 „ 68—89.
      d. 18. u. 19. Jahrhundert Nr. 1201-1280 „ 89—94.
  12. Umgegend (ausschließlich des Berg- und
      Hüttenwesens, vergl. die Abteilung B 6)
      Nr. 1281—1317 . . . . „ 94—96.

C. Nachträge zu allen Abteilungen Nr. 1318-1413 . „ 97—108.

D. Alphabetisches Autoren-Register . . . . „ 109—115.

E. Alphabetisches Sach-Register . . . . . . „ 116—128.

A. Quellenwerke.

1. Urkundliche Quellen.

1. **Beyer, Adolph**, Sechs alte Urkunden, mit einigen Anmerkungen, den Berg-Zehenden und das Erbbereiten betr. Otia metallica 1748, I, 284. (Alt. 1. 63a 8)

2. **Bursian**, Freiberger Trinkstuben-Ordnung. MFA. 2, 114.

3. **Ders.** Berzellbuch der Stadt Freiberg. MFA. 1, 27.

4. **Ermisch**: Codex diplomaticus Saxoniae regiae. Im Auftrage der Königl. Sächs. Staatsregierung herausg. von Otto Posse u. Hubert Ermisch. Zweiter Hauptteil. XII. Band: Urkundenbuch der Stadt Freiberg in Sachsen, hrsg. von Hubert Ermisch. 1. Band. Mit drei Tafeln. Leipzig Giesecke & Devrient. 4. 1883. 2. Band in Vorbereitung. (Alt. Bc 102)
Vgl. A(rndt) B., Literar. Centralblatt. 1883 Nr. 31 Sp. 1063f.
Heydenreich, Eduard, Mitteilgn. aus der histor. Littr. Jahrg. 9, 133;
Ders. MFA. 20, 59;
Knothe, Hermann, Wissenschaftl. Beilage der Leipz. Zeitung 1883 Nr. 68;
Leuthold, Zeitschr. f. Bergrecht XXIV, 399.
(Schäfer, Dietrich) Deutsche Litteraturzeitung 1883 Nr. 21, 747.
Schum, Wilhelm, NASG. 4, 257.

5. **Gerlach, Heinrich**, Aktenstücke betr.: Wörtlicher Abdruck zehn interessanter Aktenstücke aus dem v. Schönbergschen Familienarchiv. (Schreiben des Kurfürsten August bezügl. der Errichtung des Moritz-Monuments in Freiberg, ferner Goldproben ꝛc. betr.) MFA. 3, 171.

6. **Ders.** Geschichtsquellen betr.: Bericht über mehrere vom Dr. Pfotenhauer im Ratsarchiv neu aufgefundene wichtige Geschichtsquellen der Stadt Freiberg. (Stadtbücher, Bürgermatrikel, Originalschreiben sächs. Fürsten an den Rat, Adam Bellmanns Zeitbuch.) MFA. 8, 741.

7. **Ders.** Luther und Melanchthon betr.: Freiberger Urkunden-Sammlung. (Briefe von Luther und Melanchthon.) MFA. 5, 495.

8. **Ders.** Piccolomini betr.: Vier Schreiben der Stadt Freiberg an Octavio Piccolomini aus dem Jahre 1643 und der Bescheid des Kaisers Ferdinand. MFA. 4, 409.

9. **Ders.** Ratsordnungen, alte Freiberger. MFA. 9, 845.

10. **Ders.** Schützenbuch und Königstafeln der Freiberger Schützengilde. MFA. 5, 459. Vgl. die Freiberger Schützen-Chronik (mit Abbildungen der Kleinodien) MFA. 17, 59.

11. **Ders.** Stadtrechnung, Freiberger, von 1577. MFA. 9, 821.

12. **Gerlach, Heinrich**, Urkunden=Sammlung, Freiberger. (Kloster Zelle, Erblehngut Loßnitz, Innungsartikel, Freikure und Familie Lingke betr.) MFA. 3, 254. (Bestätigung der Trinkstubenordnung durch Herzog Heinrich, Ratsvergleich zwischen den Bildhauern ꝛc., Gutachten über die Silbermannsche Domorgel vom Jahr 1714): MFA. 7, 691.

13. **Herzog**, Urkundl. Material auf Reinsbergs und Freibergs (Kaland=) Brüderschaftsverhältnisse. Zwickauer Wochenblatt. 1864 Nr. 247. 248.

14. **Hingst und Heinrich Gerlach**, Steuerregister von Freiberg aus dem Jahre 1546. MFA. 10, 25 und 20, 45.

15. **Horn, Joh. Gottlob**, Zweytes Zehend gemischter Diplomatum und Urkunden, so die politische Historie beydes der Fürsten und Städte in Sachsen umb ein grosses bewähren und erlautern werden (Nr, I. 1291, Zoll= und Geleitsfreiheit betr.; Nr. II. 1294 Recht in Bergwerksfachen betr.; Nr. III. 1318, Straßenrecht, Salzniederlage betr.) Nützl. Sammt. zu e. histor. Handbibliothek, Erster Teil 1728, 739 ff.

16. **(Klotsch)** Befehle, merkwürdige, betr.: Zween merkwürdige Befehle Churf. Ernsts und Herzog Albrechts zu Sachsen an den Rath zu Freyberg wegen der Landesbeschädiger, Strassenräuber und Creutziger, vom Jahr 1468. SBM. I. 1767, 266. (Alt. Bc 12a)

17. **Derf.** Neun Stück noch ungedruckte alte Sächsische Urkunden, mit darzu nöthigen Erläuterungen. SBM. III. 1769, 318: Nr. 5, 335: Johanns VI., Bischoff zu Meißen, Ablaßbrief, die Erbauung einer steinernen Brücke über die Mulda zu Conradsdorf betr. 1500; Nr. 8, 345: Ratsurkunde, die Güter Heinemann Emrich's zu Freiberg betr. 1318; Nr. 9, 347: Laufvertrag, ausgestellt von Friedrich von Honsberg 1333. (Alt. Bc 12b)

18. **Derf.** Vermischte Urkunden zur Erläuterung der Bergwerksgeschichte und Verfassung. Mit Anmerkgn. SBM. X. 1775, 236. (Alt. Bc 12c) Vgl. Teil X 1774 S. 307: Bergwerksdecret betr. 1629, Freibergischer Stolln=Receß 1684 betr. und Teil III. S. 189 Freiberger Privilegium 1466, 1662 betr.

19. **Klotsch, Joh. Friedr.**: Sammlungen zu den deutschen Land= und Stadtrechten, herausg. von August Friedrich Schott. Teil 3. Leipzig 1775. Enthält: I. Joh. Fr. Klotsch, Geschichte des Freybergischen Stadtrechts, dazu S. 81 ff. Verzeichniß und Summarischer Inhalt der angeführten Beweis= urkunden (37 Nummern). II. Das ächte Freyberger Stadt Recht nach dem Originalcodex abgedruckt und mit einer alten Copie verglichen. (Alt. Ba 85)

20. **Derf.** Ausgabe der Freybergischen Bergrechte in: Ursprung der Berg= werke in Sachsen. S. 221 ff siehe unten unter Abteilung B, Bergrecht.

21. **Pfotenhauer, Paul**, Neue Geschichtsquellen von Freiberg. MFA. 10, 926 Vgl. oben Nr. 6.

22. **Derf.** Pulver=Recept vom Jahre 1476. MFA. 6, 642.

23. **Schöttgen, Christian, und Kreysig, Geo. Christoph**, Allerhand vermischte Briefe (Abdruck von Urkunden: I. und II., 1291, Zollfreiheit für Freiberg betr.), Diplomat. u. curieuse Nachlese der Historie von Ober=Sachsen. V. 1731, 161. (Al. XI. 578 b 8)

24. **(Ungenannt)** Urkunde, Freiberger, 1554, die städtischen Freikure betreffend. Freiberger Zeitung 1864 Nr. 18. (Alt. Ba 134)

25. **Weller, Joh. Gottfr.**, Churf. Moritzens Befehl an den Rath zu Freyberg, wegen des verwünschten Kindes daselbst vom Jahr 1549. Altes aus allen Theilen der Gesch. II., 368. (Alt. Bc 18)

A. Quellenwerke: 1. Urkundliche Quellen.

26. **Weller**, Joh. Gottfr., Ein alter Urtelsspruch der Schöppen zu Magdeburg an den Rath zu Freyberg, ohne Jahreszahl. Aus der Urschrift (mit Erläuterungen). Altes aus allen Theilen der Gesch. II., 179. (Alt. Bc 18)

27. Ders. Eine von Herzog Heinrich zu Sachsen an den Rath zu Freyberg ausgestellte Verordnung 1538. Altes aus allen Theilen der Geschichte. II., 191. (Alt. Bc 18)

28. Ders. Fünf burggräfliche Leißnigische Urkunden, aus den Originalschriften mit Anmerkungen und Erläuterungen (I. Predigermönche zu Freiberg betr. 1312; desgl. IV. 1385). Altes aus allen Theilen der Gesch. II., 313. (Alt. Bc 18)

2. Lokalblätter, Kalender ic.

29. **Gerlach'sche Buchdruckerei**, Freiberger gemeinnützige Nachrichten. Jahrgang 1800 bis Ende Februar 1848. (Alt. Ba 131)

30. **Dieselbe**, Freiberger Nachrichten. Vom 1. April 1848 bis 1863. (Alt. Ba 132)

31. **Dieselbe**, Freiberger Zeitung. 1864 und 1865. (Alt. Ba 134)

32. **Buchdruckerei von Wolf**, jetzt von Maudisch, Freiberger Anzeiger (Amtsblatt); jetzt unter dem Titel: Freiberger Anzeiger und Tageblatt. Seit März 1848—1884 (wird fortgesetzt). (Alt. Ba 133)

33. **Eichler's Buchdruckerei** (Felix Gabelli), Freiberger Tageblatt. 1874—1884 (wird fortgesetzt).

34. **Freiberger Bergkalender**. 1645—1884 (wird fortgesetzt). Hrsgg. von der Gerlachschen Buchdruckerei. (Alt. Bb 27. 4.)

35. **Ausbeuthbögen der Freyberger Bergamtsrevier**; von Matthäi 1529 bis Lucia 1877. 17 Bände (werden fortgesetzt). (Ak. VIII, 340, a—q. fol. und Alt. Bb 45 u. 116.)

36. **Kalender für den Sächsischen Berg- und Hüttenmann** auf die Jahre 1827—1851, mit Sachregister für die ersten 14 Jahrgänge. (Ak. XVI. 290. 8 und Alt. Bb)

37. **Jahrbuch für den Berg- u. Hüttenmann**. 1852—1872. Herausg. von der Königl. Bergakademie. (Ak. XVI. 290. 8. und Alt. Bb)

38. **Jahrbuch für das Berg- und Hüttenwesen im Königreich Sachsen**. 1873—1884 (wird fortgesetzt). Herausg. von C. G. Gottschalk. (Ak. XVI., 290. 8 und Alt. Bb)

3. Monumentale Quellen.

39. **Andreae**, Monumente des Mittelalters und der Renaissance aus dem sächsischen Erzgebirge. 1. Lieferung (Freiberg betr.) Dresden 1875. (Alt. Da 147)

40. **Gautsch und Gerlach**, Das Wappen der Stadt Freiberg. Hierzu 6 Tafeln mit 17 Abbildungen. MFA. 9, 765.

41. **Gerlach, Heinrich**, „Das alte Freiberg in Bildern." 2 Serien von je 32 photographischen Aufnahmen, mit beschreibendem Text. 1880 und 1881. (In Kommission der Gerlachschen Buchdruckerei.)
Vgl. MFA. 17, 101 und 18, 73.

42. Gerlach, Heinrich, „Bilder aus Freibergs Vergangenheit" (Abbildungen mit Beschreibung). 1) Freiberger Trinkstube 1515. MFA. 19, 109. (Dieses Bild auch abgedruckt in: Albert Richter, Bilder aus der deutschen Kulturgeschichte. Leipzig II. 1882, S. 385. 2) Beschert Glück Fundgrube und 3) Halsbrückner Amalgamirwerk 1830. (Wird fortgesetzt.) MFA. 20, 83. (In Kommission der Gerlachschen Buchdruckerei.)

43. Ders. Grabdenkmäler des sogen. Grünen Kirchhofs am Dom. MFA. 6,654. Vgl. MRSA. 12, 73.

44. Ders. Grabplatten betr: Die mittelalterlichen gravirten messingenen Grabplatten, insbesondere in den Domen zu Meißen und Freiberg, und die Gewinnung von Original=Abbrücken hiervon. MFA. 4, 383. (Separatabdr. in der Gerlachschen Buchdruckerei.)

Vgl. Zeitschr. für Museologie und Antiquitätenkunde. Herausg. v. Graeße 1879 Nr. 10 S. 78. Anzeiger für Kunde der deutschen Vorzeit Neue Folge Bd. 10 B 240.

45. Heuchler, Eduard, Album für Freunde des Bergbaues, enthaltend eine Folge von 14 bildlichen Darstellungen aus dem Berufsleben des Freiberger Berg= u. Hüttenmanns. Freiberg, Craz & Gerlach. (Alt. Da 9)

46. Müller, August, Hausthüren betr: Aquarell=Sammlung altertümlicher Freiberger Hausthüren (teilweise in Photographien vervielfältigt). (Alt. Da 58, 59, 139 a b)

47. Steche, Richard, Beschreibende Darstellung der älteren Bau= und Kunstdenkmäler des Königreichs Sachsens. Auf Kosten der kgl. Staatsregierung herausgg. vom K. S. Altertumsverein in Dresden; Drittes Heft: Amtshauptmannschaft Freiberg. Dresden, in Commission bei C. C. Meinhold & Söhne 1884. Dieses Werk behandelt folgende Orte: Cämmerswalde, Claußnitz, Colmnitz (S. 4), Conradsdorf (4), Deutschneudorf, Dörnthal, Dorfchemnitz, Erbisdorf (6), Freiberg (8—96), Gränitz, Großhartmannsdorf, Großschirma (98), Halsbach, Helbigsdorf, Hilbersdorf (100), Kleinhartmannsdorf, Kleinschirma (101), Kleinwaltersdorf (101), Krummenhennersdorf (102), Langhennersdorf (104), Lichtenberg (109), St. Michaelis (109), Mulda (110), Naundorf (110), Neuhausen, Niederlangenau, Niederschöna (112), Oberbobritzsch (112), Oberneuschönberg, Oberschaar (113), Oberschöna (114), Pfaffroda, Purschenstein, Reichenbach, Rothenfurth (117), Sayda, Seiffen, Tuttendorf (121), Voigtsdorf, Wegefahrt (123), Weigmannsdorf (124), Weißenborn (124), Zethau.

4. Inschriften und Münzen.

48. Bibermann, Johann Gottl. De numis Freibergensibus. (sic!) Freibergae 1750. (Alt. Ba 75. 153)

49. Ders. Von Bergwerks=Münzen. Progr. Freib. 1753. Hierin Nr. 11 betr. die Bergmünze zu St. Annen bey Freyberg 1690. (Dresd. Bibl. Hist. Saxon. H. 226)

50. Fabricius: Epicedion Georgii Fabricii ad Paulum Lindenau Illustriss. Saxoniae Duci Henricho a Concionibus in obitum Sanctissimi viri Dr. Nicolai Hausmanni qui Anno MDXXXIX. Fribergae in Templo D. Virginis in suggestu obiit. Adjectis aliis epitaphiis de eodem. De illustrissimis electoribus ac ducibus Saxoniae nonnullisque civibus preclare de Friberga meritis. 4. Ohne Angabe des Jahres und Druckortes. (Freiberger Gymnasialbibliothek Cl. X. Nr. 12)

51. **Grübler**, Johann Samuel, Histor. Beschreibung des Churf. Begräbnisses und der gesammten fünf Kirchen zu Freyberg sammt denen daselbst befindlichen epitaphiis, Inscriptionibus und monumentis, nebst beygefügter kurzer Lebensbeschreibung der dasigen Patriciorum und (Geschlechter, in zwei Teilen. Freyb. 1730. 1. Tl. — 2. Tl. unter dem Titel: Ehre der Freybergischen Todtengrüfte, d. i. histor. Verzeichnis von den, sowohl bey letzteren großen Brande der Petri Kirchen noch geretteten, als auch in der St. Nicolai=, Jacobi= und Johannis= oder Hospital=Kirchen, ingl. zur Jacobi=Kirchen gehörigen Kirchhofe zu Freyberg befindlichen epitaphiis. Leipz. 1731. 8. Vgl. Leipz. gel. Zeit. 1732. S. 401. (Alt. Ba 13 und Ba 99)

52. **Slevogtii**, Dr. Gottl., De Sepulturis Imp. Reg. et S. R. I. Electorum in Monasteriis et Templis Schediasma. Jenae 1722. (Aufzählung der Inschriften.)

53. **Struvii**, B. G., Acta litteraria Tom II. Fasc. 3, 271. (Inschriften des Moritzmonuments.) Jenae 1717.

54. (Ungenannt) Chur vnd Fürsten des Hauses Sachsen, Wie sie zu Freybergk in Meißen, in der Thumbkirchen, zu vnser lieben Frawen, begraben liegen allda auff Messenen Tafeln zu befinden, wie sie geheißen, wenn sie gestorben, vnd wie alt jedes worden. Leipzig 1604. 4 (Alt. Ba 157)

55. **Desgl.** Etwas von einer merkwürdigen zu Freyberg 1551 geprägten Münze, und einem allda gehaltenen Schul=Acte. Cur. Sax. 1749, 362. (Af. XVI. 270k)

56. **Desgl.** Über die Bergmünze auf der Grube St. Anna zu Rothfurth bei Freyberg. FGR. 1801, 90. (Alt. Ba 131)

57. **Wetzel**, In obitum luct. Illustr. et P. Princ. D. D. Augusti etc. carm. eleg. script. a M. Greg. Wetzelio. Accesserunt in fine omnes inscriptiones quae in Monumentis Principum ac Ducum Sax. nunc ibidem visuntur et leguntur. Gedruckt in der Churfl. Stadt Dreßden durch Gimel Bergen 1586. 4. — Vgl. auch Menden, Script. rer. German. II. Nr. 17. p. 809 ff: Monumenta Landgraviorum Thuringiae et Marchionum Misniae. Accessere passim Monumenta ducum Saxoniae ex Andr. Sennerti Athenis et inscript. Witteberg et Dav. Schirmeri conditorio Saxonico. Friberg. (Af. XI. 6 b Fol.)

B. Darstellungen.

1. Allgemeines.

58. **Agricola**, M. Gg., Dominatores Saxonici Freibergae, i. e. Enumeratio omnium Principum, Marchionum, Landgraviorum & Electorum Illustrissimae Domus Saxoniae, sub quorum potestate urbs Freiberga a prima sua aedificatione fuit &c. Frib. 1611. (Vgl. Struve Bibliotheca Saxonica 1736, S. 110)

59. **Benseler**, Gust. Ed., Geschichte Freibergs und seines Bergbaues 2 Bände. Freiberg 1853. (Alt. Ba 100)

60. **Ders.** Kleines Rundgemälde von Freiberg. Ein Führer zu den Sehenswürdigkeiten dieser alten berühmten Bergstadt. 2. Aufl. Freiberg 1862. (Alt. Ba 124)

61. **Bocer, Johannes**, Fribergum in Misnia. Leipzig 1553 u. 1577. cum auctario Ulrici Grossii. auch mit Mich. Hempelii tract. de statu reipubl. Freibergensis ann. 1588. Lips. 1589. 8. Vgl. **Rüdiger**, unten unter Abt. B 11 und **Weinart**, Versuch c. Ltr. I., 322. (Alt. Ba 1. 2) — Fribergum in Misnia, Joannis Boceri. Huic accesserunt Richardi Sbrulii Forliniensis Elegia in laudem Fribergae ejusdem Elegia de Mira potentia Naturae in rebus subterraneis procreandis. Joachimi Camerarii Elegia ὁδοιπορικὴ Metallaria ad Phil. Melanthonem. Philippi Melanthonis de venis Metallicis gratiarum actio & precatio Carmen Adami Siberi ad Fribergam. Lipsiae. Joannes Beyer imprimebat. Anno MDLXXVII. 4. (Freiberger Gymnasialbibliothek. Cl. X. Nr. 12.)

62. **Breithaupt, August**, Die Bergstadt Freiberg in Hinsicht auf Geschichte, Statistik, Cultur und Gewerbe. Freiberg 1825. (Alt. Ba 58)

63. Dasselbe Werk, zweite, durch Herm. Breithaupt besorgte Ausgabe. Freiberg 1847. (Alt. Ba 59)

64. **Dietrich, Ewald Bict.**, Immortellen um Freybergs Bürgerkrone. Freiberg 1827. (Alt. Ba 119)

65. **Fabricii, Georgii**, Chemniciensis, Fribergi descriptio atque annales, A. C. MDLXIV. ab ipso collecti. nunc autem, ex ἀντιγράφῳ optimae fidei, A. MDCCIX. editi, studio et opera M. Godofredi Wagneri, lutrebocensis Saxonis. Vittembergae in Saxonibus, ex officina Kreusigiana 4. A. M. Barth. Heidorich, Frib. publ. Lips. 1573. 1710. Vgl. Kämmel, Allgem. Deutsche Biogr. 6, 514, doch hierüber Ermisch im Freiberger Urkundenb. p. XIV. — Die Echtheit bezweifelt Baumgarten-Crusius, De Georgii Fabricii Chemniciensis Vita et Scriptis (Meißen 1839) 1,31 Anm. (Alt. Ba 57 und Dresd. Bibl. Hist. Saxon. H. 226)

66. **Gebauer, Heinrich**, Unser deutsches Land und Volk. Bilder aus dem sächsischen Berglande ɛc. Leipzig 1883. S. 135—180 (mit Abbildungen).

67. **Gerlach, Heinrich**, Kleine Chronik von Freiberg als Führer durch Sachsens Berghauptstadt und Beitrag zur Heimatkunde. Eine Gabe zum 700jährigen Bestehen der Stadt. Freiberg, Gerlach'sche Buchdr. 1876. (Alt. Ba 165, auch als Beigabe zu Heft 12 der MFA.)
Inhalt: Ursprung und Geschichte der Stadt S. 1; Lage, Klima, Boden- und Wasserverhältnisse 18; Stadtviertel, Kirchspiele, Thore, Straßen und Plätze 21, (Hausnummern u. veränderte Straßennamen vgl. MFA. 16, 75 und 20, 98); Promenade um die Stadt, Denkmäler 28; Friedhöfe 31; die Kirchen und ihre Sehenswürdigkeiten 32; Schloß Freudenstein 39; Rathaus 39; Kaufhaus 41; Altes Gymnasium, Kornhaus, Sonstige alte und denkwürdige Gebäude 42; Öffentliche Sammlungen und Bibliotheken 45; Königl. Bergakademie und Bergschule 47; Gymnasium 48; Freiberger Domcantoren 49; Realschule u. and. Lehranstalten 50; Wohlthätige Stiftungen 51; Gemeinnützige Vereine 56; Handel, Gewerbe und Industrie 60; Einiges über den Freiberger Bergbau 67; Behörden und Verwaltungen 73; Ehemalige Ratsämter, Rangordnungen von 1678 und 1736, 74; Rechtspflege, frühere, 76; Alte Ratsordnungen 76; Ortsstatistik, Einwohnerzahl, Steuerwesen 81; Sagenkranz 85; Führer durch das Berg- und Hüttenwesen 105; Beschreibung des Bergwesens 109. (Vgl. MFSA. 28, 160.)

68. **Gerlach, Heinrich**, Mitteilungen vom Freiberger Altertumsverein. Heft 1—20. 1862—83 (wird fortgesetzt). Enthaltend außer Berichten über den Verein und das Freiberger Altertums-Museum: Urkunden, Geschichtliche Ab-

B. Darstellungen: 1. Allgemeines.

handlungen und Miszellen, Bilder aus Freibergs Vergangenheit, Freibergs Bauwesen, altertüml. Funde ꝛc., desgl. jährl. Freiberger Bürger-Chronik, Litterarische Umschau ꝛc., mit Abbildungen und Kunstblättern. (In Kommission der Gerlach'schen Buchdruckerei.)

69. Große, Gründliche und kurtze beschreibung der Alten Löblichen Bergkstadt Freybergk in Meißen. Durch Ulrich Großen der Eltere, Weilands verwaltern der Churfürstl. Schulenn Grimm. Anno domini MDLXXXVII. (Erwähnt bei Steche, Beschreib. Darstllg. der Baudenkm. 3. Heft 1884, S. 96.)

70. Hempel, Mich., Libellus D. Hieronymi Welleri antequam nunquam editus: cui in fine accessita Status reipublicae Freiberg qualis fuit anno Christi 1558 collectus a Michaele Hempelo, Fribergensi. Leipzig 1581. 8. (Dresd. Bibl. Hist. Saxon. II. 1060)

71. Jeeander, Das glückliche und in aller Welt berühmte königliche Freyberg in Meißen oder Beschreibung der bei dieser Bergstadt berühmten Gebäude und Sehenswürdigkeiten, wobei in specie vom Bergwerk Nachricht zu finden. Chemnitz 1725. (Alt. Ba 101)

72. Keller, Heinrich, Tableau von Freyberg. Frankfurt u. Leipzig, 1786. (Alt. Ba 54)

73. Klemm, Gustav, „Vor fünfzig Jahren." Culturgesch. Briefe I. Band. 1865. Enthält: 50. Freiberg. 51. Freiberg Stadt. 52. Bürger und Meister. 53. Berg- und Hüttenleute. 54. Die Bergakademie und Aristokratie. (Alt. Bc 117a)

74. Knauth, Joh. Conr., Jetztlebendes Freyberg in Meißen. Dreßden 1702, 12. (erwähnt bei Bilisch Kircheng. Auß. II.)

75. Möller, Andreas, Theatrum Freibergense Chronicum, Beschreibung der alten löblichen Berg-Haupt-Stadt Freyberg in Meißen. Darinnen des reichen herrlichen Silber-Bergwercks, und der Stadt uhrsprung, Gelegenheit, Gebäwde, Privilegia, Regenten und Beampten sowol in Geistlichen als Weltlichen und Berg-Stande verzeichnet zu befinden, Ingleichen was sich bisher innerhalb fünffhundert Jahren im Lande Meißen und absonderlich bey dieser Stadt zu Fried- und Kriegszeiten denkwürdiges begeben. Freybergl. Georg Beuther. 1653. 4. 2 Theile. (Alt. Ba 3) — Über die Namensform Möller (nicht Moller) vgl. Ermisch Freib. Urkundenb. I. Seite XIV. Anm. 16.

Vgl. Schmidt, Julius, Alte Freiberger Manuscripte (Entwurf des 1. Teils der Möllerschen Chronik in der Königl. öffentl. Bibl. zu Dresden) MFA. 5, 512.

76. Polianders (Christ. Portmanns) Königliches Freyberg in Meißen. In einer beliebten Kürtze vorstellend den zu jetziger Zeit darinnen befindlichen Respect. Kgl. u. Churfst. sächs. Berg- und Creyß-Ambts Wie auch Policey- und Kirchen-Staat samt einigen andern da und dort angehenckten, sowohl conditionirten Personen, als denckwürdigen Sachen, auff Begehren publiciret. Leipzig, Fleischer 1702, 12. (Alt. Ba 60)

77. Ritter, Joh. Christoph, Fata Freibergensia. Freib. 1707. 4. (Alt. Ba. 153 und Dresd. Bibl. Hist. Saxon. II. 226)

78. Rohbock, Ludwig, und C. Koehler: Freiberg. Mit Abbildung des Schwedenmonumentes, in: Das Königreich Sachsen, dargestellt in malerischen Original-Ansichten. Nach der Natur aufgenommen. Mit histor. topogr. Text. II. Bd. 1862. 438—455.

79. Schumann, Aug., Freyberg (mit Abbildung) in: Vollständiges Staats-, Post- und Zeitungslexikon von Sachsen. II. 1815, 733 ff. (Alt. Bc 230b)

80. (Ungenannt) Altes und Neues aus dem Erzgebirge auf b. J. 1747, 48 u. 49. Freyberg. Erste Freib. Zeitung. (Alt. Bd 32 und Al. XI. 566. 8)

81. Desgl. Freyberg. Saxonia, Museum für sächsische Vaterlandskunde. II. 93, 103. (Alt. Bc 207b)

82. Desgl. Jetzt lebendes Freyberg in Meissen. Dresden bey Joh. Jac. Winckler. 1702. (Alt. Ba 60)

2. Stadtrecht und Stadtverfassung.

83. Bartsch, L., Die sächsischen Kleiderordnungen unter Bezugnahme auf Freiberger Verhältnisse. MFA. 20, 1. Vgl. die beiden Progr. desselben Verfassers über „Sächsische Kleiderordnungen." Annaberg 1882 und 1883.

84. Gengler, H. G. Ph., Deutsche Stadtrechte des Mittelalters. Erlangen 1852, 123.

85. Gerlach, Heinr., Verzeichnis der städtischen Behörden in Freiberg, im Freiberger Bergkalender, v. J. 1844 an. Wird fortgesetzt. (Alt. Bb 27)

86. Ders. Bürgermeister der Stadt Freiberg, die regierenden. MFA. 5, 452. Vgl. MRSA. 10, 38. 15, 61. 22, 92. 28, 8.

87. Ders. Feuerordnungen, Freiberger. MFA. 10, 931. Vgl. oben Nr. 9.

88. Ders. Galgengericht in Freiberg betr. MFA. 6, 643.

89. Gerlach, Joh. Chr. Friedr., Statuta der Stadt Freyberg v. Jahre 1676 und die ältesten betr. Urkunden. Freiberg 1803. (Alt. Ba 50) Vgl. denselben, Kurze Geschichte der Freybergischen Statuten. FBN. 1802, 259.

90. Grundig, De statutis Fribergensibus. Lipsiae. 1766. (Alad. XI. 203. 4.)

91. (Klotzsch) Versuch einer Lebensgeschichte D. Georgen Cracau. SBN. VIII., 1. — S. 63 bezieht sich auf die Verdrängung des älteren Stadtrechts durch die Konstitution. (Alt. Bc 12 d)

92. (Ders.) Bemerkungen über die Meißnische Münzverfassung des 13. Jahrhunderts. SBN. VI. 1771, 1. (Alt. Bc 12 c)

93. (Ders.) Ein Freybergischer Rechts-Handel aus dem vierzehnten Jahrhundert. SBN. I. 1767, 234. (Alt. Bc 12a)

94. Klotzsch, Johann Friedrich, Das Schrotamt, aus richtigen Quellen des Alterthums entdeckt und betrachtet. Dresden 1766. (Alt. Bg 16) Vgl. Schöttgen, Opuscula minora 54.

95. Ders. Versuch einer Chur-Sächsischen Münzgeschichte. Von den ältesten bis auf die jetzigen Zeiten. 2 Teile. Chemnitz 1779. 1780. (Alt. Bh 8) — Einen gedrängten Auszug aus diesem Werke bietet Carl Friedrich Grösel, Ueber die verschiedenen Münzfüße in Sachsen. Freyberg 1810, zu finden bey Craz & Gerlach. (Im Bibliothekschrank des oberen Freiberger Ratsarchivs und At. XIV. 338. 4.)

96. Ders. Das Verzellen, aus der alten Rechtsverfassung untersucht und erläutert. Dresden 1765. (Alt. Bg 15)

97. (**Lehmann**, Christian) J. R. J. Das erfreute Wittben-Hertz. Das auf ist, E. Chrw. Ministerii zu Freyberg in der Furcht des HERRN neu aufgerichtete Special-Stiftung nach ihrem seel. Tode das Hertz ihrer Wittben und Waisen in etwas zu erfreuen, Wovon die einhellig gemachte, und von E. Hochlöbl. Ober-Consistorio gnädigst confirmirte Verfassung, auserheblichen Ursachen in Druck gegeben worden Anno 1709 mit einem Vorbericht D. Christiani Lehmanns, Superintendentens daselbst. Alle Wittben und Waisen vertheydigen und versorgen! Erhör uns lieber HErre GOtt! ALT-DRESDEN, druckts Johann Heinrich Schwencke. 4. (Alt. Ba 64 u. Dresd. Bibl. Hist. Sax. 236.)

98. **Ders**. J. R. J. Fundation der Leibes Steuer, Vor Wittben und Wahsen derer Schul- und Kirchendiener in der Inspection Freyberg, Und die darüber abgefassete und bewilligte Leges sambt gnädigster Confirmation zu Dienst der gesambten Mitglieder in Truck befördert 1702. Freyberg. (Gedruckt bey Elias Nicolaus Kuhfus 4. (Alt. Ba 63)

99. **Müller**, Franz. Ein Wort zur Revision des Kommunalanlagen-Regulativs für die Stadt Freiberg. 1879. (Alt. Ba 182)

100. **Pfotenhauer**. Polizei-Taxe vom Jahre 1475. MFA. 6,642.

101. **Planck**, J. W., Das Deutsche Gerichtsverfahren im Mittelalter. 2 Bde. Braunschweig 1879.

102. (**Rat**) Feuerordnung der Stadt Freibergk, Auffgericht im Jare Nach Christi gepurt MDLVI. — Gedrucket in der Löblichen Bergkstadt Freybergk durch Wolffgang Meyerped. 1556. 4. (Af. XI. 91a)

103. **Ders**. Eines Erbarn Raths der Stadt Freybergk, Gesatz vnd Ordnung, die vbermessige Tracht der Kleidungen, Verlöbüß, Hochzeit, Kindteuffen vnd Begrebnüsse belangende. Gedruckt zu Freybergk (bey Georg Hoffman) 1596. 4. (Af. XI. 95a und Dresd. Bibl. Hist. H. 232)

104. **Ders**. Fewer-Ordnung: Wie solche hiebevorn, von einem Erbarn Rath, der Churf. Sächs. freyen Bergkstadt Freybergk, Für gemeine Bürgerschafft daselbsten, zusammengetragen. Jetzo auffs newe mit fleiß vbersehen, vermehret, auff gegenwertiger Zeite vnd Leuffte zustand, so viel zugeschehen möglichen, gerichtet vnd zu menniglichs Nachrichtung publiciret. Gedruckt zu Freybergk, bey Georg Hoffman. 1604. 4. (Dresd. Bibl. Hist. Saxon. H. 232)

105. **Ders**. Fewer Ordnung, Wie solche hiebevorn, von einem Erbarn Rathe, der Churf. Sächs. freyen Bergkstadt Freybergk Für gemeine Bürgerschafft daselbsten zusammen getragen. Jetzo auffs newe mit fleiß anderweit vbersehen, vermehret, auff gegenwertiger Zeit vnd Leuffte zustand, soviel zugeschehen möglichen, gerichtet, vnd zu männiglichs Nachrichtung publiciret. Gedruckt zu Freyberg bei Georg Hoffman 1616. 4. (Af. XI. 91b)

106. **Ders**. Feuerordnung unter dem Titel wie diejenige vom Jahr 1616. Gedruckt zu Freyberg bei Georg Beuthern 1664. 4. (Af. XI. 91c)

107. **Ders**. Apothecken-Ordnung und Taxa Derer in denen Apothecken der Churfl. Sächs. alten freyen Berg-Stadt Freybergk in Meissen befindlichen Modicamenten und Materialien durch E. E. Rath daselbsten auffgerichtet und publiciret. Anno 1673. 4. Gedruckt zu Freyberg, bey Zacharias Beckern. (Af. XI. 104. 4)

108. **Ders**. Der Churfürstl. Sächsischen Berg-Stadt Freyberg Wiederholete und verneuerte Ordnung, Wegen der übermässigen, und ungebührlich

herfürgesuchten Kleidung, und was demselben anhängig, Auch Wie es nach=
mahls hinführo bey Verlobnissen, Hochzeiten, Kindtauffen, Leich=Begäng=
nüssen, Und sonst in einem und andern gehalten werden solle. Durch E. E.
Rath daselbsten auffgerichtet und publiciret Anno 1673. (Gedruckt zu Frey=
berg, bey Zacharias Beckern. 4. (Alt. Ba 51, Al. XI. 95b und Dresd. Bibl.
Hist. Saxon. H. 232; auch im Bücherschrank des oberen Freyberger Rats=
archivs.)

109. (Rat) Feuerordnung, unter demselben Titel wie die vom Jahre
1616. Freyberg, gedruckt bey Zacharias Beckern 1682. 4. (Al. XI. 91d)

110. Ders. Feuer=Ordnung E. E. Raths der Churf. Sächs. freyen
Berg Stadt Freyberg, Wie solche hiebevor für gemeine Bürgerschafft alda
zusammen getragen. Jetzo auffs neue mit Fleiß anderweit übersehen, auff
gegenwärtiger Zeit und Läuffte Zustand, so viel zu geschehen, möglichen ge=
richtet, und zu Männigliches Nachrichtung publiciret. Gedruckt bei Elias
Nicolaus Kuhfußen 1690. Freyberg. (Alt. Ba 52)

111. Ders. Ihre Königl. Maj. und Churfürstl. Durchlaucht zu Sachsen
Resolutiones Wegen Abstell= und Remedirung derer in Bergwercks=Sachen
vorgekommenen und angemerkten Mängel und Gebrechen, sonderlich die Frey=
bergische Revier betreffende, de dato Leipzig den 7. Januar 1709. Sowohl
die Freybergische neue Schmiede=Taxe Worbey zugleich die vormalige Berg=
Decreta von denen Jahren 1624, 1620 und 1659 angefüget. Aus Landes=
Väterlicher Gnade Verlegts die Berg=Knap= und Brüderschafft zu Freyberg.
Zu finden in Dresden bey Johann Jacob Winckler, in Leypzig bey Johann
Friedrich Gleditsch. (Bücherschrank des oberen Freiberger Ratsarchivs.) Vgl.
auch unter B, Abteilung Bergrecht.

112. Ders. Revidirte Leges der Freybergischen Special=Wittben= und
Waysen=Cassa, Wie sie von dem Stadt=Ministerio zu Freyberg übersehen,
und auffs neue abgefaßt worden, im Jahr Christi MDCCXIX. 4. (Dresd.
Bibl. Hist. Sax. H. 232)

113. Ders. Feuer=Ordnung bey der Stadt Freyberg, wie solche hiebe=
vor der sämtlichen Bürgerschaft und Einwohnern allda zum Besten zusammen=
getragen. Anitzo aber auf's neue mit Fleiß anderweit übersehen, auf gegen=
wärtiger Zeit und Läufte Zustand, so viel möglichen, gerichtet, und zu Mäu=
nigliches Nachrichtung publiciret worden. Freyberg, gedruckt bei Samuel
Friedrich Barthel. 1725. 4. (Alt. Ba 52, Al. XI. 91 c 4 und Dresd. Bibl.
Hist. Sax. H. 232)

114. Ders. Feuerordnung unter demselben Titel wie Nr. 113. Frey=
berg, gedruckt bei Samuel Barthel 1763. (Al. XI. 91f. 4.)

115. Ders. Feuerordnung unter demselben Titel wie 113. Freyberg
gedruckt bey J. C. F. Gerlach. 1783. (Al. XI. 91 g 4.)

116. Ders. Ordnung, wonach sich die Hebammen und Stuhlweiber bey
der Stadt Freyberg in deren Vorstädten und auf E. E. Raths zu Freyberg
Dorfschaften genau zu achten haben. Freyberg, gedruckt mit Barthelschen
Schriften. 4. 1785. (Al. XI. 113. 4.)

117. Ders. Höcker= und Markt=Ordnung in der Stadt Freyberg. Frey=
berg, gedruckt mit Barthelschen Schriften. 1787. (Alt. Ba 53 und Al. XI.
216. 4.)

118. Ders. Instruction, wornach sich die verordneten Gassen=Schöppen
der Stadt Freyberg jederzeit zu achten. Freyberg. Aufs neue gedruckt 1795.
4. (Alt. Ba 53)

119. (Rat) Feuerpolizei-Ordnung für Freiberg. 1845. (Alab. XIII. 441. 8.)

120. Riccius, Chr. G., Zuverläßiger Entwurff von Stadt-Gesetzen, Frankf. u. Leipz. 1740, S. 276—278. Vgl. auch Adelung, J. Chr., Directorium oder chronolog. Verzeichniß der Quellen der Sächsischen Geschichte. Meißen 1802. S. 140. (Alt. Bc. 2)

121. Stobbe, O., Beiträge zur Geschichte des deutschen Rechts. Braunschweig 1865, S. 125 ff.

122. (Ungenannt) Advocati betr.: „Waren im zwölften und dreyzehnten Jahrhundert die Advocati in Bribere markgräfliche oder kaiserliche Justizbeamte?" FGN. 1803, 219.

123. Desgl. Rangordnungen, Freiberger, aus alter Zeit. Freiberger Zeitung 1864, Nr. 66. 68. (Alt. Ba 134)

124. Walch, Carl Friedr., Annoch geltende Freybergische Statuten. Vermischte Beiträge zu dem deutschen Recht. 3. Teil. Jena 1773. 8. S. 147 ff. Vgl. hierzu die Kritik in Schott, Unpartheyische Critik über die neuesten jurist. Schriften, Stück 51, Leipzig 1773. S. 7 und die Antwort Walchs Verm. Beytr. IV., 16.

125. (Wilisch) Leges des Priester-Wittwen-Fisci der Inspection Freyberg, ehemals abgefaßet von D. Christ. Lehmann, nachmals wiederholet und fortgestellet von D. Christ. Friedr. Wilischen. An. 1730. fol.

126. Derf. Leges des Schul-Wittwen-Fisci der Inspection Freyberg durch D. Christ. Wilischen, 1727 fol. Erneuert 1730 fol.

3. Kirche. a. Kirchengeschichtliches.

127. Agricola, Georg, Enumeratio omnium personarum Illustrium Freibergae in Sacello Cathedrali sepultarum. Freib. 1606. 4. Auch angehängt an desselben Dominatores Saxonici Freibergae. Freib. 1611. 4.

128. Dünne, Ludwig, Der Friedhof zu Freiberg und seine Gräber. Freiberg 1844. (Alt. Ba 14)

129. Engelhardt, Karl Aug., Tägliche Denkwürdigkeiten aus der Sächs. Geschichte. II. 1809, 88: Herzog Heinrich der Fromme. (Alt. Bc 83b)

130. Garthius, Helwig, Einweihungspredigt des Altars zu St. Jacob zu Freyberg. 1611. 4.

131. Gauhe, Jh. Frid., Epist. de Archi-Presbyteris olim Freiborgensib. 1738. 4. Vgl. Destinat. P. IV., 309. (Dresdn. Bibl. Hist. Saxon. II. 236)

132. Gautsch, Karl, Das Freiberger Jungfrauenkloster und seine Aufhebung. MFN. 17, 33. Vgl. MKSA. 23, 66. 24, 95. 114.

133. Gerlach, Heinrich, Überreste vom Freiberger Jungfrauenkloster. MFN. 17, 53.

134. J. C. und Th. D., Versuch einer Geschichte der St. Petrikirche zu Freiberg. 1834. (Alt. Ba 102)

135. Kade, O., Orgel für die Schloßkirche zu Freiberg betr. ASG. 10, 114.

136. (Klotzsch) Geschichte des ehemaligen Dominicaner= oder Prediger=klosters zu Freyberg, nebst beygefügten Urkunden. SWM. III. 1769, 1. (Alt. Bc 12)

137. Ders. Geschichte des ehemaligen Franciscaner=Klosters zu Freyberg, nebst beygefügten Urkunden. SWM. I. 1767, 149. (Alt. Bc 12) Vgl. MKSM. 4, 21. 25.

138. Ders. Geschichte des vormaligen Jungfrauen=Klosters zu Freyberg, des Ordens St. Marien Magdalenen von der Buße. Nebst Urkunden. SWM. 7, 1. (Alt. Bc 12) Vgl. Ermisch unter B 11.

139. Molleri, M. Sam., Progr. de religione per intervalla ab Henrico Fribergae reformata et emendata. Freib. 1731. fol. (Bücherschrank des oberen Freiberger Ratsarchivs)

140. Ders. Diss. de Anno, quo exercitium purioris Religionis Freibergae Hermundurorum civibus permitti & Confessio Augustana primum in templis publice proponi coepit; als Anhang zu desselben Confessio Augustana vere Augusta, Freib. 1631. 4.

141. Reinhold, Gottfr., Mittagsprediger, Theologischer Unterricht von den blutigen und feurigen Wunderzeichen. 1637.

142. Ders. Donner= u. Wetterpredigt aus Hiob Cap. 38, 5, als es am Fest der Himmelfahrt Christi zu Freyberg unter der Mittagspredigt eingeschlagen, gehalten am Sonntag Exaudi in der Dom=Kirche 1639. (Af. XI. 112. 4.)

143. Richter, O., Der Bußprediger Johannes von Capistrano in Dresden und den Nachbarstädten 1452. In: Mittlgn. des Vereins f. Geschichte u. Topographie Dresdens u. seiner Umgebung. 4, 1.

144. Roth, Sal., Mordleichenpredigt beym Begräbnis vier erschlagener Personen, nebst Erzählung des Verlaufs dieser und anderer Übelthaten. Freyberg und Chemnitz 1616. 1669. (Alt. Ba 17 und 156 b)

145. Rüdiger, Die Einführung der Reformation in Freyberg. FGM. 1826, 25. (Alt. Ba 131)

146. Schneider, Carl Gottlob, Verzeichnis derer in der Stadt und Inspection Freyberg im Jahre 1804 Getrauten, Gebohrnen, Verstorbenen und Communicanten (Statistik auch über die Dörfer bei Freyberg) 1 Blatt fol. (Dresd. Bibl. Hist. Saxon. H. 250, 32)

147. Seidemann, Johann Karl, Das Freiberger Mönchskalb. Sächs. Kirchenztg. III. Nr. 40, 317. Vgl. Phil. Melanchthon und M. Luther: Deutung der zwii grewlichen Figuren Bapstesels zu Rom und Münchkalbs zu Freiberg. Mit color. Abbildungen. (Alt. Bn 10)

148. Strehl, Joh. Christoph, Übersicht über die Aufgebote, Taufen, Communicanten, Begräbnisse des Jahres 1720, 1722. Zwei Blatt in Fol. (Dresd. Bibl. Hist. Saxon. H. 250, 31) Vgl. über sämtliche Freiberger Neujahrszettel von 1697 an: Michaelis MFA. 4, 332.

149. Süß, Paul, Die Freiberger Ephorie und ihre Superintendenten. Freiberger Anzeiger 1878, 7. April. (Alt. Ba 133)

150. Ulbricht, Gust. Herm., Geschichte der Reformation in Freiberg, zur Erinnerung an die Einführung der Reformation in der Pfingstwoche 1537. Leipzig 1837. (Alt. Ba 103)

151. (Ungenannt) Inspection Freiberg. Zweite Abteilung. Sachsens Kirchen=Galerie. Dresden 1838. (Alt. Bd 77)

B. Darstellungen: 3. Kirche. a. Kirchengeschichtliches. 13

152. (Ungenannt) Begründung der Freiberger Ephorie und deren Umfang. Freib. Anz. 1861 Nr. 23. (Alt. Ba 133)

153. Desgl. „Curiositäten-Cabinet, Sächsisches" oder Curiosa Saxonica. 21 Teile (Alt. XVI. 270a—p. 8); enthält u. a. vielfach zerstreute Bemerkungen über „Kirchenzettel" (Statist. Nachrichten über die Ephorie Freiberg). Ebenso in Miscellanea Saxon. 1767 ff. (Alt. XVI. 272a—f. 8.)

154. Desgl. Juden-Tauffe zu Freyberg. Cur. Sax. 1756, 162 (Alt. XVI. 270o)

155. Desgl. Das andächtig singende und betende Freiberg rc. mit Vorrede von Wilisch. Desgl. Freibergisches Gesangbuch von 1794 und Neuer Anhang dazu von 1804, giltig gewesen bis Ende 1883. (Alt. Bf. 12 bis 14)

156. Desgl. Petrikirche nebst ihren Thürmen zu Freyberg. FGN. 1803, 318. (Alt. Ba 131)

157. Desgl. Orgel betr.: Nachricht und Disposition der neuen 1735 eingeweihten Peters-Orgel zu Freyberg. Cur. Sax. 1738, 288. (Alt. XVI. 270d) Vgl. Wilisch, Christ. Friedr., Das neue Lied Freibergs bei Einweihung einer neuen Orgel in der St. Petrikirche. Freiberg 1735. (Alt. Ba. 22)

158. Desgl. Veränderungen des geistl. Ministerii zu Freyberg und dasiger gesammter Dioeces, von 1739 bis 1743. Cur. Sax. 1743, 248. 1744, 114. (Alt. XVI. 270gh)

159. Weller, Hieronymus, Wunder und Bußpredigt einer 17jährigen Jungfer zu Freiberg. Dresden 1560. 4. Vgl. unten unter Abt. B 11.

160. Wilisch, Christian Gotthold, Kirchen-Historie der Stadt Freyberg und der in dasige Superintendur eingepfarrten Städte und Dörffer samt den Lebensbeschreibungen der dasigen allermeisten ehemaligen und jetzigen Superintendenten und Prediger. Wie auch einem besonderen Codice diplomatico Fribergensi und zweyfachen Register. Leipzig 1737. 4. (Alt. Ba 5)
Vgl. Frühaufgelesene Früchte der theol. Samml. 1737, S. 190—194 und MRSA. H. 3b, 6. 4, 26. 28, 50.

161. Ders. Etwas zum Andenken der wegen ihres Alterthums und Baufälligkeit im Monath Junius rc. 1750 bis auf die noch übrig gelassenen äusserlichen Grund-Mauern und Thurm-Gebäude niedergerissenen St. Nicolai-Kirche zu Freyberg 1750. 4. (Dresd. Bibl. Histor. Sax. II. 236) Vgl. desselben fortgesetzte Nachricht von denen, die den Nahmen Nicolaus geführet, nebst Untersuchung des in der Kirche St. Nicolai gefundenen Bildes des Dionys. Areopagitae. Freyb. 1751. 4.

162. Ders. Beytrag zum 200jähr. Gedächtnis des Augspurgischen Religions-Friedens. Freyberg 1755. 4.

163. Zimmer, Über den Kaland, d. h. über die Kalanden oder Kalenden-Brüderschaft. MJA. 3, 217. 5, 507.

3. Kirche. b. Kunstgeschichtliches.

164. Berlepsch, G. v., Geschichte des Moritzmonuments in: Deutsches Kunstblatt von Eggers. V. Jahrg. 1854. Vgl. MRSA. 28, 54. 29, 116.

165. Börner, Robert, Geschichtlich-architectonische Forschungen am Freiberger Dom. Mit 3 Tafeln Abbildgn. MJA. 16, 87.

166. Diſtel, Moritz-Monument im Dom betr. ASG. NF. 6, 111.
Vgl. Saxonia I. 20 und Steche MSG. 4, 172.

167. Fritzſche, F. H., Schenkungsurkunde, die beiden im Dom aufgeſtellten Schwenk'ſchen Standbilder: „Herzog Heinrich der Fromme" und „Kurfürſtin Sophie von Sachſen" betr. Freiberg 1871. (Alt. Ba 172.)

168. Gerlach, Heinrich, Bau an der goldenen Pforte im Jahre 1861/62. MFA. 1, 43.

169. Derſ. Fürſtengruft des Doms betr. MFA. 2, 149.

170. Derſ. Die Freiberger Domkreuzgänge. MFA. 6, 647.
Vgl. MSG. 8, 51. 54. 14, 10. 28, 145. 29, 52.

171. Derſ. Domkreuzgänge betr.: Die an den Domkreuzgängen bei der Freilegung der goldenen Pforte ausgeführten Veränderungen. MFA. 14, 1347. Vgl. auch 19. Jahresbericht des Vereins für kirchliche Kunſt im Königreich Sachſen. Dresden 1882.

172. Derſ. Glocken betr.: Unſere alten Hilger'ſchen Kirchenglocken. MFA. 20, 92.

173. Derſ. Gutachten des Kantor Kuhnau aus Leipzig und Hoforganiſt Beſtell aus Altenburg über die von Gottfried Silbermann neuerbaute Domorgel. MFA. 7, 697.
Vgl. Sächſiſche Schulztg. 1859, Nr. 46.

174. Derſ. Moritzmonument im Dom betr. MFA. 3, 287.

175. Gottſchaldt, Über die goldene Pforte in Freiberg. Mittlgn. des Vereins für Chemnitzer Geſchichte 3, 11.

176. Hempel, M., Luculenta descriptio summa arte exstructi sacelli in quo illustrissimorum electorum etc. monumenta continentur. Fribergi in Misnia. Lipsiae 1604. (Al. XI. 568. 4.)

177. Derſ. Von dem Begräbnis des fürſtlichen Geſchlechtes und Stammes Sachſen, welches in der Domkirche zu Freiberg ganz zierlich und herrlich erbaut iſt. Freiberg 1605, 1607. (Alt. Ba 11 und Dresd. Bibl. Hist. Saxon. H. 240)

178. Heuchler, Eduard, Der Dom zu Freiberg in geſchichtlicher und kunſthiſtoriſcher Beziehung. Mit 4 Lithographien und 1 Photographie. Freiberg 1862. (Alt. Ba 125)
Vgl. Berichte über die 15. Verſ. d. A. u. Ing. zu Wien 1864 und MSG. 1, XII. 3, 12. 25 f. 39. 41. 75. 4, 7. 8. 42. 6, 22. 28. 50. 145. 7, 10. 121. 18. 9, 41. 52 f. 12, 70. 82. 19, 10. 20, 10. 21, 55. 22, 10. 75. 29, 4. 61 62. 66. — Vgl. oben Steche Nr. 47.

179. Derſ. Die goldene Pforte am Dom zu Freiberg. 1862. (Alt. Ba 12b) — Vgl. oben Steche Nr. 47.

180. Derſ. Die goldene Pforte am Dom. MFA. 3, 195.

181. Derſ. Betrachtungen über den Altertums- und Kunſt-Wert der goldenen Pforte am Dome zu Freiberg. MKSA. 12, 69.

182. Derſ. Die goldene Pforte am Dome zu Freiberg, Vortrag, in: Sachſengrün 1, 181. (Alt. B h 20)

183. Hübner, Julius, „Kleine Beiträge zur Specialgeſchichte Churf. Sächſ. Künſtler": Die Anfertigung eines Epitaphs durch Samuel Lorenz von Freiberg betr. ASG. 2, 190.

184. K., Das Innere des Domes zu Freyberg. Saxonia, Muſeum f. ſächſ. Vaterlandsk. 3, 128. (Alt. Be 207c)

185. Meurer, Mittelalterliche Kelche in Sachſen. MFA. 3, 274.

B. Darstellungen: 3. Kirche. b. Kunstgeschichtliches.

186. Mstr., Dombaumeister betr. ASG. 8, 317.

187. Puttrich, Ludw., Die goldene Pforte der Domkirche zu Freiberg, mit 7 Steindruck=Tafeln. Leipzig 1836. (Alt. Ba 135)
Vgl. MRSA. 3, 15. 7, 20. 12, 13. 69. 13. 9. 13. 19, 10. 20, 72. 21, 55. 24, 78ff. 28, 102.
Förster, Denkm. d. Bildnerei und Malerei I. 1858, Gesch. der deutschen Kunst I. 121 und Abriß der allgem. Kunstgesch. S. 42. — Hallische Jahrbücher für deutsche Wissenschaft und Kunst 1839 Nr. 671. — Lübke, Grundr. der Kunstgesch. S. 354. — Riegel, H., Deutsche Kunststudien 1868. — Romberg, J. A., Konversations=Lex. für bildende Kunst 4, 200. — Schnaase, Gesch. d. bild. Künste im Mittelalter 1872. V. — Springer, „Über die Kunstdarstellungen im Mittelalter", Ber. der K. S. Ges. d. W. zu Leipzig, Phphist. Kl. 1879. I. II., bes. Seite 30 fl. — Stieglitz, Von altdeutscher Baukunst 1820, Seite 229. 11. — Waagen, Kunstw. u. Künstler im Erzgeb. u. Franken 1843.

188. Puttrich, Denkm. d. Bauk. in Sachsen, I. Abth 1. 1835. Vgl. MRSA. 3, XIV. XVI. 4, 11. 5, 17. 6, 52. 11, 18. 12, 59 ff. 28, 8. 29, 4. 7. 19. 41. 61. 63. 66. 71. 75. 79 f. 82. 84 ff. 89. 101. 116.

189. Richter und Gerlach. Grabdenkmäler Freibergs im allgemeinen. MFA. 3, 285.

190. Sahrer von Sahr, C., Zur Erklärung einzelner Buchstaben ꝛc. auf der gravierten messingenen Grabplatte der Kurfürstin Sophie im Dom zu Freiberg. MFA. 5, 513.

191. Sch., Die goldene Pforte im Dom zu Freiberg, mit Abbildung. Saxonia 4, 67. (Alt. Bc 207d)

192. Schirmer, M. David, Conditorium Saxonicum de novo tabulis aereis incisum et luculenta descriptione Latina & Germanica illustratum. Das ist: Kurze Beschreibung der in Kupfer gestochenen überaus herrlichen und Kunstreichen Begräbniß=Capelle der Durchlauchtigsten Chur und Fürsten zu Sachsen, so in der Domkirchen der Churf. alten freyen Häupt=Bergstadt Freybergk zu sehen, darinnen vier Churfürsten und dreyundzwanzig Fürstliche Personen beygesetzt stehen. Vor dessen von M. Michaele Hempeln, der Schulen zu Freybergk gewesen Rectore gegeben. Jetzo aber von newen übersehen, vermehret, und in eine richtigere Ordnung, Capitel und Register gebracht von M. David Schirmern S. S. Theol. Studioso. Freybergk. In Verlegung Melchior Hoffmanns. 1619. 4. (Alt. Ba 12 und Dresd. Bibl. Hist. Sax. H. 241) — Ueber den hierzu gehörigen, aus vier grossen Sectionen bestehenden Kupferstich vgl. Steche, Beschreibende Darstllg. der Baudenkmäler. 3. H. 1884, S. 96.

193. Schmidt, Julius, Litteratur der Begräbniskapelle am Dom zu Freiberg und ihrer Denkmäler. MFA. 8, 759. Vgl. MRSA. 2, 64. 68. 3, 42. 8, 26. 35. 37. 11, 13. 12, 13. 14. 10. 19b, 5. 26, 108.

194. Ders. Beiträge zur Kunstgeschichte Sachsens im 16. Jahrhundert; Freiberg, Dom und Begräbniskapelle betr. ASG. 11, 82. 111. 134. Schloß Freudenstein betr. S. 113.

195. Schulz, H. W., Über die Geschichte der Kunst in Sachsen. MRSA. 3, 5.

196. Silbermann, Joh. Geg., Beschreibung der Churfürstl. Begräbniß=Capelle an der Thum=Kirche zu Freyberg, 8 (erwähnt bei Wilisch, Kircheng. Anhang 11.)

197. (Ungenannt) Dom zu Freiberg. Saxonia, Museum für sächs. Vaterlandskunde 1, 17. (Alt. Bc 207a)

198. Desgl. Dom zu Freiberg. Freiberger Anzeiger 1851 Nr. 205. (Alt. Ba 133)

199. (Ungenannt) Die schöne Kanzel im Dom betr. Freiberger Zeitung 1864 Nr. 57 (Alt. Ba 134)

200. Desgl. Die schöne Kanzel im Dom betr. Freiberger Zeitung 1865 Nr. 11 und Freib. Anzeiger 1868, S. 2324. (Alt. Ba 134 und 133.)

201. Desgl. Moritzmonument, Geschichte desselben betr. ASG. 3, 447.

4. Schule.

202. Am Ende, Ch. G. Ernst, Aus dem Schulwesen Sachsens, besonders in Mittweida u. Freiberg, zu Ende des 17. Jahrh. NASG. 2, 251.

203. Bennewitz, Otto, Entwurf des uralten Gregorius- und Schulfestes nebst Beschreibung, wie es zu Freiberg gehalten worden. Nebst mehreren Gregorius-Actus x. Freiberg 1652—1709. (Alt. Ba 94)

204. Beyer, Just. Israel, Orat. de bibliotheca Freybergensi. Altenb. 1716. fol.

205. Bidermann, M. Joh. Gottl., Progr. II. memoriae discipulorum extraneor. in schola Freiberg. 1752 progr. II. et III. 1753. prog. V. et VI. 1754. 4.

206. Bräß, Adolf, Gesch. des Freiberger (jetzt Nossener) Seminars unter Leitung seines Begründers M. Frisch 1798—1822. (Programm des Kgl. Seminars in Nossen) Dresden 1871. (Alt. Ba 155)

207. (Brause, Krause, Richter, Walther) Schüler-Verzeichnis des Gymnasiums vom Jahre 1800 an. Freiberg 1875. (Alt. Ba 173)

208. Do. Nn. Ueber das Schulfest in Freyberg, sonst auch Gregoriusfest genannt. FGM. 1801, 179. (Alt. Ba 131)

209. E. B. Einige Notizen, die Geschichte des hiesigen Seminars seit 1822 betreffend. FGM. 1835, 245.

210. Frisch, Sam. Gottl., Geschichte und Beschaffenheit der Bildungsanstalt für künftige Lehrer in Bürger- und Landschulen zu Freyberg. 8. 1809. (Alt. Ba 113)

211. Ders. Geschichte der Stiftung und des Gedeihens der Eusebien-Schule in der Vorstadt von Freyberg. 1814. (Alt. Ba 114)

212. Gerlach, J. Chr. F., Rochlitzerische Erziehungsanstalt zu Freyberg für Söhne aus den mittlern und höhern Ständen. FGM. 1818, 9.

213. Gernhard, Aug. Gotthilf, Gymnasii Fribergensis Sacra Saecularia tertia. Progr. IV. 1815. Hierin S. 24 ff. ein Verzeichnis der Rektoren und Lehrer des Gymnasiums. (Dresd. Bibl. Hist. Sax. H. 243 m.)

214. Ders. Oratio sacris saecularibus tertiis Gymnasii Freiberg. 1815 a rectore habita. 1816. 4. (Dresd. Bibl. Histor. Sax. H. 244)

215. Goll, Jaroslav, Die böhmische Handschrift der Freiberger Gymnasialbibliothek, Ber. der Kgl. böhm. Gesellsch. der Wissensch. Prag 1878. Dazu Text der Handschrift, veröffentlicht in: Vypsání Mistru Jeronymovi z Prahy. Kronika o Janu Zizkovi. Podlé starého rukopisu vydal Jaroslav Goll. V Praze. Tiskem a Nákladem J. Otty. Ohne Jahresangabe. (Freiberger Gymnasialbibliothek Cl. X. 8. 868 a)

B. Darstellungen: 4. Schule. 17

216. **Hechel, Fr. A.** Einleitung zu einer histor. Nachricht von der Freyb. Schulbibliothek. Freib. 1799. 4. Progr.

217. **Ders.** Anhang einer histor. Nachricht von der Freyb. Schulbibl. Freib. 1801. 4. Fortsetzung dazu ebenfalls 1801. 4. Progr.

218. **Ders.** Beantwortung einiger Einwürfe gegen den Nutzen öffentl. Bibliotheken insbes. der Freyb. Schulbibl. Freib. 1802. 4. Progr.

219. **Ders.** Litterar. Nachricht von einigen Handschriften u. vielen typogr. Seltenheiten in der Freyberger Schulbibliothek. Freiberg 1803. 4. Progr.

220. **Ders.** Fortsetzung der histor. Nachricht von einigen alten Druck= schriften in der Freyberg. Schulbibl. I.-II. Freiberg 1804—5. 4. Progr.

221. **Grefius,** Nic., Rect., Programma de Rectoribus Freibergensibus. Freib. 1658. 4.

222. **Hempel,** Mich., Carmen, leges Scholasticas continens, als Anhang zu desselben Oratio de Scholis Lips. 1587. 4. recusum cura Molleri Freib. 1735. 4.

223. **Heydenreich, Eduard,** Den lateinischen Konstantin=Roman und die Freiberger Gymnasial=Handschrift desselben betr.: Incerti auctoris de Constantino Magno ejusque matre Helena libellus. E codicibus primus edidit Eduardus Heydenreich. Lipsiae 1879 (praef.); hierüber vgl. noch den= selben in Schnorrs Archiv für Literaturgesch. X. S. 319 ff. Verhandlungen der Trierer Philologenverslg., S. 177. MFA. Heft 17—20 (Litterar. Um= schau), Coen, Di una leggenda relativa alla nascita e alla gioventù di Costantino Magno (Rom 1882. 191 S. 8) und Heydenreich in Fleck= eisens Jahrb. f. Philol. 1883 S. 503, wo die weitere, Freiberg nicht berüh= rende, philologische und historische Litteratur verzeichnet ist.

224. **Ders.** Die Hygin=Handschrift der Freiberger Gymnasialbibliothek. Leipzig 1878. (Alt. Bd. 166) Vgl. MFA. 17, 121 u. Baehrens in Jenaer Literaturztg. 1879 Nr. 7. Weller, Altes aus allen Teilen der Geschichte rc. Chemnitz 1766. II. 82.

225. **Ders.** Ein mittelhochdeutsches, dichterisches Handschriftenbruchstück der Freiberger Gymnasialbibliothek betr. in Schnorrs Archiv f. Literaturgesch. (wird demnächst erscheinen).

226. **Ders.** Eine Seneca=Handschrift der Freiberger Gymnasialbiblio= thek betr. Fleckeisens Jahrb. für Philol. 1883 S. 141 ff.

227. **Ders.** Verkauf von Pergament=Handschriften der Freiberger Gym= nasialbibliothek betreff.: Neues Archiv für ältere deutsche Geschichtskunde, Band 5, 210.

228. **Knauth,** Schulkomödien betr. MFA. 21.

229. **Liebe,** T., Nobiliss. amplissque Freibergae Hermunduror. Senatui Bibliotheca ibid. publica pro instauratione sui gratias agit publ. (Freib.) 1683 fol. (Gedicht)

230. **Molleri,** M. Sam. Rect. oratio solennis tertia ineunte seculo Gymnasii de divinis superiorum temporum beneficiis sigillatim in Gymnasium Freibergense. Freiberg 1715. fol.

231. **Ders.** Progr. de Bibliotheca (Freiberg. publ.) rursus aperienda Freib. 1723 fol.

2

232. Molleri, M. Sam., Progr. Memoria nonnullor., quorum olim et muneribus crevit Bibliotheca Freiberg. publ., et patrocinio, ut augescere posset, confirmata est. Freiberg 1724 fol.

233. Ders. Progr. Memoria majo., quorum munificentia et liberalitate Bibliotheca publ. constituta est. Freib. 1725 fol.

234. Derf. Progr. de scriptor. ac typographor. antiquior. in Bibliotheca publ. Freiberg inventorum. Freib. 1726 fol.

235. Derf. Progr. de Mss. ad rem sacram, ad jura, ad philosoph. atq. ad historiam pertinens. Freib. 1727 fol.

236. Petzholdt, Julius, Freiberger Gymnasialbibliothek betr.: Bibliotheken der Klöster und des Collegiat-Stiftes zu Freiberg. 1842. 8. Vgl. desselben Adreßbuch der Bibliotheken Deutschlands 1875 S. 140. MRSA. 23,54.

237. Pfotenhauer, Die Geschichte des Freiberger Gymnasiums betr.: Interessante Aktenstücke Freibergs aus dem 16. Jahrhundert. MFA. 21.

238. Prössel, Werner, Mitteilungen über das Gymnasium zu Freiberg. MFA. 5, 421.

239. Rabener, Just. God., Oratio in Dedicatione renovati auditorii habita A. 1685. Vgl. desselben Amoenitates Hist. Philol. p. 566—607.

240. Riebold, Einige Mittheilungen über die Geschichte und die bevorstehende Jubelfeier des hiesigen Seminars. FGR. 1848, 153.

241. Ritter, Ad actum Oratorium de Superbia studiosae Juventutis invitat Joh. Chr. Ritter, Rector, Freibergae. Die 21. Fobr. Anno MDCCX. literis Kuhfusianis (über milde Stiftungen). (Dresd. Bibl. Hist. Sax. H. 236)

242. Roth, Sal., Zwey Schulpredigten zu Freyberg. 1594. 4.

243. Rüdiger, Karl August, Die Handschrift der Freiberger Gymnasialbibliothek von des Germanicus Aratea betr. Jahrb. f. Philol. V. Suppl. 4 H. 1839 S. 568.

244. Derf. Die Stadtschule zu Freiberg unter J. Rivius. Freiberg 1824. (Alt. Ba 56) Abgedruckt im Archiv für Philologie und Pädagogik von Seebode II. Jahrg. 1825. 2, 272.

245. Derf. Milde Anstalten f. arme Schüler in Freyberg. FGR.1826, 83. (Alt. Ba 131) — Vgl. Ackermann, G. A., Die frommen und milden Stiftungen in Sachsen. Leipzig 1845.

246. Derf. Über die ehemalige Feier des Gregoriusumganges in Freiberg. MRSA. 4, 15.

247. Derf. Über den Ursprung des Gymnasiums. FGR. 1819, 145.

248. Derf. Verzeichnis der Lehrer am Gymnasio zu Freiberg von 1537 bis 1837. Freiberg 1837. (Alt. Ba 126)

249. Schirmer, Michael, De insigni munificentia piorum Freiberg ergo paupertinos scholasticos. Freiberg 1670 typis Beutheri. 4. (Dresd. Bibl. Hist. Saxon. H. 236)

250. Straumer, Friedr., Beiträge zur Geschichte der Schulkomödie in Deutschland. 1. Teil, bis zur Mitte des 16. Jahrhunderts, nebst Proben aus einer deutschen Einkleidung zum Eunuchus des Terenz. Freiberg 1868. (Alt. Bm 29)

251. **Süß, Paul,** Geschichte des Gymnasiums zu Freiberg. 2 Teile. Freiberg 1876 u. 77. (Alt. Ba 167)

252. **Ders.** Über den Gymnasial-Singechor. MFA. 21.

253. **(Ungenannt)** Eine vorlutherische Bibelübersetzung der Freiberger Gymnasialbibliothek betr. Literar. Centralblatt f. Deutschland 1882 Nr. 46 Spalte 1556 f. (abgedruckt MFA. 20, 138.)

254. **Desgl.** Eusebienschule zu Freiberg, deren Gründung und Jubiläum. Freiberger Zeitung 1864, Nr. 74. 78. (Alt. Ba 134)

255. **Desgl.** Gregoriusfest betr. FGM. 1823,120. (Alt. Ba 131)

256. **Desgl.** Gymnasium betr. Über den gegenwärtigen Zustand der Schüler und Erziehungsanstalten in Freyberg. A. Das Gymnasium (mehr nicht erschienen). FGM. 1808, 153. 221. (Alt. Ba 131)

257. **Desgl.** Leges Gymnasii Freibergensis revisae, auctae & praesenti rerum statui accommodatae atque inspectoribus — Paulo Sperlingio S. S. Theol. D. Ephoro, M. Georgio Platnero, Wolffgango Graunio, Samuele Kilmanno, Sigismundo Hornio, Heinrico Romano, Johanne Drabitio, Senatoribus praeceptoribus, Ottone Benevitio Rectore, M. Nicolao Grefio Conr., M. Christiano Funccio Tert., Christophoro Frölichio Cant., Christiano Peschelio, Georgio Trenero, Baccal. 1652. 4. (Dresb. Bibl. Hist. Saxon. H. 250, 10)

258. **Desgl.** Nachricht von Anführung der Jugend in der Freybergischen Schule 1727. 4.

259. **Desgl.** Singespiel zum Andenken des am 16. Oct. 1648 geschlossenen westphälischen Friedens. Freiberg 1748. (Alt. Ba 42)

260. **Desgl.** Syllabus aller Evangelischen Rectorum der Stadt-Schüler zu Freyberg. Cur. Sax. 1743, 334. (Af. XVI. 270g)

261. **Wagneri, M. Godfr.,** series collegarum gymnasii Freib. Viteb. 1709. 4. Vgl.: **Fabricii, Ge.,** Freybergi descriptio atque Annales, ex ed. M. Go. **Wagneri,** cum serie Collegarum Gymnasii ab a. 1514—1709. 1710. 4. 1717. 8. (Alt. Ba 153)

262. **Wilisch, Christ. Gotthold,** Brüderliche Anrede an das geistliche Ministerium, nebst einem Verzeichnis aller Evangel. Lehrer seit 1530 in der Stadt und auff dem Lande. Freyberg 1730. 8.

263. **Ders.** De prima Currendae et Chori symphoniaci institutione in gymnasio Freibergensi Dresd. et Lips. 1735. 8. (Dresb. Bibl. Hist. Saxon. H. 1066)

5. Städtisches Leben.

264. **Apiani,** Schwedischer Abzug von Freyberg (Gedicht) 1643. 4. Verfasser war nach Wilisch Kircheng. Anh. II. Otto Bennewitz. (Dresb. Bibl. Hist. Saxon. H. 250, q a)

265. **After,** Bürgermeister, Spezielle Annalen Freibergs während des 7jährigen Krieges (31. Aug. 1756 bis 26. Juni 1758) im Freiberger Bergkalender der Jahre 1829—1843. (Alt. Bb 27)

266. B. Zahlreiche Referate über Freiberg und Umgegend: Leipziger Zeitung, seit 1881 N. 257 (werden fortgesetzt).
Inhalt: Obst- und Gemüseausstellung, Bezirksbaumschule, Bezirksobstbauverein, Gartenkalender (1881 S. 2944 u. öfter), Reichstagswahl (2944 u. ö.); Stadtverordneten-Ergänzungswahl, Pfennigsparkassen (S. 3231 u. ö.); Verein gegen Hausbettelei, Armenwesen, Albert-Zweigverein, Frauenverein (1882 Nr. 6 u. ö.); Weihnachtsbescherungen, Sparmarken (Nr. 20 u. ö.); Jubiläum von Rechtsanw. Kugler (Nr. 30); Vagabundentum, Volksbibliothek (Nr. 56 u. ö.); Deutsche Gesellschaft zur Rettung Schiffbrüchiger (Nr. 79 u. ö.); Feuerwehr, Fortbildungsschule, Frauenbad, Sparmarken (Nr. 84 u. ö.); Unglück auf Himmelsfürst Fundgrube b. Brand, Troschken (Nr. 89); Haushaltplan (Nr. 90 u. ö.); Jubiläum von Rektor Franke, Abendgottesdienste (Nr. 93); Anstellung eines technischen Stadtrates (Nr. 121); Sächs. Gemeindetag in Freiberg (Nr. 140); Naturalverpflegung der Handwerksburschen, Herbergen (Nr. 141 u. ö.); Gustav-Adolf- und Prüferfest (Nr. 148 u. ö.); Einwohnerzahl (Nr. 150 u. ö.); sächs. Gemeindetag und sächs. Sparkassentag in Freiberg (Nr. 156); sächs. Ingenieur- und Architektenvereins-Hauptversammlung (Nr. 179); Verbandstag der Schutzgemeinschaften für Handel und Gewerbe in Deutschland (Nr. 187); Freiberger Braugenossenschaft (Nr. 205); Brand und Zerstörung im Dom durch Frevlerhand (Nr. 213); Jubiläum von Bergrat Weisbach, Schornsteinfegertag (Nr. 240); Jubiläum von Direktor Wolf, Verein von Gemeindevertretern in den Amtsgerichtsbezirken Freiberg und Brand, Musikverein (Nr. 249); Vagabundenwesen (Nr. 253); Telephonleitung, Hinrichtung (Nr. 255 u. ö.); Kirchenbrand in Frankenstein, Waisenhaus, Kinderbewahranstalt (Nr. 268 u. ö.); Delegirtenversammlung des sächs. Tierschutzverbands (S. 3279); Stadtverordnetenwahlen (S. 334 u. ö.); Post-Gebäude, Kindergottesdienst, Theater (Nr. 283 u. ö.); Restauration der kurfürstl. Begräbniskapelle, Prölß-Stiftung (Nr. 287); Chenillewaarenfabrik in Bräunsdorf (Nr. 294); Begräbniskapelle auf dem Kirchhof (Nr. 294 u. ö.); Thurmweihe in Berthelsdorf, Christbescherungen von Kaden, elektrische Beleuchtung (Nr. 362); Einweihung der neuen Begräbniskapelle (1883 Nr. 6); Albertzweigverein (Nr. 11 u. ö.); Weibliche Handarbeiten in der Schule von Langenrinne (Nr. 11); Silbermannfeier, Vortrag von Brehm (Nr. 17); Statistik des Standesamtes (S. 293); Arbeiterfortbildungsverein, Lehrlingsvermittelung (S. 451); Einführung des Landesgesangbuches, Domaltarfonds, Herberge zur Heimat (Nr. 65); Vereinsleben (Nr. 70); Sommerkurort Mulda (Nr. 88); Kindergarten (S. 1207); Numerierung der Häuser, Verein für Kleinkinderbewahranstalten (Nr. 115 u. ö.); Verbandstag sächs. Tierschutzvereine (S. 1512); Erzgebirgsverein, Burgberg bei Lichtenberg (Nr. 127); Diöcesanversammlung, Armenhaus, Reiterschießen (Nr. 133); Versammlung der Vertreter der sächs. Lokalpresse, Ölbilder zu Weigmannsdorf (Nr. 147); Anlegung von Promenaden im Hospitalwald (Nr. 151); Ferienkolonien, Jahresversammlung des Gustav-Adolf-Vereines in Sayda und Conradsdorf (Nr. 169); deutsch. Bergmannstag (Nr. 207); Stadtbrauerei (S. 2799); Baugewerkentag (Nr. 238); Bruderbund in der Weise der Reichsfechtschulen (Nr. 261); Kirchl. Geschenke in Niederbobritzsch, Mulda, Niederschöna, Freiberg, veranlaßt von der Lutherfeier, Thierschutzverein (Nr. 269); Kreuzmühle, Jubiläum der kaufm. Firma C. F. Geudtner (Nr. 277); Kriegerbund, Turnhalle, Armenanstalten (Nr. 288); Armenpfleger (Nr. 290); Innungswesen, Wassersäulenmaschine im Frankenschacht, Einweihung der Kirche in Berthelsdorf (Nr. 296); Sparkasse Oberbobritzsch (Nr. 301); Stammvermögen der Stadt Freiberg (1884 Nr. 5); Stenographenverein (Nr. 9); Jubiläum von Direktor Giesemann in Bräunsdorf und Amtsrichter Hasche in Brand (Nr. 16); Standesamt (Nr. 19); Allgemeiner Krankenunterstützungs-Verein, kirchlicher Sinn in Weigmannsdorf (Filial von Lichtenberg) (S. 279); Ausstellung des Geflügelzüchtervereines, Mehnert-Stiftungen (Nr. 42).

267. B. Z. A., Dramatische Aufführungen betr.: Bruchstücke einer Geschichte der alten berühmten heiligen Spiele in Freyberg. FGN. 1802, 329.

268. (Becker, H. A.) Denkschrift des 19. Baugewerkentages zu Freiberg am 7., 8. und 9. October 1883. (Dom S. 22, Sammlungen der Bergakademie S. 25. Geschichte der Stadt Freiberg S. 74).

269. Benseler, Das Freiberger Raths-Archiv betr. MFA. 5, 507.

270. Ders. Bevölkerung Freibergs vor dem Jahre 1643. MFA. 5, 441.

271. (Bergakademisten): Wahrheitsgetreue und altenmäßige Darstellung der in den Jahren 1844—1845 stattgehabten Differenzen zwischen den Studirenden zu Freiberg und dem daselbst garnisonirenden Offizier-Corps des 1. sächsischen leichten Reiter-Regiments, welche die Auflösung der Bergakademie in dem Monate März 1845 herbeiführten. Von drei bei den betreffenden Ereignissen nahe betheiligten Bergakademisten. Straßburg 1845. 8. (Dresd. Bibl. H. 1074) Vgl. unten unter Offizier-Corps Nr. 343.

272. Beyer, Robert, Beiträge zu Freibergs Lokalgeschichte des neunzehnten Jahrhunderts. Heft 1—3. 1846. 1847. (Alt. Ba 137 abc)

273. Bochmann, Die Freiberger Gerichts-Archive. MFA. 10, 921.

274. Börner, Bericht über Freibergs Bauwesen. MFA. 17, 89. 18, 85. 19, 111. 20, 87.

275. Bursian, Das Johannis-Hospital vor Freiberg. MFA. 2, 121.

276. (Constantin, R.) Die Speise- und Back-Anstalt zu Freiberg nach ihren Grundsätzen, Einrichtungen und Ergebnissen. Freiberg 1856. (Alt. Ba 122)

277. von Engel, Adolph, Die Gründung und Thätigkeit des landwirtschaftlichen Vereins zu Freiberg. Festschrift. Freiberg 1864. (Alt. Ba 128 und 164.)

278. Ermisch, Hubert, Studien zur Geschichte der sächsisch-böhmischen Beziehungen in den Jahren 1464 bis 1471. Dresden 1881. (S. 64ff. über Kreuziger-Unruhen in Freiberg.) Vgl. NASG. I. 1880, 209. II. 1881, 1.

279. Ders. Wettrennen zu Freiberg in Sachsen (1490). Anzeiger für Kunde der deutschen Vorzeit N. F. 30. Jahrg. 1883, 264.

280. Falke, Johannes, Landtag zu Freiberg betr. MKSA. 21, 101.

281. Ders. Münzgeschichte, Beitrag zur sächs. 1444—1461. MKSA. 16, 77. — 1462—1470 MKSA. 17, 78. — 1474-1500. MKSA. 18, 93.

282. Ders. Zur Geschichte der hohen Landstraße in Sachsen. ASG. 7, 117. 124. 128. 141.

283. Ders. Zur Geschichte der Papier-Fabrikation im Kurfürstentum Sachsen. ASG. 1, 333. Vgl. Ch. Königl. Majest. in Pohlen, und Churfstl. Durchlaucht zu Sachsen ꝛc. ertheiltes Allergnädigstes Privilegium über die Pappier-Mühle am Muldenstrohm bey Freyberg, ingleichen über die Pappier-Mühle in der Loßnitz, so Anno 1689 den 1. Nov. diesen mit einverleibet worden, jetzo wieder renoviret und confirmiret den 2. November Anno 1755. (Al. XI. 515. Fol.)

284. Flathe, Theodor, Sankt Afra. Geschichte der Kgl. Sächs. Fürstenschule zu Meißen. 1879. Freiberger Freistellen an der Meißner Fürstenschule betr. S. 90.

285. von Friesen, Herm. Frhr., Zweiter Bericht über die Begründung eines Museums vaterländischer Altertümer und Kunstwerke in den Kreuzgängen des Doms zu Freiberg. Dresden 1838. (Dresd. Bibl. Hist. Sax. H. 1055)

286. Götzschmann, Der Oberhof in Freiberg. MFA. 6, 588.

287. Gerlach (Joh. Christ. Friedr.) Triersche Stiftung für Studierende betr. F(s)M. 1807, 199.

288. Ders. Lionische Gold- und Silberdrahtfabrik zu Freyberg betr. F(s)M. 1809, 292.

289. Ders. Spielkarten, Nachtrag z. Geschichte der sächs., F(s)M. 1818, 101.

290. Gerlach (Friedr. Const.) Belagerungsgeschichten von Freiberg, vier. Freiberger Bergkalender 1844 bis 1846. (Alt. Bb 27)

291. Gerlach, Heinrich, Altertümer der Stadt Freiberg in Dresden. MFA. 6, 617.

292. Ders. Altertumsverein betr.: Bericht über die Begründung und Thätigkeit des Freiberger Altertumsvereins. MFA. 1, 1. 49. 2, 142. 154. 3, 277. 299. 6, 515. 538. 10, 911. 11, 1019. Vgl. Knauth MFA. Heft 21 und außerdem MASA. 12, 65. 29, 62.

293. Ders. Zur Geschichte der Stadt Freiberg, bes. die Bevölkerungsziffern betreffend. MFA. 21.

294. Ders. Bürger-Chronik, seit 1881, mit Necrologium. MFA. 18, 93. Im Necrologium (S. 105 ff.) finden sich Biographien von J. G. Jungnickel (S. 105); L. B. Krüger (S. 106); F. M. Jhle (S. 107); M. Tränckner (S. 108); M. F. J. Gerstenhöfer (S. 109); H. H. Krause (S. 111); G. A. Th. Ettmüller (S. 112); J. A. Gottschalk (S. 114); R. Kohl (S. 115). Fortsetzung in MFA. 19, 121 mit den Biographien von A. F. G. Weber (S. 129); Chr. G. Stecher (S. 130); G. W. Richter (S. 131); A. J. O. Golz (S. 134); F. Reich (S. 135); H. Th. Noth (S. 137); A. E. Prölß (S. 138); E. F. J. Richter (S. 140); H. F. Dreykorn (S. 142); A. E. von Beust (S. 143). Fortsetzung in MFA. 20, 113: K. M. E. Edl. von der Planitz, K. Jul. Braunsdorf, Ewald Beyer.

295. Ders. Chronikalische Mitteil. aus Freibergs Neuzeit. MFA. 10, 944.

296. Ders. Freudenstein, Mitteil. über das Schloß. MFA. 7, 669.

297. Ders. Häuser-Chronik, Freiberger. MFA. 16, 71.

298. Ders. Kanonen betr.: Nachrichten über die ältesten Bronze-Kanonen Sachsens, insbesondere die von Wolf Hilger in Freiberg, mit Abbildungen. MFA. 18, 43.

299. Ders. „Kastenstube" betr. MFA. 10, 930.

300. Ders. Münze, die Freiberger, und deren Verlegung nach Dresden. Freiberger Bergkalender 1854. (Alt. Bb 27)

301. Ders. Muldenflöße, die Freiberger, und ihr ehem. Verhältnis zur Stadt Freiberg. MFA. 11, 977.

302. Ders. Naturselbstdruck der Gerlach'schen Buchdruckerei. 1854. Mit 21 Tafeln. (Alt. Db 16 fol. und Af. XII. 846. 8)

303. Ders. Neueste Freiberger Stadt-Chronik (beginnt mit d. J. 1853) im Freib. Bergkalender vom Jahre 1855 an. Wird fortgesetzt. (Alt. Bb 27)

B. Darstellungen: 5. Städtisches Leben.

304. Gerlach, Heinrich, Rats-Archiv, Freiberger. MFA. 4, 325. — Vgl. Ermisch „Über Staats- und Stadtarchive" 1882, S. 6. (Separatabdruck aus dem Protokoll über die Verhandl. des sächs. Gemeindetags am 3. u. 4. Juli 1882 in Freiberg. Herausgeg. im Auftrag des sächs. Gemeindetags vom Stadtrat in Freiberg. 1882 4. S. 29 ff.)

305. Ders. Schützengilde betr.: Die Kleinodien und Geschichtliches der alten Freib. Schützengilde. Mit 2 Kunstblättern. MFA. 17, 59.

306. Ders. Stein auf dem Obermarkt zu Freiberg betr. MFA. 5, 506.

307. Ders. Thurmhöfe Freibergs. MFA. 3, 288.

308. Ders. Wahrzeichen betr.: Die deutschen Städtewahrzeichen und die Wahrzeichen von Freiberg insbesondere. MFA. 3, 223. Vgl. MKSA. 9, 35.

309. Gurlitt, Cornelius, Freibergs alte Festungswerke. MFA. 15, 1509.

310. Ders. Der Bau des Freiberger Schlosses „Freudenstein." Mit Grundriß. Beitrag zur Geschichte der Renaissance in Sachsen. MFA. 15, 1397. Vgl. MK⸗A. 3, 39. 12, 15. 20, 31. 28, 45. 55.

311. H. E. E. Hoch- und Wohlweisen Raths zu Freyberg Aufkündigung ihres Jahrmarkts, an E. E. Rath zu Roßwein, Anno 1542. FGR. 1818, 229.

312. Hammer, Ludewig Friedrich, und Rost, Johann Gotthelf, Berichte, jährliche, über die Veränderungen betr. den Wittwen-Versorgungs-beitrag und über die unter dem Namen „Denckmahl Freybergischer Liebe und Treue" confirmierte Begräbnißgesellschaft. 4. — Dazu: Des von Jhro Churfürstl. Durchl. zu Sachsen ꝛc. gnädigst confirmirten geringen doch wohl-gemeynten Wittwen-Versorgungs-Beytrages, in XLVIII. §§ bestehende und beliebte Conventional-Articul. Freyberg gedruckt bey Samuel Friedrich Barthel. 1766. 4. — Das von Jhro Churfstl. Durchl. zu Sachsen ꝛc. gnädigst confirmirten Denckmahls Freybergischer Liebe und Treue, in XXIV. §§ bestehende und beliebte Conventional-Articul 1767. Freyberg, gedruckt bey Samuel Friedrich Barthel. 4. — Patriotische Gedanken zur Aufrechthaltung derer beyden gnädigst confirmirten Wittwen- und Begräbniß-Societäten zu Freyberg (von Vorstehern derselben herausgegeben). Freyberg 1786. — Conventional-Articul der Freybergischen Bürger-Grabe-Gesellschaft betittelt von 100 Personen errichtet den 25. Juni 1780 und gnädigst confirmirt in Dreßden den 2. May 1783. Freyberg, gedruckt mit Barthelschen Schriften. 4. — Alles vereinigt in dem Bande Ba 66 der Bibliothek des Freiberger Altertumsvereins. Vgl. oben Nr. 112. 125. 126.

313. Heller, Hermann, Die Handelswege Inner-Deutschlands im 16., 17. u. 18. Jahrhundert und ihre Beziehungen zu Leipzig. NASG. V. 1884, 1 (dazu eine Karte).

314. Hendel, D. Joh. Friedr., Bethesda Portuosa oder hülfreiches Wasser zum langen Leben, insonderheit in dem Lauchstädter Brunnen bey Merseburg und in dem Schlacken-Bad zu Freyberg, nach der Historia, Chymie und Medicin. Freyb. 1726. 8. 1746. Mit Landcharte.

315. Ders. Observatio de Chamaemelo monstroso in Pharmacopolio Corneciano Freiberg adhuc reperiundo. Vgl. Acad. Cur. Ephemerides A. 1730. p. 407.

316. Henker, Das huldigende Freyberg. FGR. 1828, 17.

317. Heuchler, Eduard, Altes und Neues aus Freiberg (dazu drei Abbildungen: Donatsthurm, An der Mauer, das angebliche Haus des Kunz von Kaufungen) in: Sachsengrün, Culturgeschichtliche Zeitschr. aus sämtl. Ländern sächs. Stammes, I. 1861, 72. (Alt. Bh 20)

318. **Heuchler,** Eduard, Brunnen von Freiberg. MFA. 3, 289.

319. **Ders.** Nördliche Ansicht der Stadt Freiberg im vierzehnten und neunzehnten Jahrhundert. MFA. 3, 191. (Mit Abbildungen)

320. **Heydenreich,** Eduard, Deutsches Wirtshausleben im Mittelalter, unter besonderer Berücksichtigung Freiberger Verhältnisse. MFA. 19, 1.

321. **Hilscher,** P. C., Verwünschtes Kind zu Freyberg. 1727. 8.

322. **Hingst,** Apotheke in Freiberg i. J. 1294. MFA. 16, 62.

323. **Ders.** Freiberg in unmittelbar kaiserlichem Besitze. MFA. 7, 663.

324. **Ders.** Freiberg zur Zeit Heinrichs des Erlauchten (1221 bis 1288). MFA. 6, 551.

325. **Ders.** Freibergs Bevölkerung im 16. Jahrhundert. MFA. 6, 571.

326. **Ders.** Herzog Heinrichs und seiner Gemahlin Katharina Hofhaltung in Freiberg. MFA. 10, 881.

327. **Ders.** Verheerungen der Pest im Erzgebirge, besonders in und um Freiberg. MFA. 16, 1.

328. **von Holtzendorff,** Die Schlacht bei Freiberg am 29. Oct. 1762. MFA. 15, 1429.

329. **Hübler,** Daniel Gotthold Joseph, Sammlung Freiberger Theaterzettel aus den Jahren 1775—1786 und 1790—1793. (Freiberger Gymnasialbibliothek, 2 Bände in fol. Cl. X. 273 und 274)

330. (**Klemm,** Gustav) Erster Bericht über die Begründung eines Museums vaterländischer Alterthümer und Kunstwerke in den Kreuzgängen des Doms zu Freyberg. Dresden 1837. 8. (Dresdn. Bibl. Hist. Saxon. H. 1055)

331. **Klemm u. Herzog,** Die Freiberger Wahrzeichen betr. MFA. 5, 504.

332. (**Klotzsch**) Ein Brief D. Andreas Mollers an David Quellmalzen über die alten Einwohner der Freybergischen Gegend. Nebst einem Zutrage von der Beschaffenheit dieser Gegend kurz vor Erbauung der Stadt Freyberg. SBM. I. 1767, 97. (Alt. Bc. 12 a) Vgl. S. Molleri progr. de rebus ante Freybergam conditam ibidem gestis. Freiborg 1713.

333. **Kreyßig,** Historie der Buchdrucker zu Altenburg, Annaberg, Freiberg, Pirna und Zwickau. 1741. (Alt. Ba 154)

334. **Liebe,** Tobias, F. F. ad Jubilaeum metalliferae Freibergae sive superatae obsidionis Torstensohnicae memoriam quinquagesimam actu oratorio recolendam musarum Freibergensium patronos ad diem XVI. Febr. A. S. MDCXCIII. invitat. fol. (Bibliotheksschrank des oberen Freiberger Ratsarchivs)

335. **Mauckisch,** Ernst, Adreßbuch der Stadt Freiberg, sowie der angrenzenden Ortschaften Freibergsdorf und Friedeburg, 1883. (Frühere Adreßbücher Alt. Ba 123, 138 ff, 181.)

336. **Michaelis,** Jul. Die Bevölkerung Freibergs in den letzten drei Jahrhunderten. MFA 4, 331.

337. **Molleri,** Sam., Charisteria cum Freiberga metallifera difficillimae Sueonum obsidioni ante hos centum annos divinitus exempta progr. 1743. (Bibliotheksschrank des oberen Freiberger Ratsarchivs)

338. **Ders.** Progr. de obsidione Freibergae A. 1643. Froib. 1723. 4. Lat. und deutsches Gedicht; (Bibliotheksschrank des oberen Freiberger Ratsarchivs Nr. 13. und Dresdn. Bibl. Hist. Saxon. H. 230)

339. **Molleri**, Sam., Progr. de obsidione Freibergae per Adolphum Imp. Freib. 1732. fol.

340. **Molleri**, M. Tob., Ascet. patr. Trido — Didascal. progr. ad Ethopoeiam de Freiberga obsessa liberata, cum annexis trium Hierarchiar. Ἐπινικίοις. Freib. 1683. 4.

341. Müller, Joh. Christ., Metallenreiches Freyberg. Freyb. 1702. 4.

342. Neubert, Einquartierung in Freiberg betr. ASG. NF. 5, 186.

343. (Offizier-Corps) Die Differenzen zwischen dem Offizier-Corps des Kgl. Sächs. 1. leichten Reiter-Regiments Prinz Ernst und einigen Bergakademisten zu Freiberg, dargestellt von dem Offizier-Corps. Dresden 1846. (Alt Ba 121) Vgl. oben unter Bergakademisten Nr. 271.

344. P. P. R. D. Hospitalgebet, Freybergisches, auf sonderbares Begehren aufgesetzt 1676, aufs neue übersehen und abgedruckt. Freyberg 1762. (Alt. XIII. 249. 4.)

345. Pfotenhauer, Paul, Erbische Straße und Erbisches Thor, Namenserklärung. MFA. 16, 625.

346. Ders. Pulver-Recept vom Jahre 1476. MFA. 6, 642.

347. Plattner, C. F., Beantwortung der Frage: Ist anzunehmen, daß nach Herstellung einer Eisenbahn von Dresden über Tharand, Freiberg und Chemnitz nach Zwickau, in der Freiberger Gegend die Zwickauer Steinkohlen und Koals diejenigen des Plauenschen Grundes verdrängen werden? Freiberg, Engelhardt. 1854. gr. 8.

348. von Posern-Klett, Frauenhäuser und freie Frauen in Sachsen. Freiberg betr. ASG. 12, 69. 73. 76. 85. 87 ff.

349. Ders. Kreuzfahrer aus dem Meißnerlande. Freiberger Kreuzfahrer betr. ASG. 4, 54.

350. R. Urkundliche Nachricht über das Hospital St. Johannis zu Freyberg. FGM. 1824, 99. Vergl. oben Nr. 275.

351. **Raboneri**, M. Just. Ge. Rect. In laudem Freibergae oratio obsidionalis. Freyb. 1683. 4. (Alt. Ba 57 und Dresb. Bibl. Hist. Sax. H. 230) Vgl. dessen Amoenitatt. histor. phil. (1695. 8.) S. 536.

352. (Rentzsch, Joh.) Beschreibung, wie Kurfürst Friedrich August II. die Erbhuldigung in Freiberg den 9. Juni 1733 eingenommen. Freiberg 1733. (Alt. Ba. 38 u. 156 a)

353. Richter, Frauenhäuser betr. MFA. 21.

354. S. Beytrag zur Geschichte der sächsischen Spielkarten. FGM. 1800, 20.

355. Schirmer, David, JEsu Christi Triumph, so den Römischen übertroffen, den Freybergern aber geholfen (betr. die Belagerung durch die Schweden; nach Wilisch, Kircheng. Anh. II.)

356. Schlabebach, Julius, Das Männergesangfest am 15.—17. Aug. 1847, nebst den Gesängen. Freiberg 1847. (Alt. Ba 46)

357. Sch-r. Das Erbischthor in Freiberg (mit Abbildung) in Saxonia V. 48. (Alt. Be 207 d)

358. Schulz, G. v. Die Belagerung Freibergs durch den schwedischen General Torstenson im Jahre 1643. MFA. 14, 1359.

359. **Spielhaus**, Ernst, Buntes Freiberg, Leuchtkugeln vom St. Petri=
thurm. Freiberg 1844. (Alt. Ba 20)

360. (**Stöbe**) Die Feier des 17. Februar 1843 und des 11. und 12.
August 1844 zu Freiberg. Nebst kurzer geschichtlicher Einleitung, das Jahr
1643 und 1743 betr. Freiberg 1844. (Alt. Ba 37)

361. **Tr., A. v.** Die Belagerung von Freiberg im Winter 1642—43, in
Saxonia, Museum für sächs. Vaterlandsk. IV, 44. (Alt. Bc 207 d)

362. **Thiele**, Christoph Heinrich, Nachrichten von dem hiesigen gesell=
schaftlichen Privattheater. FGM. 1800. Nr. 12, 1803 Nr. 10. (Alt. Ba 84
dazu eine Anzahl alter Theaterzettel.)

363. **Tränckner**, Die Kriegsschulden der Stadt Freiberg. MFA. 10, 932.

364. (**Ungenannt**) Anhang des privilegirt=genealogischen Titular=Buchs,
Worinnen befindlich, die Titul derer Bey der Stadt Freyberg Voriepo in
Aemtern sitzenden, vnd andern fürnehmsten Personen. Freyberg. Bey Conrad
Stößeln. 1712. 8. (Alt. Ba 61)

365. **Desgl.** Armbrustschießen, das Freiberger. Freib. Zeitung 1864,
Nr. 26. (Alt. Ba 134)

366. **Desgl.** Ausführliche Relation und Bericht von der unversehenen
gefährlichen und harten Ploquade und Belagerung der Bergstadt Freyberg
in Meißen Wie dieselbe so den 2. Mart. 1639 durch die Schwedische Pan=
nirische Völker angefangen und continuiret worden. Zum Andermahl ge=
druckt vnd mit der Beschreibung der alten Belagerung, so vor drey Hundert
vnd drey und Vierzig Jahren vorgangen, vermehret. Dreßden bey Wolff
Seyfferten. (Dresd. Bibl. Hist. Saxon. H. 230 und 250, 9)

367. **Desgl.** Belagerung der Berg=Stadt Freyberg, wie dieselbe vom
Schwedischen Feldmarschall, Linnardt Torstensohn, belagert, und den 17. Fe=
bruarii Anno 1643 widerum verlassen worden. Item: Beyläufige Verzeichniß,
wieviel, Zeit währender Belagerung Schüsse aus Canonen und Feuermörseln,
an, und in der Stadt beym Petersthor, mit großer Furie gethan worden.

368. **Desgl.** Bericht, die Pest betreff. Einfeltiger bericht für den ge=
meynen Man, wie sich in sterbens leufften vormittels Göttlicher hülff zu
vorwaren vnd zuhalten sey, Zu Ehren vnd wolfart der Achtbaren, Erbaren,
vnnd Wolweißen Herren Bürgermeistern vn Rabt der Stadt Freybergt,
sampt derselben Löblichen Gemeyn, Gestellet durch die verordente Physicos,
vnd in Zwey theyl getheylet auffs newe vbersehen vnd gebeßert. Anno
MDCXVI. — Gedruckt in der Löblichen Bergstadt Freybergt, durch Wolffgang
Meyerpeck. (Dresd. Bibl. Hist. Saxon. H. 232)

369. **Desgl.** Besuch: Pfalzgräfin Elisabeth, Tochter des Kurfürsten
August, besucht Freiberg. AEG. 5, 418. Vgl. Beschreibung der Feierlich=
keiten beim Besuch des Prinzen Anton nebst Gemahlin am 4. Juni 1800.
(Alt. Ba 40 sowie Misc. Sax. 1769, 58. 70. 82.)

370. **Desgl.** Bier=Comment, Freiberger. 2. Aufl. 1873. (Alt. Bp. 23)

371. **Desgl.** Brandgeschichte, Beytrag z. Freyberger. FGM. 1808, 50. 118.

372. **Desgl.** Bruchstücke aus Wahls Freybergischen Merkwürdigkeiten.
FGM. 1803, 95.

373. **Desgl.** Chronik, Freiberger, von 1697 bis 1700 im Freiberger
Bergkalender der Jahre 1697 bis 1828. (Alt. Bb. 27)

B. Darstellungen: 5. Städtisches Leben.

374. (Ungenannt) Continuation der Schwedischen Pannirischen beschriebenen Belagerung der Stadt Freyberg. Anno 1643. 4. (Dresd. Bibl. Hist. Saxon. H. 250, 9)

375. Desgl. Defensioner-Begräbniß-Compagnie zu Freiberg betreffend. FGM. 1847, Nr. 25. (Alt. Ba 131)

376. Desgl. Erbhuldigung betr.: Beschreibung der Feierlichkeiten in Freiberg bei der Erbhuldigung des Königs Anton. Freiberg 1827. (Alt. Ba 116) Vgl. Christian Ludw. Struve, Gedicht zur Erbhuldigung 1733 und: Freyberg die alte und getreue Verspricht die alte Treue auffs neue oder Nachricht, die Erbhuldigung 1733 betr. (beides enthalten in der Dresd. Bibl. Hist. Sax. H. 226)

377. Desgl. Erbisches Thor und Erbische Straße, Name desselben betr. Freiberger Anzeiger 1870, S. 695, Nr. 125. Vgl. oben Nr. 345.

378. Desgl. Feier, die, des 17. Februar 1843, als das 200jährige Jubelfest der Entsetzung Freibergs von der schwedischen Belagerung. Mit 2 lithogr. Blättern. Freiberg 1843. (Alt. Ba 36)

379. Desgl. Festschrift zum 8. sächs. Feuerwehrtag in Freiberg am 9., 10. und 11. Aug. 1879.
Inhalt: I. Festgruß von G. R. Erinnerungsblätter an Freiberg von F. Kurze Topographie von Freiberg und seiner nächsten Umgebung von Ma. — Mitteilungen über Freibergs Brände und Feuerordnungen aus früherer Zeit von H. — Die Geschichte der „Freiberger freiwilligen Turnerfeuerwehr" von Str. — Die Freiberger Feuerwehr von S. — Zusammenstellung der Brände seit dem Bestehen der „Freiwilligen Turnerfeuerwehr" von B. — II. Ernstes und heiteres Fest-Lustspiel zum 8. sächs. Feuerwehrtag in Freiberg: „Grundsätze muß der Mensch haben, oder — Er ist's." Den Kameraden gewidmet von G. R. Musik von Wilhelm Stein, Lehrer. — Der Bergmannsgruß. — Der Zustand des Berg- und Hüttenwesens. — Die Benennung der Berggebäude. — Plan von Freiberg.

380. Desgl. Freyberg, das vor 100 Jahren von seiner angstvollen Belagerung befreite. Freyberg 1743. (Alt. Ba 34)

381. Desgl. Freibergische Stadt-Jubel-Acta, oder Nachricht von dem, den 17. Februar und folgende Tage 1743 auf Landesherrl. Erlaubnis, feierlichst begangenen Befreiungs-Jubelfest der Stadt Freiberg, darinnen enthalten sind: 1) Die Geschichte der achtwöchentlichen Belagerung vom 27. Dec. 1642 bis den 17. Febr. 1643. Samt einem Verzeichniß der Bleßirten und Todten, an Seiten der Belagerten, aus einem Mscrt. — 2) Eine Sammlung der ehemaligen Belagerungsschriften. — 3) Die diesmaligen Jubel-Anstalten. — 4) Ein Kupferstich, worauf der Prospect der Stadt, der Belagerung, Stadtwappen und Jubelmünze. — 5) Anhang von den 1296 und 1639 vorgefallenen Freibergischen Belagerungs-Geschichten. Von einem treuen Freiberger. 1743. 4. (Alt. Ba 32 und Al. XI. 172)

382. Desgl. Gastmahl auf dem Freiberger Rathaus 1572. Freiberger Zeitung 1864 Nr. 42. (Alt. Ba 134)

383. Desgl. Gründliche und ausführliche Relation Von der sehr harten, weit beschriebenen vnd denckwürdigen Plocquada vnd Belägerung der Churf. Sächsischen ältesten Freyen Bergkstadt Freybergk in Meißen. Männiglichen zu gründlicher Wissenschaft vnd Nachricht, neben einem besonderen Kupfferabriß in Druck gegeben. Mit Churf. Sächs. Befreyhung nicht abzudrucken. Freybergk, bey vnd in Verlegung Georg Beuthers. (Alt. Ba 33 und Dresd. Bibl. Hist. Saxon. H. 229 m und H. 240)

384. (Ungenannt) Histor. Nachricht von der Freybergischen Metall=Drath= und Lahn=Fabrique, nebst des Inventoris merkwürdigen Lebens=Lauf. Cur. Sax. 1749, S. 104. 114. (Alt. XVI. 270k)

385. Desgl. Huldigungs=Geschenk, Freiberger, vom Jahr 1681 betr. ASG. 3, 226.

386. Desgl. Huldigungs=Solennitäten in Freyberg 1733. Cur. Sax. 1733, 118. (Alt. XVI. 270b)

387. Desgl. Humboldt=Feier in Freiberg. Freib. Anz. 1868, 1920.

388. Desgl. Innungswesen, Freiberger, betr. FGR. 1846, 609. 623. (Alt. Ba 131)

389. Desgl. Johannesthaler (Legat) betr. FGR. 1800, 231. Vgl. Freiberger Anz. 1862, Nr. 50.

390. Desgl. Johannis=Hospital zu Freiberg. Freiberger Zeitung 1864. Nr. 23. 25. (Alt. Ba 134)

391. Desgl. Jubelfeier, die 300jährige, der Übergabe der Augsburger Konfession in Freiberg. Freiberg FGR. 1830. Nr. 26 ff. (Alt. Ba 45)

392. Desgl. Jubiläum. Kurze Nachricht von dem am 17. Febr. 1743 zu Freyberg, wegen der vor 100 Jahren von der Torstensohn'schen Belagerung befreyten Stadt, gehaltenen Jubilaeo. Cur. Sax. 1743, 162. (Al. XVI. 270g)

393. Desgl. Katalog der Freib. Altertumsvereins=Bibliothek. Freiberg 1870. (Separatabdruck aus MFA. 7, 703), Erster Nachtrag 1873 (Separat=abdruck aus MFA. 10, 061), Zweiter Nachtr. 1879 (desgl. aus MFA. 16, 111.)

394. Desgl. Kurzer und gründlicher Bericht von der denkwürdigen Belagerung der Chur=Sächs. freyen Berg=Stadt Freyberg, wie solche Stadt von dem Schwedischen General Feldmarschall, Linnrath Tostensohn, von 27. Dec. Anno 1642 bis auf den 17. Februar 1643 und also in 7 Wochen 2 Tage lang belagert, beschossen, gestürmt und mit Feuereinwerfen sehr geängstiget worden, endlich aber durch GOttes Hülfe gedrungen, die Belägerung aufzuheben, abzuziehen, und die Stadt zu verlassen. Darbey was sich täglich denckwürdiges zugetragen, und begeben, richtig verzeichnet, und in öffentlichen Druck publicieret, durch einen Mitbelägerten, Anno 1643 in 4.

395. Desgl. Leonhart Torstensohn cruentus at profugus hostis (Gedicht betr. die Belagerung durch die Schweden). 1643. 4. (Dresd. Bibl. Hist. Saxon. H. 250 qb)

396. Desgl. Merkwürdigkeiten, erzgebirgische, und insonderheit Frey=bergische, nebst ausführlichen Nachrichten von denen im gesamten Erzgebirge herauskommenden neuen Schriften. 1747. (Al. XVI. 13. 8.)

397. Desgl. Merckwürdigkeiten, Freybergische. Cur. Sax. 1751, 178. 1755, 290. 1756, 226. 1757, 125. 296. 323. 1758, 258. 328. 370 (Al. XV. 270). Vgl. MRSA. 4, 17. 20, 103. 22, 120.

398. Desgl. Metzgewand, Freiberger, betr. NASG. 2, 188.

399. Desgl. Nachricht wegen derer im Augusto 1732 durch Freyberg gegangenen Salzburgischen Emigranten. Dresden 1732. 4. (Dresdn. Bibl. Histor. Saxon. H. 236)

400. Desgl. Relation Torstensohnischer Belagerung der Stadt Freyberg. Daselbst auffs neue gedruckt und verlegt von Zacharias Beckern 1674. 4. (Dresd. Bibl. Hist. Saxon. H. 230 und Al. XI. 239. 4.)

401. (Ungenannt) Relation über die den 14. und 15. Oct. 1702 bey Freyberg in Sachsen vorgefallenen Action. Ohne Angabe des Druckorts und Jahres (Af. XI. 195. 4.)

402. Desgl. Relation Ueber die zu Delogirung derer unter Commando des Prinz Heinrichs Königl. Hoheit, sowohl an denen Böhmischen Gränzen, als auch von der Gegend Frauenstein, längst der wilden. Weiseritz, bis an den Tharander Wald, und endlichen von dem Landsberg hinter dem Ravin von Constappel bis an die Elbe stehenden Königl. Preußischen Truppen, gemachten dießeitigen Bewegungen und Attaquen, der Kaiserl. Königl. unter hohen Commando des Herrn Generaln der Cavallerie, Freyherrn von Hadick Excellenz stehenden Armee, als auch der dazu gezogenen unter Commando des Heil. Röm. Reichs Herrn Feld-Zeug-Meisters Fürsten von Stollberg Fürstl. Gnaden, befindlichen Kayserl. Reichs-Executions-Armee, wie solche vom 26. als dem Tag des anfangs aller Bewegungen, bis den 30. Sept. 1762, an welchem der feindliche Abmarsch und Retirade erfolgte, bewerkstelliget worden. — Ohne Angabe v. Druckort u. Jahr. (Af. XI. 200. 4.)

403. Desgl. Römerin, eine in Freyberg enthauptete, betr. Cur. Sax. 1740, S. 343. (Af. XVI. 270e)

404. Desgl. Salzburger betr.: Das 950 Salzburgische Emigranten freudig aufnehmende Freyberg. Freyberg 1732. (Alt. Ba 20 und 156 b) Vgl. Janicke, Georg Friedrich, Predigt über den Durchzug von 950 Salzburgischen Emigranten. Dresden 1732. (Alt. Ba 21)

405. Desgl. Schwedischer Abzug von Freyberg. 1643. 4.

406. Desgl. Stadtmauerthurm, ein Freiberger. Freib. Zeitung 1865, Nr. 2 u. 3. (Alt. Ba 134)

407. Desgl. Stiftung des Eckhard-Richterischen Freytisches und Stipendii. JGM. 1814, 451.

408. Desgl. Trinkstube, die Freiberger. JGM. 1847, 835. Vgl. oben Nr. 2.

409. Desgl. Türkentauffe in Freyberg am 22. Nov. 1746. Cur. Sax. 1747, 50. (Af. XVI. 270 i)

410. Desgl. Vergleichungstabelle über das in den Jahren 1720, 1740 und 1790 gebrauete und consumirte Bier im Erzgebirgischen Creiße: Erzgebirgische Blätter, oder historische, geographischstatistische, ökonomische u. a. Nachrichten und Beiträge zur Kenntniß des Erzgebirges und seiner Bewohner. Nr. 4, 86 ff. (Af. XVI. 266. 4.)

411. Desgl. Das Verwünschte Kind zu Freyberg In seinen Sünden-Schulden und Sünden-Straffen Andern zur Warnung und Besserung wiederum aufgestellet, Nebst einigen moralischen und historischen Anmerkungen. 4. 1747. (Alt. Ba 156b und Af. XI. 180. 4.)

412. Desgl. Vogelschießen, das große Freiberger, den 2. Juni 1572. Freiberger Zeitung 1864 Nr. 25. (Alt. Ba 134)

413. Voigt, Georg, „Moritz von Sachsen", Ausschußtag in Freiberg 1546. ASG. NF. 3, 69. Landtag desselben Jahres, ebenda S. 76.

414. Weber, Karl von, Notizen über die Einkünfte der Klöster von Sachsen. Freiberg betr. ASG. NF. 1, 81.

30   B. Darstellungen: 5. Städtisches Leben.

415. Weller, Wunderliche vnd vnerhörte Geschicht, die sich zu Freybergk, vnd inn der selben gegent in Meissen zugetragen hat den XIII. Augusti, Jm M.D.LIX. Jar. Mit einer Vorrede Herrn Hieronimi Welleri, der heylichen schrifft Doctor 2c. — Getruckt zu Strasburg bey Thiebolt Berger. 4. (Dresd. Bibl. Hist. Saxon. H. 250, 8.)

416. Wenck, Woldemar, Des Kurfürsten August Verwickelungen mit den Ernestinern und dem Markgrafen Albrecht von Brandenburg-Kulmbach beim Antritt der Regierung. Zusammenkunft in Freiberg betr. (1553). ASG. NF. 3, S. 154. 158.

417. Wernicke, E., Malerinnung in Freiberg, zur Geschichte derselben. MJA. 17, 17.

418. Bilisch, Chr. Gotth., Jesus Christus der Gehorsame Sohn. Nebst einer kurzen Nachricht von dem wegen seines Ungehorsams von dem Vater verwünschten Sohn zu Freyberg. Leipzig, gedruckt bei Friedrich Gotthold Jacobäern 1758. (Al. XI. 194. 4.)

419. Wunderlich, G. Obermarkt, Freiberger, Ansicht desselben. Dazu eine geschichtlich-topographische Erläuterung in: Das Vaterland der Sachsen I. 1839, S. 80. (Alt. Bc 85a)

420. Zimmermann, Aus Freibergs Vergangenheit. Freiberger Anzeiger 1883 Nr. 229 ff.

6. Berg- und Hüttenwesen: Ausbeute, Bergbau- und Hütten-Anlagen von Freiberg u. Umgegend.

421. Agricola, Georg, De veteribus et novis metallis lIber I. Enthält unter anderen die Sage von der Entstehung des Freiberger Bergbaues. Die Schrift ist mehrfach mit anderen Arbeiten desselben Verfassers herausgegeben z. B. in der Sammlung: De re metallica libri XII. quibus accesserunt hac ultima editione tractatus ejusdem argumenti ab eodem conscripti. Basileae 1657. (Al. I. 6. fol. Die betreffende Stelle p. 671.)

422. Albinus, P., Meisnische Land- und Bergchronica. Dresden 1589. (über die zahlreichen Beziehungen zu Freiberg s. das Register.) (Al. XI. 1. Fol.)

423. Amtliche Erläuterung zu der Schrift: Vergleichende Übersicht der Ausbeute und des wiedererstatteten Verlages, welche vom Jahre 1530 an bis 1850 im Freiberger Revier verteilt wurden, von Prof. M. F. Gätzschmann. Freiberg 1852.

424. d'Aubuisson de Voisins, J. F., Des mines de Freyberg. 3 tomes. Leipsic 1802. (Al. VIII. 322 a — c 8)

425. Baader, D., Beytrag zur Geschichte der Sprengarbeit in Sachsen, Bergmännisches Journal, herausg. von Köhler. 1790, II. S. 539 (Al. XVI. 202 f)

426. Balling, Über die Verhüttung der silberhaltigen Bleierze zu Freiberg und am Oberharze. Oesterreichische Zeitschrift für Berg- und Hüttenwesen. Wien 1869 Nr. 45. (Al. XVI. 424. 4.) Vgl. BHZ. XXIX. 1870, 320.

427. Benseler, Gust. Ed., Berggeschichten vom Aufkommen des sächs. Silberbergbaues. Freiberg. (Alt. Bb 62)

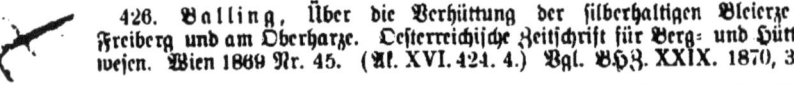

428. **Bergmännischer Verein zu Freiberg**: Freibergs Berg- und Hüttenwesen. Eine kurze Darstellung der orographischen, geologischen, historischen, technischen und administrativen Verhältnisse. Mit 10 Tafeln. Freiberg 1883.
Vgl. Heydenreich, S., RMSG. V, 1884, Heft 3.
Ders. Wissenschaftl. Beil. der Leipz. Ztg. 1883, Nr. 90, S. 549.
Ders. Mitteilgn aus d. histor. Litr. Berlin 1884, 85.
Otto, B., Kritisch. Vierteljahresber. über Berg- u. Hüttenm. Ltr. 2. Jhrg. Nr. 4.

429. **von Beust, F. C.** Freiherr, Kritische Beleuchtung der Werner'schen Gangtheorie aus dem gegenwärtigen Standpunkte der Geognosie. gr. 8. 1840. Freyberg, Engelhardt. (Af. VII. 873. 8.)

430. **Ders.** Gangkarte über den inneren Theil der Freiberger Bergresier, nebst Erläuterungen. Leipzig 1842. (Af. IX. 1951. 8.)

431. **Ders.** Ueber die Fortschritte des Berg- und Hüttenwesens in Sachsen seit dem Jahre 1817. Vortrag, gehalten am Wernerfeste zu Freiberg 1850. (Af. VIII. 787. 8.)

432. **Ders.** Über den gegenwärtigen Zustand und die Aussichten beim sächsischen Silberbergbau. Freiberg 1850. (Alt. Bb 47)

433. **Ders.** Über die Entwickelungsfähigkeit des Freiberger Silberbergbaues und die Ursachen, welche diese Entwickelung früher zurückgehalten haben. Freiberg 1851. (Alt. Bb 48)

434. **Ders.** Benutzung der Zinkblende in Sachsen. Sächsische Bergwerksz. 1853. Nr. 38. 41.

435. **Ders.** Der sächsische Metallbergbau in seiner Beziehung zu den Staatsfinanzen. Freiberg 1855. (Af. XIII. 477. 8)

436. **Ders.** Die Bedeutung des Freiberger Berg- und Hüttenwesens gegenüber der dasigen Eisenbahnfrage. Freiberg 1855. (Alt. Bb 49)

437. **Ders.** Über ein Gesetz der Erzvertheilung auf den Freiberger Gängen. 2 Hefte mit 1 Karte und 4 lithogr. Tafeln. Freiberg 1855 und 1856. (Af. VII. 918 a b 8)

438. **Ders.** Über die Erzführung der Freiberger Gänge als Bedingung ihrer Bauwürdigkeit. BHZ. 1859, 121. (Af. VII. 1035. 8)

439. **Ders.** Die Erzzonen im sächsischen Erzgebirge. Freiberg 1859. (Af. VII. 1050. 8.) Kürzer in BHZ. 1859, 313—318.

440. **Ders.** Das Freiberger Berg- und Hüttenwesen vor 100 Jahren und jetzt. Festschrift zum hundertjähr. Jubiläum der Königl. Sächs. Bergakademie 1866, S. 296. (Enthält Nachweise über Menge und Reichtum der ausgebrachten Erze, meist mit Unterscheidung der einzelnen Gruben.)

541. **Ders.** Uebersicht über das gesammte Silber-, Blei- und Kupfer-Erz-Ausbringen des Freiberger Bergbaus in den 25 Jahren von 1843 bis mit 1867. JBH. 1869, 147.

442. **Ders.** Bemerkungen über Gegenwart und Zukunft des Freiberger Bergbaues. Freiberg 1877. (Af. XIII. 596. 8)

443. **Ders.** Über die Typen der Freiberger Erzgänge. BHZ. XL. 1881, 370. Vergl. „Die Lehre von den Lagerstätten der Erze von Dr. Albrecht von Grodded" S. 340.

444. **Ders.** Freibergs Hütten- und Bergwesen. JBH. 1884, 182.

445. **Beyer**, Adolph, Nachricht von alten Bergwerken in Sachsen. Leipzig. 1734. (Af. VIII. 338. 4.)

446. **Beyer**, Augustus, Das gesegnete Marckgrafthum Meißen, an unterirdischen Schätzen und Reichthum an allen Metallen und Mineralien nach der Austeilung an Ausbeuthen und wiedererstattetem Verlag des alten löbl. Bergwerds bey der Churf. Sächs. Freyen Berg-Stadt Freyberg... Was von da an (1529) bis auf das 1729. Jahr, jedes Quartal, sowohl an Florenen Ausbeuthen als an wiedererstatteten Verlag, an Current-Thalern gegeben worden, item was merckwürdig bey dem Bergwercke vorgegangen und welche Berg-Beamte solchem vorgestanden? Das ist aus alten glaubwürdigen Nachrichten und Ausbeuth-Zedeln in folgende Tabellen ordentlich gebracht und aufgezeichnet. Dresden 1732. (Alt. Bb 76 und Al. VIII. 339 fol.)

447. **Bidermann**, J. G., De antiquitate Iodinarum metallicarum. Fribergae 1764. (Af. VIII. 362. 4.)

448. v. **Böhmer**, Journal einer bergmännischen Reise von Freyberg nach Altenberg. Lempes Magazin f. b. Bergbaukunde. Th. VIII. 1791.

449. **Bogner**, Simon, Ein Beitrag zur Geschichte des (Freiberger) Bergbaues, aus einer Handschrift Simon Bogners, in: Lempe's Magazin für die Bergbaukunde XI. 1795. LXXVIII.—CIV.

450. **Brause**, Moritz, Altväter-Wasserleitung bei Freiberg. MFA. 4, 371.

451. **Brückmann**, Fr. Ernst, Magnalia dei in locis subterraneis oder unterirdische Schatzkammer aller Königreiche und Länder in ausführlicher Beschreibung aller mehr als MDC Bergwerke, durch alle vier Welttheile. Braunschweig. Band II. 1727. Band II. 1730. (Af. IX. 63. fol.) Behandelt im ersten Bande: S. 149 ff. den Erzgebürgischen Kreyß; S 154 f. Ausbeuth-Gulden zu Freyberg in Meissen; S. 156 ff. Specification der Freybergischen Erze, Mineralien und Steine. Im zweiten Bande finden sich folgende Artikel über Freiberg: S. 551 Lage der Stadt Freiberg und Geschichte der Freiberger Bergwerke bis 1559 betreffend; S. 553. Von den Bergwerck zu Freyberg und was davon zu melden nöthig; S. 555. Von den Ober-BergAmt, Berg-Schöppenstuhl, Ober-Hüttenamt, Berg-Amt und Zehenden-Amt zu Freyberg; S. 557 Von der Freybergischen Berg-Knappschafft und deren Privilegiis; S. 559 Von denen zum Bergwerck gehörenden Gebäuden und was deme anhängig; S. 563 Austheilung der Ausbeuth und wiedererstatteten Verlags, von Überschuß des alten löblichen Bergwerds bey der Churfürstl. Sächsischen alten freyen Berg-Stadt Freyberg; S. 571 Das Freybergsche Bergwerck betreffend de Anno 1718; S. 584 Specification der Freybergischen Erze, Mineralien und Steine.

452. **Buschick**, Über das Berggebäude Jsaak f. Silberschnur bei Freiberg. Sächs. Bergwerkszta. 1852, Nr. 17 ff. und 1853, Nr. 38. 39. Alt.

453. **Derf.** Über das Grubengebäude Christbescherung samt Ursula Erbstollen bei Freiberg. Sächs. Bergwerkszta. 1852 Nr. 1 ff., 1853 Nr. 37.

454. **Cancrinus**, Franz Ludw., Beschreibung der vorzüglichsten Bergwerke in Hessen, in dem Walbeckischen, an dem Harz, in dem Maunsfeldischen, in Churfachfen und in dem Saalfeldischen. Frf. 1787. (Af. IX. 173. 4.)

455. **Capacci**, C., Notice sur les Mines et Usines de Freiberg. Revue universelle des Mines etc. de de Cuyper et Nabet. Paris et Liège. Tome IX. 2. numéro. Mars et April 1881. Auszug BHZ. XI. 1881, 339.

B. Darstellungen: 6. Berg- und Hüttenwesen.

456. Carnot, A., Über die Freiberger Hüttenprozesse. Annales des mines 6 série, Tome VI, livr. 4, de 1864, p. 1—147. Kurzer Auszug BHZ. XXIV. 1865, 408.

457. Charpentier, Joh. Friedr. Wilhelm, Mineralog. Geographie der churſächſ. Lande. Leipzig 1778. 4. S. 75. (Al. IX. 286. 4.)
Vgl. Werners Gangtheorie u. Freiesleben, Beiträge zur Geſchichte des Sächſ. Erzbergbaues. 1843, S. 86. Allgem. Verzeichn. neuer Bücher 1778. 4. St. S. 298. Allgem. Titſch Biblioth. 41 B. S. 215. Bittend. gel. Nachr. 1779. S. 625. Weinart, Verſuch einer Ltr. der Sächſ. Geſch. 1790, I, 301 f.
Robs Beschreibung des Grubengebäudes Himmelsfürst 1804 und Schulz, Beiträge zur Geographie und Bergbaukunde, 1821, S. 84—99 und deſſelben Grund- und Aufriſſe im Gebiet der Bergbaukunde Th. 1. 1823, 139.

458. von Charpentier, Toussaint, Kurze Beschreibung sämtlicher bey dem Churfürstl. Sächsischen Amalgamirwerk auf der Halsbrücke zu Freyberg vorkommenden Arbeiten. Leipzig 1802. (Alt. B 64 und Al. IV. 794. 8.)

459. von Cotta, B., Gangstudien oder Beiträge zur Kenntniß der Erzgänge, 3 Bde. u. 1 Heft. Freiberg 1847—1862. (Al. VII. 785. 8.) Enthält in Band I. u. II. Arbeiten über die Geologie und über die Gangformationen Freibergs von H. Müller und W. Vogelgeſang, sowie Zusammenstellungen der einschlagenden Litteratur.

460. Derſ. Die Lehre von den Erzlagerstätten. 2. Aufl. 2. Theil: Die Erzlagerstätten Europas. Freiberg 1861. 8. 744 S. Erzgebirge S. 2—54.

461. Derſ. Deutschlands Boden, sein geol. Bau und dessen Einwirkung auf das Leben der Menschen. 2 Bde. Leipzig 1853—54. 2. Aufl. 1858. Letztere enthält im 1. Band Thüringerwald bis sächsische Schweiz S. 157 ff.; im 2. Band: Allgemeine Fruchtbarleitsunterschiede in Sachsen S. 38; Einfluß des geol. Baues auf Eisenbahnanlagen, z. B. in Sachsen, S. 94. Vgl. auch von Dechen, Die nutzbaren Mineralien im deutschen Reiche. Berlin 1873. 8. (Sächſ. Erzlagerstätten S. 542.)

462. Dietrich, Ewald Victorin, und Weber, Gotthold August, Kurze Uebersicht der Geschichte des Bergbaues im kgl. ſächſ. Erzgebirge. Nach Albinus meißnischer Berg-Chronika in gedrängtem Auszuge frei bearbeitet und bis auf die neuesten Zeiten fortgeführt, auch mit einer tabellarischen Uebersicht der freien Bergstädte Sachsens versehen. Annaberg, Freyer. 1822. (Al. VIII. 376)

463. Drassdo, Die Aufbereitung der Grube Churprinz Friedrich August Erbstolln bei Freiberg. BHZ. XXIII. 1864, S. 30—33, 37—43. (Al. XVI. 387. 4.)

464. Elterlein, Hanns Uttmanns von Elterlein Bergbericht, hſg. von Kreyſig. Dresden 1732. 4. Vgl. Weinart, Versuch einer Ltr. der Sächſ. Geſch. 1790 I., 327.

465. Enderlein, M. H., Aufstand des churſächſ. edlen Bergwerks. Ein bergmänn. Gedicht. Friedrichstadt 1749. (Al. XIII. 238. 4.)

466. Falke, Johannes, Die Geschichte des Kurfürsten August von Sachsen in volkswirthschaftlicher Beziehung. (Gekrönte Preisschrift der fürstlich Jablonowſkiſchen Gesellschaft zu Leipzig.) Leipzig bei Hirzel, 1868. In dieser Schrift wird S. 159—218 auch die Lage des Sächſ. Bergbaus in der zweiten Hälfte des 16. Jahrhunderts abgehandelt.

467. Fournet, Aperçus sur la composition du Weissgültigerz clair de la mine de Himmelfahrt en Saxe. Ann. chim. phys. 1836. 62. p. 242—250. Vgl. Alfred Jentzsch, Die geologische und mineralogische

34   B. Darstellungen: 6. Berg- und Hüttenwesen.

Literatur des Königreiches Sachsen und der angrenzenden Ländertheile von 1835 bis 1873, systematisch zusammengestellt. Leipzig. Engelmann 1874, (Dresd. Bibl. Hist. Saxon. M. 150 m), besonders Seite 35 ff. und Frenzel, Aug., Mineralogisches Lexikon für das Königreich Sachsen. Leipzig, Wilh. Engelmann. 1874.

468. **Fragoso de Siqueïra, J. P.,** Description abrégé de tous les travaux, tant d'Amalgamation que des Fonderies, qui sont actuellement en usage dans les ateliers d'Amalgamation et des Fonderies de Halsbrück pres de Freyberg etc., 4. Dresde 1800. (Al. IV. 828. 4.)

469. **Fragoso de Siqueïra,** Kurze Beschreibung aller Amalgamir- und Schmelzarbeiten, welche jetzt in den Amalgamir- und Schmelzhütten an der Halsbrücke bei Freyberg im Gebrauche sind, mit 4 Kupf. 4. Dresden 1800. (Al. IV. 828. 4.)

470. **Freiesleben, Joh. Carl,** Beiträge zur Geschichte, Statistik und Litteratur des Sächs. Erzbergbaues, mit besonderer Berücksichtigung der Gangformationen. Aus dem Nachlasse herausg. von Carl Hermann Müller. Des Magazins f. d. Oryktographie von Sachsen viertes Extraheft. Freiberg 1848. (Al. IX. 1666 r) Die Ltr. der Ausbeutbögen S. 40.

471. **Ders.** Die Sächsischen Erzgänge in localer Folge nach ihren Formationen zusammengestellt. Erste Abteilung. Die Altenberger, Annaberger und Freiberger Resier. Des Magazins f. d Oryktographie von Sachsen zweites Extraheft. Freiberg 1844. (Al. IX. 1666 l)

472. **Ders.** Die Sächsischen Erzgänge in einer vorläufigen Aufstellung ihrer Formationen. Des Magazins für d. Oryktographie von Sachsen erstes Extraheft. Freiberg 1843. Hierin u. a.: Die Bräunsdorfer Formation 18. Die Bränder Formation 22. Die Tuttendorfer Formation 29. Die Halsbrüder Formation 32. Die Freiberger Formation 48. Die Voigtsberger Formation 53. Die Langenrinner Formation 76. (Al. IX. 1666 k)

473. **Ders.** Vom Vorkommen der Gold- und Quecksilber-Erze in Sachsen. Magaz. f. Oryktogr. von Sachsen. 12. Heft. Freiberg 1846. Voigtsberg 19, Hödendorf 27, Freiberg 26. 83. (Al. IX. 1666 o) Vgl. Die litter. Nachwsgn. ebenda 33.

474. **Ders.** Vom Vorkommen der Kupfererze in Sachsen. Magazin f. b. Oryktogr. von Sachsen. 15. Heft, herausg. von C. H. Müller 1848. (Al. IX. 1666 s)

475. **Ders.** Vom Vorkommen der Silbererze in Sachsen. 1. Abtlg. des Magazins f. b. Oryktographie von Sachsen. 13. Heft. 1847. (Al. IX. 1666 p) 2. Abtlg. Magaz. 14. Heft. 1849. (Al. IX. 1666 q)

476. **Freytag, M.,** Wissenschaftliches Gutachten über den Einfluß des Hüttenrauchs bei den fiskalischen Hüttenwerken zu Freiberg auf die Vegetation der benachbarten Grundstücke und ganz besonders auf die Gesundheit der Hausthiere, namentlich des Rindviehs. 2 Bände. (Al. IV. 2096 a b 8)

477. G. Die Jubelzeche Himmelsfürst Fundgrube hinter Erbisdorf. FGM. 1818, 399.

478. **Gätschmann, M. F.,** Beiträge zur Geschichte des Freiberger Zinnbergbaues. BHZ. Bd. III. 1844.

479. **Ders.** Bemerkungen über geschichtliche und andere Verhältnisse einiger älterer Stöllen und Gruben des Freiberger Revieres. JBH. 1876, 3.

480. **Götzschmann, M. F.**, Geschichtliche Bemerkungen bei Gelegenheit der im Jahr 1849 abgehaltenen Feier des hundertjährigen Gedächtnistages der Einführung der Bergpredigten in Freiberg. JBH. 1850, 65.

481. Ders. Vergleichende Übersicht der Ausbeute, welche von 1530 an bis mit 1850 im Freiberger Revier verteilt wurde. Freiberg 1852. (Alt. Bb 50)

482. Ders. E. E. Rats zu Freiberg Wasserstolln. MJA. 2, 135.

483. **Geinitz**, Über die Wiederaufnahme des Silberbergbaues bei Höckendorf im Thale der wilden Weißeritz. Allg. nat. Z. 1857, 206—208.

484. **Gerlach (Joh. Chr. Friedr.)** Einige Nachrichten von dem ehemaligen berühmten Thurmhofer Berggebäude. FGN. 1807, 207.

485. **Gerlach, Heinrich**, Beschert Glück Fundgrube. MJA. 20, 85.

486. Ders. Geheimnisse der Wahlenbücher bezügl. vermeintl. Goldfundstätten in Sachsen. MJA. 11, 995.

487. Ders. Über die Namen der Berggebäude. MJA. 3, 182.

488. **Gottschall, E. G.**, Das Berg- und Hüttenwesen im Königreiche Sachsen in den 10 Jahren von 1861 bis 1870. JBH. 1872, 175.

489. Ders. Die Verhältnisse des Freiberger Berg- und Hüttenwesens graphisch dargestellt. JBH. 1877, 3.

490. Ders. Einfluß des neuen Münzsystems auf den Freiberger Silberbergbau. JBH. 1874.

491. Ders. Über die durchschnittliche Ergiebigkeit der Freiberger Erzgänge. JBH. 1883, 83.

492. Ders. Statistik der Freiberger Hüttenknappschaft auf die fünf Jahre 1864 bis mit 1868, resp. auf den 20jährigen Zeitraum 1849/68. JBH. 1870, 146.

493. Ders. Vergleichung der bei der Generalschmelzadministration seit dem Jahre 1764 in Kraft gewesenen Erztaxen. JBH. 1864, 163.

494. **Gottwald, Ed.**, Das Geschlecht der Edlen von Theler und das Höckendorfer Bergwerk, in Sachsengrün I., 18ff. (Alt. Bb 20) Vergl. Sächs. Bergwerkszeitung 1854 Nr. 21. — E. E. S. FGN. 1803, 348. — MRSA. 13, 53. 12, 12. — G. FGN. 1820, 223.

495. **Grand**, Über die Freiberger Hüttenprocesse, und zwar: Erze, Darstellung von Werkblei und Kupferstein durch Rösten der Erze, Erzschmelzen, Rösten des ersten Bleisteins, Schmelzen des Steins und reicher Schlacken auf Werkblei und zweiten Bleistein, Rösten des letzteren und Schmelzen mit reichen Schlacken auf Werkblei und Kupferstein, Rösten und Concentriren des letzteren, Rösten und Schmelzen des Concentrationssteines, Verarbeitung des Werkbleies auf Handelsblei, Silber und Gold durch Saigern des Werkbleies, Raffiniren des Saigerbleies, Pattinsoniren des raffinirten Bleies, Abtreiben des Reichbleies, Raffiniren des Blicksilbers, Goldscheidung; Behandlung der Zwischenproducte; Nebenproducte. Annales des mines 7. Sér. Tom. VII. 2 livr. de 1875. Auszug BHZ. XXXV. 1876, 79.

496. **Hartmann, Carl**, Der Königlich sächsische Bergwerksstaat. BHZ. I. 1842 und folgende Bände.

497. Ders. Erfahrungen über die Treibseile beim sächsischen Bergbau. BHZ. I., 1842, 251.

498. **Hartmann**, Carl, Über den Betrieb eines tiefen Stollens für die Freiberger Bergwerke. BHZ. II. 1843, S. 45.

499. **Ders.** Neue Erfindungen, Versuche und Verbesserungen beim sächsischen Berg- u. Hüttenwesen 1841. BHZ. II. 1843, 312. V. 1846, 204.

500. **Hasche**, M. Joh. Christ., Specification aller Städte, Flecken und Dörfer, die 1692 Bergwerk bauen. Magazin der sächs. Gesch. 4, 686.

501. **Hasse**, J. G., Einige Worte über Rentabilität und Conservation der Eisen-, Berg- und Hüttenwerke im sächsischen Erzgebirge und im Voigtlande. Dresden und Leipzig 1840. (Af. XIII. 429. 8.)

502. **Herbrig**, H. A., Die Aufbereitung von Himmelfahrt Fundgrube bei Freiberg. BHZ. 1856, S. 214—216, 221—223, 237—241, 250—251, 284—288, 296—299, 302—305, 308—312, 373—374, 382—385.

503. (**von Herder**) Das Silberausbringen des Freiberger Revieres vom Jahre 1524 an bis mit dem Jahre 1847; graphisch zusammengestellt von B. v. Herder; mit erläuternden Bemerkungen von Gätzschmann. JBH. 1849, 1. Vgl. BHZ. VIII., 1849, 113.

504. **von Herder**, Der tiefe Meißner Elbstollen, der einzige den Bergbau des Freiberger Reviers für die fernste Zukunft sichernde Betriebsplan. 155 S. 4. und 124 S. Beilagen mit geogr. Karte, Profil und Grundriß. Freiberg 1838. (Erzgänge der Freiberger Revier S. 10ff.) (Af. VIII. 616. 4.) Vgl. die anonyme Abhandlung „Zu dem Aufsatze R." (Dresd. Bibl. Hist. Saxon. M. 185, 20)

505. **Karsten**, Beschreibung der Erzt-Aufbereitung auf der Grube Kurprinz Friedrich August zu Groß-Schirma bey Freyberg in J. F. Lempe's Magazin für die Bergbaukunde VI. 1786 Nr. 10.

506. **Kellners**, T. Dav. Documente oder alle Urkunden und Nachrichten, wo im Lande zu Meißen Goldkörner, Waschwerk, Seiffenwerk zu finden, beigef. seinem Berg- und Salzwerk Frf. u. Leipzig 1802. 8. S. 494.

507. **Kerl**, Bruno, und **Wimmer**, Friedrich, Anlagen zur Unschädlichmachung des Hüttenrauches auf den Freiberger Hütten (nach K. Merbach) BHZ. XL., 1881, 341.

508. **Dies.** Schlackenhaldenbrand an der fiskal. Muldner Schmelzhütte zu Freiberg. BHZ. 1870, XXIX. 229. Vgl. Berggeist 1869 Nr. 60.

509. **Dies.** Die Entsilberung von Oberharzer Kupfergranalien und von Freiberger Kupferstein mittelst Schwefelsäure in ökonomischer Beziehung. BHZ. XXXI. 1872, 76.

510. **Kießling**, J. G., Relatio theoretica, uti ex aero metalla excoquantur modo Freibergensi, oder kurze, jedoch gründliche Erzehlung, wie bei Freyberg in Meissen die Mineralia und Erze untersuchet, Silber, Bley und Kupffer heraus geschmolzen und zu gute gemachet werden. Dresden und Leipzig 1711. (Af. IV. 810. 8.)

511. **Klotzsch**, Johann Friedr., Gedanken von der Erfindung des Bergwesens zu Freyberg. Chemnitz 1763.

512. **Ders.** Ursprung des Bergwerks in Sachsen. Chemnitz 1764. (Alt. Bb I u. Af. VIII. 361. 8.) Vgl. dazu Sperges, Jos., Tyrolische Bergwerksgeschichte (Wien 1765) S. 23 und Gmelin, J. F., Beyträge zur Geschichte des teutschen Bergbaus. Halle 1783, S. 249.

513. **Lampadius, W. A.** Beyträge zur Erweiterung der Chemie und Hüttenkunde, mit Kupf. Freyberg 1804. (Af. IV. 623 8.)

514. **Ders.** Neue Erfahrungen im Gebiete der Chemie und Hüttenkunde gesammelt im chemischen Laboratorium zu Freyberg und in den Hüttenwerken und Fabriken Sachsens in dem Jahre 1808—1815. Mit Kupf. 2 Bände. Weimar 1816. 1817. (Af. IV. 708 a u 8.)

515. **Langer,** Notizen über die Freiberger Hüttenwerke, Bergbau, Fortschritte auf den Hütten (1823 Cokesschmelzen, 1845 Wellner'sche Doppelöfen und Steinextraction, 1851 Darstellung von Gold und Raffinatsilber, 1852 Flammöfen für die Roharbeit und das Bleischlackenschmelzen, 1853 Pattinsonieren, 1854 Bleiwaarenfabrikeinrichtung, 1855 Import fremder Erze, 1856 erste Schwefelsäurefabrik, 1857 Zinkgewinnung, 1857 Augustin'sche Extraction, 1861 Goldscheidung auf Halsbrücke, 1865—1866 Pilzöfen und Einstellung des Flammofenbetriebs für die Rohöfen, Beseitigung des Rauches (Nr. 42.) — Gehalt des Rauches an schwefliger Säure und sonstigen löslichen und unlöslichen Bestandtheilen, Nutzung der schwefligen Säure zur Schwefelsäurebereitung, Condensationsvorrichtungen, Ausbringen aus dem Flugstaub (Nr. 43). — Schädlichkeit des Flugstaubes, Betriebsobjecte und Produktion (Nr. 45). Oesterreichische Zeitschrift für Berg- und Hüttenwesen. 1878 Nr. 42. 43. 45.

516. **Levy, Nickel, et Choulette,** Memoire sur les principaux champs de filous de la Saxe et de la Bohême septentrionale. Annales des mines. Paris 1870, 117.

517. **Lorenz, W.,** Stammbaum zu den Prozessen auf den Freiberger Hütten. Freiberg 1861. (Af. IV. 1852. 8.)

518. **Löscher, C. F.,** Histor. bergmännische Briefe über verschiedene Gegenstände des Freyberger Bergbaues. 1786. (Af. I. 76. 8) S. Goth. gel. Zeit 1786, 810.

519. **Meltzer:** Gangraena metallica in Hermunduris. Das ist: Historischer und politischer Bericht, Aus was Ursachen die alten Weltberuffenen Bergwercke in denen churfürstl. Sächß. Berg-Städten des Landes Meissen an ihrem ungemeinen Flor abgenommen haben, und warumb sie noch biß dato, auch, ob sie denn nicht völlig wieder darzu gelangen mögen? Mit einem beygefügten Register abgefasset von M. Christian Meltzern, von Wolckenstein. Leipzig. In Verlegung Friedrich Laudischens Erben. 1685. (Af. VIII. 338. 8.). — 1672. 1741.

520. **Ders.** Disp. pracs. L. Ad. Rechenbergio, de Hermundurorum metallurgia argentaria. Lips. 1680. — (Dresd. Bibl. Hist. Saxon. M. 151 u. 152) Vermehrt 1690. 4.

521. **Merbach, K.,** Die Anlagen zur Unschädlichmachung des Rauches der fiskalischen Hüttenwerke. JBH. 1881.

522. **Ders.** Über die Entwickelung der Freiberger Hüttenwerke in: Wissenschaftl. Beilage der Leipziger Zeitung 1882, 428.

523. **Ders.** Die Freiberger Hütten. Geschichtliches, in: Freibergs Berg- und Hüttenwesen (1883), 245.

524. **Mohs, Fr.,** Sammlung mineralogischer und bergmännischer Abhandlungen, mit Kupfern. gr. 8. 1. Band. Wien. Camesina Auch unter dem Titel: Mohs, Beschreibung des Grubengebäudes Himmelsfürst ohnweit Freyberg im Sächsischen Erzgebirge. 1804. (Af. VIII. 323, 8)

525. **Mosch**, Carl Friedrich, Zur Geschichte des Bergbaues in Deutschland. Liegnitz. 2 Bde. 1829. (Al. VIII. 509 a b 8.) Enthält Bd. 1: Zur Geschichte des Bergbaues in Deutschland im Mittelalter. Freiberg betreffend, Seite 203 ff. — Bd. 2: Die Bergknappen, Freiberg betr. S. 14. 21. 41. 45 ff.; Die Gewerken, Freiberg betr. S. 77; Die Bergsprache S. 93; Die Bergpredigten S. 117; Berg-Reihen und Reime S. 138, Freiberg betr. S. 147 (Herzog Heinrichs Lied. Ein geistlicher Bergreihn der Bergleute von Freiberg v. J. 1536), S. 168 (Ein Berg-Reyen von Freyberg); Die Bergkrankheiten und Unglücksfälle S. 211; Die freien Bergstädte S. 223, Freiberg betr. S. 229—280.

526. **Müller** und **Förster**, Gangstudien aus der Freiberger Revier. Mit 2 Tafeln. Freiberg 1869. (Al. VII. 1155 c 8.)

527. **Müller**, C. H., Geschichtliches über den Freiberger Bergbau in: Freibergs Berg- und Hüttenwesen (1883), 45. Vgl. auch Aug. Schiffner, Beschreibung von Sachsen 1840, 84. 372. Dazu Tafel 2, Sächsische Berg- und Hüttenleute in ihren Trachten darstellend, und Tafel 32: Der Kurprinz, Amalgamirwerk.

528. **Ders.** Die Ausführungen des Rothschönberger Stollns in den Jahren 1844—1877. JBH. 1878. (Vgl. auch daselbst S. 146 Feier der Vollendung des Stollns.)

529. **Müller**, H. Über eine schwache Mineralquelle im Churprinz. BHZ. 1867, 42.

530. **Müller**, M., Description abrégé du procédé d'amalgamation à Halsbrücke près de Freiberg en Saxe. Freiberg 1831. (Al. IV. 1430. 8.)

531. **Neubert**, Beitrag zur Geschichte der Grube Himmelsfürst Fundgrube hinter Erbisdorf. JBH. 1880, 27.

532. **Pabst von Ohain**, Auszug aus einer kurzen Relation vom Freybergischen Berg- und Schmelzwesen im Jahre 1704. Mit Anmerkungen von Kabisch in: Bergmännisches Journal 1791. I. 119. (Al. XVI. 202 g)

533. **Petsche**, Gottlob Immanuel, Bergpredigt zum Schlusse des Quartals Trinitatis am 11. Juli 1801 in der Domkirche zu Freyberg gehalten (mit Nachrichten über die Geschichte des Sächsischen Bergbaues). Freyberg, Gerlach, 1801. 8. (Dresb. Bibl. Hist. Saxon. H. 249)

534. **Plattner**, Ueber die relative Menge des Goldes, welche bei der Freiberger Silbererz-Amalgamation theils gleichzeitig mit dem Silber aus den Erzen gewonnen wird, theils mit einer unausbringbaren geringen Menge an Silber in den Rückständen verbleibt. BHZ. VII. 1848, 649.

535. **Plattner**, C. A., Die Darstellung von Zinn- und Antimonblei auf den Königl. Sächs. Freiberger Hüttenwerken. JBH. 1883, 1.

536. **Richter**, Der alte Thurmhofer Bergbau bei Freiberg. MFA. 13, 1101.

537. **Richter**, Ueber die im Freiberger Revier üblichen Schießmethoden und das dabei verwendete Gezähe und Material. BHZ. XXIII. 1864, 409.

538. **Richter**, C. A., Einiges über den alten Halsbrücker Bergbau bei Freiberg. MFA. 9, 861.

539. **Richter**, Heinrich Wilh., Beschreibung eines mit dem Grubentheodolit des Herrn Markscheiders Neubert zu Freiberg ausgeführten Markscheiderzuges. BHZ. XXV. 1866, 437.

540. Schertel, Zur Beurteilung der Freiberger Bleiöfen. Nach Mitteilungen von Schertel. Österreichische Zeitschrift für Berg- und Hüttenwesen. 1880 Nr. 41.

541. Schmid, Historiam Aurifodinarum et quae circa earum investitarum in territoriis Saxonicis obvenere vicissitudines. Praes. D. Christ. Gottlob Bienero ad disceptandum proponit Auctor Frid. Aug. Schmid. Lipsiae 1804. 4. Vgl. Weiße, Neues Museum f. d. sächs. Gesch. 4. Bd. 1. Heft S. 151. (Alt. XI. 691 b. 8.) Deutsch mit Zusätzen unter dem Titel: Ueber den Bergbau Chursachsens auf Gold, ein Beitrag zur Geschichte seiner Bergwerke. Penig 1805. Neue Leipz. Litt.-Ztg. 1806 Nr. 87, S. 1383.

542. Schmid, Friedrich August, Versuch einer Geschichte des sächsischen Goldbergbaus in: Archiv für Bergwerks-Geschichte, Bergrecht, Statistik und Verfassung bei dem Bergbau im Königr. Sachsen und in den angrenzenden deutschen Staaten. II. 1829, 1. (Alt. XIV. 460 b 8.)

543. Schmidt, M. Triangulirung III. Ordnung im Freiberger Revier· JBH. 1883, 52.

544. Schreiter, Christ., Beiträge zur Geschichte der alten Wenden und ihrer Wanderungen, nebst einigen Vermuthungen von dem Bergbaue derselben im Sächs. Erzgebirge. Zwickau und Leipzig 1807.

545. Schroeder, E. von, und Schertel, A., Die Rauchschäden in den Wäldern der Umgebung der fiskalischen Hüttenwerke bei Freiberg (mit Karte). JBH. 1884, 1.

546. (Stettner) Kritischer Vierteljahresbericht über die Berg- und Hüttenmännische und verwandte Literatur. Unter Mitwirkung von Fachmännern herausgegeben von der Craz & Gerlach'schen Buchhandlung (Stettner) in Freiberg. Seit 1882 (wird fortgesetzt).

547. Schurig, Kurt, Beiträge zur Geschichte des Bergbaues im sächsischen Vogtlande. Nach archivalischen Quellen dargestellt. Plauen. Hohmann. 1875. gr. 4. (Dresd. Bibl. Hist. Sax. M. 158 m.) Gutachten des Bergschöppenstuhles zu Freiberg S. 11., Prof. Breithaupt betr. S. 58.

548. von Trebra, Merkwürdigkeiten der tiefen Hauptstölln des Bergamtsreviers Freiberg. 1804. (Alt. Bb 58. 70)

549. Derj. Das Silberausbringen des churfächsischen Erzgebirges auf die Jahre von 1762—1801. Nebst einer Tabelle darüber. Freyberg 1802. Zweite vermehrte Auflage 1803. (Dresd. Bibl. Hist. Saxon. M. 388.)

550. (Ungenannt) Alte Hoffnung Gottes zu Kleinvoigtsberg. Sächs. Bergwerkszlg. 1854 Nr. 24.

551. Desgl. Anfang des Freiberger Bergbaues betr. Versuch einer Geschichte des erzgebirgischen Bergbaues. Erzgebirgische Blätter oder historische, geographische 2c. Nachrichten Nr. 7, 153. (Alt. XVI. 266. 4.)

552. Desgl. Amalgamirwerk bei Freiberg, das große. In Saxonia, Museum für sächs. Vaterlandsk. I. S. 31 f. (Alt. Bc. 207 a)

553. Desgl. Ausführliche Beschreibung des Pferde-Göpels auf der Grube Neuer Morgenstern Erbstolln am Mulbenberge bey Freiberg. Mit Kupfern. Freyberg und Annaberg. Crazische Buchhdlg. 1792. 8. (Dresd. Bibl. Hist. Saxon. M. 401)

554. Desgl. Austeilung der churfürstlichen Bergstadt Freyberg, aller Rechnung vnd Quartal, angefangen Matthei Im Jar 1529 bis auff das Quartal Trinitatis 1573. (Alt. Bb. 85)

555. (Ungenannt) Beitrag zur Geschichte des (Freiberger) Bergbaues. In Lempes Magazin 1795 B. II. Nr. 15.

556. Desgl. Bergbau in dem Freiberger Revier. Freib. Zeitung 1865. Nr. 40. 42. 45.

557. Desgl. Das Berggebäude Einigkeit Fundgrube bei Brand. Sächs. Bergwerkszg. 1852 Nr. 5. — 1854 Nr. 22. 33.

558. Desgl. Erinnerung an Freiberg. Dem Sächs. Ingenieur- und Architectenverein zu seiner Sonntag den 30. Juli 1882 in Freiberg tagenden 105. Hauptversammlung gewidmet von den Vereinsmitgliedern in Freiberg und Umgegend. Freiberg 1882. 8. 25 S. Engelhardt'sche Buchhandlung. Inhalt: Führer durch Freiberg (d. i. Auszug aus Heinrich Gerlachs Kleiner Chronik von Freiberg). Führer durch die Muldner Hütte; nach einigen einleitenden Bemerkungen werden behandelt 1. Schwefelsäurefabrik. 2. Die Arsenikhütte. 3. Die Zinkhütte. 4. Die Schmelzhütte. 5. Die Thonwaarenfabrik. Allgemeine Bemerkungen machen den Schluß. Beigegeben ist ein Plan der Königlichen Muldner Hütten und Abbildungen der goldnen Pforte und der Begräbniskapelle des Doms.

559. Desgl. Erinnerungen an Freibergs Bergbau. Ein Leitfaden für den Besuch der Gruben und Wäschen, sowie der Hütten, des Amalgamirwerkes und der Extractionsanstalt. Vollständig umgearbeitete 3. Aufl. 8. (VI. u. 58 S.) Freiberg, 1850. Engelhardt. (Ak. IX. 2081. 8.)

560. Desgl. Erzlieferungen aus dem Freiberger Bergamtsrevier zu den fiskalischen Hüttenwerken 1823 bis 1852, mit einer graphischen Tafel und einer colorierten Zeichnung, in: Sächs. Bergwerkszg. 1853. Nr. 48. 49.

561. Desgl. Fragment einer bergmännischen Reise nach Freyberg im Erzgebirge. Leipzig und Flensburg. 1785. (Ak. IX. 332. 8.)

562. Desgl. Freiberger Hüttenprocesse nach Carnot und Grand. Iron 1877. Bd. IX. Nr. 216.

563. Desgl. Friedrich Erbstolln zu Niederbobritzsch. Sächs. Bergwerkszg. 1852 Nr. 34. 35.

564. Desgl. Gelobt Land Fundgrube hinter Erbisdorf. Sächs. Bergwerkszg. 1852 Nr. 24. 25. — 1853 Nr. 48. 49. 50. — 1854 Nr. 20.

565. Desgl. Gesegnete Bergmannshoffnung Fdgr. bei Obergruna. Sächs. Bergwerkszg. 1854 Nr. 32.

566. Desgl. Gott wird helfen Erbstolln in Niederlangenau. Sächs. Bergwerkszg. 1854 Nr. 11.

567. Desgl. Herzog August bei den drei Kreuzen. Sächs. Bergwerkszg. 1852 Nr. 22. — 1853 Nr. 33.

568. Desgl. Himmelfahrt Fundgrube. Sächs. Bergwerkszg. 1853 Nr. 46. — 1854 Nr. 20.

569. Desgl. Himmelsfürst Fundgrube. Sächs. Bergwerkszg. 1853 Nr. 43. — 1854 Nr. 23.

570. Desgl. Historische Untersuchung des Ersten Ursprungs derer Bergwercke zu Freyberg und überhaupt in Meissen. Otia metallica II. 137 ff. (Ak. I. 63. b. 8.)

571. Desgl. Höckendorfer Bergbau Sächs. Bergwerkszg. 1854 Nr. 21.

572. (Ungenannt) Junge hohe Birke Fundgrube. Sächſ. Bergwerkszʇg. 1854 Nr. 35.

573. Desgl. Nachricht von dem Zuſtande und der Ausbeute des Bergbaus zu Sachſen, ſonderlich zu Freyberg, Annaberg und Marienberg, im 16. Jahrhundert, vom Jahr 1596, durch den Rath zu Freyberg. Churfſtl. Sächſ. Berg=Calender auf das 1774. Jahr. (Alt. XVI. 199a und Alt. Bb 32)

574. Desgl. Mordgrube Fundgrube bei Brand. Sächſ. Bergwerkszʇg. 1852 Nr. 14. — 1853 Nr. 27. 29. — 1854 Nr. 19.

575. Desgl. Tabellariſche Zuſammenſtellung der Erz= und Metallproduction ſowie der erlangten Bezahlung und der Ueberſchußvertheilung des Berggebäudes Himmelfahrt Fundgrube und der innerhalb ſeiner jetzigen Grubenfeldgrenzen gelegenen, ehemals unter verſchiedenen Namen gangbar geweſenen Gruben von 1524 bis mit 1870. Extrahirt aus den vom Königlichen Bergamte zu Freiberg geführten Erzlieferungs-Extracten und Ausbeutbögen. Gedruckt als Anhang zum Geſchäftsbericht über das Berggebäude Himmelfahrt Fdgr. bei Freiberg auf das Jahr 1870.

576. Desgl. Remarquen, neue, Ueber alte Berg=Rechnungen, dienende zu einem Spiegel und Vorſichtigkeit aller noch heut zu Tage bey Bergwercken intereſſirten Gewerckſchafften; Aus Liebe zur Wahrheit poliret und eröffnet von einem Bergverſtändigen Rechenmeiſter. Anno 1730. Ohne Druckort. (Alt. XIV. 207. 4.)

577. Desgl. Überſicht der aus dem Freiberger Bergamtsrevier zu den fiskaliſchen Hüttenwerken erfolgten Erzlieferungen in den letzten 30 Jahren von 1823 bis mit 1852. JBH. 1853, 273.

578. Desgl. Überſicht über das geſammte Silber=, Blei= und Kupfererz=Ausbringen des Freiberger Bergbaues in den 25 Jahren von 1843 bis mit 1867. JBH. 1869, 147.

579. Desgl. Urſprung und Ordnungen der Bergwerke im Königreich Böheim, Churfürſtenthum Sachſen, Erzherzogthum Oeſterreich, Fürſtenthumb Braunſchweig und Lüneburg, Graffſchaft Hohenſtein. Leipzigk 1616. (Alt. XIV. 75. Fol.)

580. Desgl. Vereinigt Feld bei Brand. Sächſ. Bergwerkszʇg. 1853 Nr. 20. — 1854 Nr. 17.

581. Desgl. Verfallene Schächte. Freiberger Zeitung 1864, Nr. 9.

582. Desgl. Wert, der verkannte, des ſächſiſchen Bergbaues und deſſen gute Sache. Leipzig 1781. (Alt. XIII. 149. 8. und Dresd. Bibl. Hist. Saxon. M und 371 und 372.)

583. Desgl. Werth des Sächſiſchen Bergbaues, Uiber den immer noch verkannten. Fortſetzung der Abhandlung: Uiber das Silberausbringen. Freyberg 1803. (Dazu als Anhang: „Summariſches Verzeichnis der im Freyberger Bergamtsrevier bey nachbenannten Grubengebäuden von Reminiscere 1701 bis mit Luciä 1800, alſo in 100 Jahren nach deren gedruckten Ausbeutbögen durch Gottes Segen vertheilten Ausbeute und wiedererſtatteten Verlags.“ (Aus Nr. 5 der FGN. 1803 abgedruckt.) Vgl. FGN. 1802, 27. Stück. (Alt. XIII. 151. 8. und Dresd. Bibl. Hist. Saxon. M. 388.)

584. Desgl. Wiederaufnahme des Halsbrückener Bergbaues. Sächſ. Bergwerkszʇg. 1853 Nr. 32. Freiberger Zeitung 1864 Nr. 12.

585. (Ungenannt) Zu dem auf Königl. allergnädigste Concession im Quartal Trinitatis Anno 1750 zu haltenden Fünffachen Erbbereiten, wollte zum Preiß GOTTes, zum Ruhm Sachsenlandes und zu Aufmunterung Bergwerksliebender Gewerken einenn dem Ansehen nach, zwar unscheinbaren, jedoch dem richtigen Gehalt eines herzinnigsten Glück Auf! Wunsches führenden Handstein zu jedermännigliches Anschauen, vermittelst des Berg-Troges gegenwärtiger Blätter aufstürzen, und dadurch Bergwerksliebende hierzu einladen ein auf dem Gebürge Bergmännischer Hoffnung Jederzeit Erzt Suchender Berg-Mann. Freyberg. Zu schuldiger Erztlieferung aufbereitet in der Scheidebank der Matthäischen Buchdruckerey, welche mit itzigem Jahre das 200jährige Andenken ihres allhiesigen Ursprungs erneuret. — Hierin am Schluß: Gründliche Nachricht derer in ehemaligen Zeiten bey allhiesigen Zechen gehaltenen solennen Erbbereiten, soweit man solche aus denen Erbbereitungs-Büchern erlangen können. (Dresd. Bibl. Hist. Saxon. M. 185, 12)

586. (Verein) Sächsische Bergwerks-Zeitung. Herausgegeben durch einen Verein von Gewerken und Grubenvorstehern. Freiberg. Verlag der Gerlach'schen Buchdruckerei. (Heinr. Gerlach) 1852. 53 54. (Alt. Bb. 26.)

587. Webern, Montanistische Reiseskizzen; Erzbergbaue bei Freiberg. Berg- und hüttenmännisches Jahrbuch der k. k. Bergakademien zu Leoben und Pribram und der k. ungar. Bergakademie zu Schemnitz. Red. Jul. Ritter von Hauer. Bd. 25, Heft 4, 1877.

588. Weissenbach, C. G., Sachsens Bergbau, national-ökonomisch betrachtet. Freyberg 1833. (Alt. XIII. 398. 8.)

589. Weiß, E., Die Mineralien der Freiberger Erzgänge. Bevorwortet und mit Bemerkungen versehen von B. v. Cotta. Freiberg 1860. (Alt. VII. 1500. 8.)

590. Wengler, R. M., Das Berggebäude Himmelfahrt Fundgrube bei Freiberg im Jahre 1871. JBH. 1873, 98. Taf. I-II.

591. Werner, Abraham Gottlob, Neue Theorie von der Entstehung der Gänge, mit Anwendung auf den Bergbau, besonders den Freibergischen. Freiberg 1791. (Al. VII. 480. 8.) Vgl. v. Beust, Kritische Beleuchtung der Werner'schen Gangtheorie aus dem gegenwärtigen Standpunkte der Geognosie. Freiberg, 1840. 135 S. 8.

592. Wiedemann, J. F., Beschreibung der zu Freiberg gegenwärt. gewöhnlichen Hütten- und Schmelzarbeiten. 1789. 8. Freiberg bei Craz & Gerlach.

593. (Winkler) Geschichtliche Mittheilungen über die erloschenen Silber-, Blei- und Kupferhütten des Erzgebirges und Voigtlandes. Nach den hinterlassenen Aufzeichnungen des Hütteninspectors und Oberschiedswardeins Kurt Alexander Winkler bearbeitet von Clemens Alexander Winkler. Freiberg 1871. Vgl. bes. Nr. 18 Hütten im niederen Erzgebirge (Bräunsdorf) S. 49 ff. (Al. IX. 2569. 8.)

594. Winkler, Kurt Alex., Die europäische Amalgamazion der Silbererze und silberhaltigen Hüttenproducte. 2. verb. und verm. Aufl. gr. 8. Freiberg 1848, Engelhardt.

595. Ders. Beschreibung der Freiberger Schmelzhüttenprozesse. Freyberg 1837. (Al. IV. 1519. 8.)

596. Zimmermann, Carl, Friedrich, Ober-Sächsische Bergakademie, in welcher die Bergwerks-Wissenschaften nach ihren Grund-Wahrheiten unter-

suchet und nach ihrem Zusammenhange entworffen werden. Alles aus historischen Nachrichten, gründlichen Untersuchungen, natürlichen Beobachtungen, chymischen und mechanischen Versuchen, und derbey vorgefallnen Anmerkungen erläutert und abgesonderten Abhandlungen ausgefertiget. Dreßden u. Leipzig bey Friedrich Hekel, 1746. (Dresd. Bibl. Hist. Saxon. M. 169) Enthält im I. Stück S. 9 ff. Erste Abhandlung: Von der Beschaffenheit, Einrichtung und Nutzen einer Akademie derer Bergwercks-Wissenschaften. Das III. Stück enthält von S. 267 an Eilfte Abhandlung: Bericht von einer Gang-Streitigkeit, welche zwischen denen Gewercken der siebenden, achten und neunbten zehenden Maaßen, auf der Hohenbirken im Freyberger Refier, an einem Theil, und denen tiefen Spath-Stoll-Orts-Gewercken am anderen Theile, vorgefallen. — S. Alt. und Neues aus dem Erzgeb. 1747, S. 60. Leipzig. gel. Zeitg. 1747, S. 205.

7. Bergrecht, Bergwerks- und Hüttenverfassung.

a. Mittelalter.

597. Achenbach, H., Das gemeine deutsche Bergrecht in Verbindung mit dem preußischen Bergrechte unter Berücksichtigung der Berggesetze Bayerns, Sachsens, Oesterreichs und anderer deutschen Länder. 1. Theil. Bonn bei Adolph Marcus 1871. (Vgl. besonders Seite 19—22. 43. 44. 55. 56.)

598. Ders. Die deutschen Bergleute der Vergangenheit. ZBR. XII. 1871, 80. (Alt. XIV. 566. 8.)

599. Arndt, Ad., Zur Geschichte und Theorie des Bergregals und der Bergbaufreiheit. Halle, Pfeffer 1879. Vgl. ZBR. XXI. 1880, 538. (Alt. XIV. 566. 8.)

600. (Haselberger) Der Ursprung gemeyner Bercfrecht, wie die lange Zeit von den alten erhalten worden, darauß die Künigklichen vnd Fürstlichen bergkordnungen oder alle Bergkrecht geflossen, welches sich eyn jetzlicher in zufelligen Berckhandlungen, vor dem öbristen Berckmeister vnd anderen Berckrichtern, zu recht wol gebrauchen mag. Auch ein anzeygung der clüfft vnd geng des Metallischen ärtz, wie die in berg vnnd thal streichent, vnd ihr geschick haben. Mit artlichen Figuren verzeichnet. Sampt eyner anzeygung vil höflicher vnd sündiger Berckwerck der löblichen Cron zu Beham. Ohne Ort und Jahr. Am Schlusse: Durch Johann Haselberger auß der Reichenau, in Druck verordnet. Ist um 1520 gedruckt. Wichtig als Editio princeps der Freiberger Bergrechte. (Dresd. Bibl. Hist. Saxon, M. 154.)

601. Herrmann, Wilhelm, und Ermisch, Hubert, Das Freiberger Bergrecht. NASG. 3. 1882, 118. (Alt. Bc u. Freiberger Gymnasialbibliothek. Vgl. Leuthold, Krit. Vierteljahrsb. üb. d. berg- u. hüttenm. Ltr. 1882, 5. und ZBR. XXIV. 1883, 138.

602. (Klotzsch) Aufklärung verschiedener Teile alter Bergwerksverfassung. Nach Anleitung einiger Urkunden. SBM. IX. 1774, 273 (Alt. Bc. 12) Vgl. oben unter Nr. 20.

603. Ders. Probe einer Geschichte des Bergschöppenstuhles zu Freyberg. SBM. III. 1769, 129. (Alt. Bc 12)

604. Klostermann, Wanderungen deutscher Bergleute. ZBR. XIII. 1872, 46. (Alt. XIV. 566. 8.)

605. **Leuthold**, Bemerkungen über die Freiberger Bergwerksverfassung im 12. und 13. Jahrhundert, in: ZBR. XXI. 1880. (Alf. XIV. 566. 8.)

606. **Meyer**, Franz Johann Friedrich, Versuch einer Geschichte der Bergwerksverfassung und der Bergrechte des Harzes im Mittelalter. Ein Beitrag zur Geschichte der Deutschen. Eisenach 1817, S. 90flg. (auch S. 1–4, 52–60) (Alf. XIV. 166. 8.)

607. **Nöggerath**, Jacob, Beiträge zur Geschichte der Bergknappen. ZBR. XIV. 1873, 204. (Alf. XIV 566. 8.)

608. **Schmid**, Fr. Aug., Diplomatische Beiträge zur Sächs. Gesch. I. Heft 1839. Enthält: Geschichte der gemeinschaftlichen Rechte der sächsischen Regentenhäuser an den Nutzungen der Meißner Bergwerke. (Alt. Bc. 174)

609. **Tuscani**, J., Beiträge zur Geschichte der ältesten bergrechtlichen Urkunden. ZBR. XVIII. 1877, 336. Ueber das Verhältnis des Iglauer Bergrechtes zum Freiberger, S. 344. (Alf. XIV. 566. 8.)

610. (**Ungenannt**) Zur Geschichte des Freiberger Bergschöppenstuhls. FGR. 1840, 445. 453. (Alt. Ba 131)

b. Zeit der Bergordnungen.

611. **Bergordnungen**: Herzog Georgens zu Sachsen Bergkordnung. Mit etzlichen viel Newen Articeln, welche die alden zumtheil auffheben, vnd zumtheil deuten vnd ercleren. Mit Furstlicher Freyheit vnd einem Regifter. MDXXXVI. (Dresd. Bibl. Hist. Saxon. M. 155). — Über die Berg-Ordnung 1509 Montags nach Blasii vgl. „Ueber die churf. Bergwerksverfassung" 1787. S. XII. und SBR. 7, 310. Ueber die Freiberger Bergordnung 1529 und Dienstag nach Nicolai 1541 vgl. „Über die churfächs. Bergwerksverfassung" 1787. S. XXII.; in diesem Werke ist überhaupt eine sehr lesenswerte Zusammenfassung über die Freiberger Bergordnungen enthalten.

612. **Berg-Ordnung** des durchläuchtigsten Hochgebornen Fürsten und Herrn, HERRN Augusten, Herzogen zu Sachsen. Aus seiner Churfürstlichen Gnaden löblichen Vorfahren rc. alten Articeln, auch voriger und nechst erklärter Ordnung, aufs neue zusammengezogen, den Bergwerck und allen Bauenden Gewercken zum Besten, mit Befreyungen und Neuen Artickeln vermehret, und aufs kürzeft verfasset, in Druck gegeben. Freyberg. Gedruckt bey Zacharias Beckern. 4. Ohne Jahresangabe. (Dresd. Bibl. Hist. Sax. M. 187, 2.) Dieselbe Ordnung MDLIV. Gedruckt zu Dreßden, durch Matthes Stöckel fol. (Dresd. Bibl. Hist. Saxon. M. 3.) Wiederholt ebendaselbst MDLXXIV. (Dresd. Bibl. Hist. Saxon. M. 4.)

613. **Bergk-Ordnung** des Durchlauchtigsten Hochgebornen Fürsten und Herrn, Herrn Christianen, Herzogen zu Sachsen rc. (mit demselben Titel wie die Berg-Ordnung des Herzogs August) 1589. Auch des Churfürstl. Sächs. Cammer- und Berg-Gemachs hohe Verordnung d. d. Dreßden den 2. Nov. 1775 anderweit abgedruckt. Fol. (Alf. XIV. 59. Fol.)

614. **Bernhardi**, Ghlf. Benjam., Drei Fragen über die Berggerichtsbarkeit im Königr. Sachsen, nach den Landesgesetzen und der Verfassung beantwortet. Freyberg, Craz & Gerlach, 1808. 8. (Alf. XIV. 278. 8 und Hist. Saxon. M. 352) Inhalt: Erste Frage: Wo ist die höchste Instanz in Bergsachen? S. 1. — Zweyte Frage: Worin besteht der Wirkungskreis

B. Darstellungen: 7. Bergrecht, Bergwerks= und Hüttenverfassung.

des Oberbergamts zu Freyberg? S. 35. — Dritte Frage: Welches sind die Gegenstände der Berggerichtsbarkeit? S. 71. Dazu (urkundliche) Beylagen von S. 200 an über Appellationssachen, das Forum derer Berg=Academisten betr. (S. 207 ff.), die Gerichtsbarkeit der churfürstlichen Bergacademie zu Freyberg betr. (S. 269 ff.), der Gerichtsstand der Oberhütten=Amts=Assessoren betreff. (S. 213 ff.), Schreiben an den Rat zu Freyberg, an das Bergamt daselbst, desgl. an das Ober=Bergamt. — Auszug aus des Raths zu Freyberg Vor= mundschaftsbüchern von dem Jahre 1759 bis 1808. (S. 262 ff.) — Schreiben an das Zehndner- und Bergamt zu Freyberg, an das Oberbergamt, an den Creißamtmann Meißner zu Freyberg u. a. (S. 278 ff.)

615. Beyer, Aug., Beyträge zur Bergbaukunde. Dresden 1794, sub Nr. IV. S. 149. Actenmäßige Erzählung einer wichtigen Gangstreitigkeit zwischen der Silbergrube Himmelsfürst hinter Erbisdorf bei Freiberg und einer benachbarten Grube Weißer Schwan und volle Rose. (Af. XVI. 245. 4.) ,

616. Biedermann, G., De jure metallorum Diss. Lipsiae 1695. (Af. XIV. 186. 4.)

617. Biedermann, Gust. Henr., Diss. de juribus singularibus αὐτουργῶν metallicorum (von den Vorrechten der Eigenlehner). Lipsiae 1810. 4.

618. Biel, F. I., Bergmännisch=juristische Abhandlungen von dem Hauptstreichen. Schneeberg 1753. (Af. XIV. 222. 238. 4.)

619. Bielitz, Gust. Alex., Diss. de juribus singularibus atque immunitatibus ob rem metallicam in Saxonia concessis. Vitob. 1794. 4. (Af. XIV. 260. 4.)

620. Biener, Chr. G., Delibata quaedam de jurisdictione judicii et scalinatibus metallicis ex jure imprimis Saxonico electorali capita: in Chr. G. Biener, Opuscula Academica I. (1830), 375.

621. Blavier, Jurisprudence générale des mines en Allemagne trad. de l'ouvrage du Cancrin, avec des annotations rélatives à ce qui a trait à la même matière dans les principaux états de l'Europe, et notamment en france. 3 vols. 1825.

622. Corpus juris metallici et systema rerum metallicarum, oder neu verfaßtes Bergbuch. Franckfurt am Mayn, bey Johann David Zimmer 1698. Enthält unter andern die Freiberger Bergrechte und Schönbergs Berginformation. (Af. XIV. 153. fol.)

623. Declaration: Ihrer Königl. Majestät in Polen und Churfstl. Durchl. zu Sachsen Declaration, Wie es mit Einrichtung einer General= Schmeltz=Administration Bey dem Berg= und Hütten=Ambt zu Freyberg in Zukunfft zu halten. De dato Warschau, den 4. May 1710. Dresden, druckts Johann Riedel. Dazu als Anhang: Anschlag und Taxa, Was Bey der General=Schmeltz=Administration in dem Berg= und Hütten=Ambt zu Freyberg denen daselbst bauenden Gewercken für die einliefernde Ertze zu entrichten. (Af. XIV. 93. Fol.)

624. Declaration: Ihrer Königl. Maj. in Pohlen u. Churfürstl. Durchl. zu Sachsen anderweite Declaration, was dieselbe zur Einrichtung Einer Ge= neral=Schmeltz=Administration Bey dem Berg= und Hütten=Ambt zu Freyberg bewogen, Und Was für sonderbahrer Nutzen denen Gewerdschafften und ge= sammten Berg=Wesen daraus entstehe. De dato Güstrau, den 17. December 1712. Dresden. Druckts Johann Riedel. Dazu folgende Anhänge: Aa. An=

46   II. Darstellungen: 7. Bergrecht, Bergwerks- und Hüttenverfassung.

schlag und Taxa, Was bey der General-Schmeltz-Administration in dem Berg- und Hütten-Ambt zu Freyberg denen daselbst bauenden Gewerken für die einliefernde Ertze zu entrichten. Signatum Freyberg, den 16. May Anno 1710. Königliche und Chur-Fürstliche Sächsische Commission Woldemar Freyherr von Löwenbal, Johann Egid. Alemann, Wolff Dietrich von Erdmannsdorff, Haunß Heinrich Trützschler, George Gabriel Wichmannshausen. — B. Extract Eßlicher Zechen (so viel man Schmelß-Bücher erlangen können) bey welchen in der Roh- und Bley-Arbeit überm hohen Ofen die in Ertzen und Steinen vorgelauffenen Silber nicht ausgebracht worden. Vom Ober-Hütten-Amt. — C. Extract Aus denen Schmelß-Büchern, soviel derselben zu erlangen gewesen, über diejenigen Abtreiben, bey welchen nachen Einschreiben an Silber zurücke geblieben ist. Extrahiret zu Freyberg 1712. Vom Ober-Hütten-Amt. — D. Extract Aus der Churfstl. Sächs. revidirten Freybergischen Ertz-Kauffs-Ordnung und Patent, de dato Dreßden, den 30. Nov. Anno 1668. — E. Rechnung des Ober-Hütten-Amtes. — F. Erlaß an das Ober-Berg-Amt. 2. Mai 1711. — G. Extract über unterschiedene Zechen, was selbige dann und wann an Vorräthen in Hütten und baaren Geld in Register gehabt haben. Vom Ober-Hütten-Amt. — H. Nachgesetzte Zechen haben von Ihren Selbst-Schmeltzen gegen die General-Schmelß-Administrations-Bezahlung Einbuße gehabt. Signatum Freyberg, 19. Nov. 1712. Ober-Hütten-Ambt. — J. Diverse Rechnungen. — K. Vor Einführung der General-Schmelß-Administration haben gegen gewisse Kosten mit einander geschmelzet rc. Bericht des Ober-Hütten-Ambts. — L. Ober-Hütten-Ambts Bedencken Wegen Eintränckung reichhaltiger Ertze, ingleichen wegen des Einen Lothes, so beym übermärckigten Ertzen zurücke fällt. — M. Extract Aus denen Schmelß-Büchern, soviel man deren erlangen können, über die jezuweilen bey denen Abtreiben gemachten Säue. Signatum Freyberg, den 29. October 1712. Vom Ober-Hütten-Ambt. — N. Extract, Was binnen 10 Quartalen oder 2½ Jahren vor- und nach Einführung der General-Schmelß-Administration die Silber- und Kupffer- auch Töpffer-Glöthe-Liefferung gewesen. Ingleichen an Bleyen, über das Bedürfniß ausbracht, wie auch durch GOttes Seegen an Ausbeuthen gegeben worden. Signatum Freyberg, 29. Dec. 1712. Vom Ober-Hütten-Amt. — O. Extract, Was unter andern haltigen Ertzen die reichesten gewesen, so von nachgesetzten Zechen beym verpachteten Ertz-Kauff zu Freyberg eingeliefert worden. Signatum Freyberg, 29. Oct. 1712. (Al. XIV., 92. Fol.)

625. Deucer, Corpus juris et Systema rerum metallicarum per M. J. Deucerum, oder Bergl-Recht, aus allen Kayserlichen, Königlichen rc. Verordnungen, Reformationen rc. zusammengezogen. Schlackenwald 1624. (Al. XIV. 471. Fol.) — Frankfurt 1690.

626. Dietze, Dav. Gottl, Progr. de probatione desertionis metallifodinarum (vom Freimachen und Freifahren). Lipsiae 1727.

627. Ders. De jure senioratus metallici. Erf. 1727.

628. Ders. Pr. de proventibus partium metallicarum. Erf. 1729. 4.

629. Einert, Christ. Gottlob, Diss. juris metallici Saxonici de partibus metallicis circa ligna (von Holzfuxen). Lipsiae 1778. 4.

630. Engelbrecht, George, De judiciis metallicis. (Von Bergämtern und Berggerichten.) Jenae 1705. — Letzte Ausgabe von 1740. (Al. XIV. 216. 4.)

631. Erläuterung: Sr. Königl. Maj. und Chur-Fürstl. Durchlaucht zu Sachsen Erläuterung und Moderation einiger in der neuen gedruckten

B. Darstellungen: 7. Bergrecht, Bergwerks- und Hüttenverfassung. 47

General-Consumtions-Accis-Ordnung de dato Dreßden, den 31. Aug. 1707 befindlichen Sätze, die Manufacturen, Fabriquen und Commercia im gantzen Lande, ingleichen die Berg-Städte, bauende Gewercken, Berg-Leute und Hammer-Wercke betreffend. Leipzig. Verlegts Gottfried Heßens sel. Wittwe unter den Bühnen. (Af. XIV. 98. Fol.)

632. Freiesleben, Joh. C., Zur Geschichte der Berggesetze über nutzbare Fossilien, enthält den Abdruck zweier Erlasse des Churf. August von 1582 an Martin Restlern, Berg-Meistern zu Freyberg. Magazin für Oryktogr. von Sachsen, 4. Heft. 1830. 209. (Af. IX. 1666. 8.)

633. Haubold, Christ. Gottlieb, Lehrbuch des Kgl. Sächs. Privatrechts. Nach der 2. von Karl Friedr. Günther besorgten Ausgabe herausgegeben von Philipp Heinrich Friedr. Hänsel. 3. vermehrte Aufl. Leipzig 1847. Theil I. Buch II. Abtheilg. II. Cap. III. § 238—257 S. 339--361.

634. De Herder, Sigism. Aug. Wolfg., Diss. metallicojuridica de jure quadraturae metallicae (vom Rechte der Vierung.) Viteb. et Seruestae 1802. (Af. XIV. 268. 4.)

635. (Herttwig) Neues und vollkommenes Berg-Buch, bestehend in sehr vielen und raren Berg-Händeln und Bergwercks-Gebräuchen, absonderlich aber über 200 vorhin noch nicht edirten und aus Licht gegebenen Berg-Urtheln und Abschieden. Mit großem Fleiß und Mühe dargestellt colligiret und abgefasset, daß bey nahe keine einzige Materia in Berg-, Schmeltz- u. Hammerwercks-Sachen vorfallen mag, So nicht unter einer Rubric, der Nothdurfft nach abgehandelt und mit allegierung gelehrter und bewährter Männer Schrifften, wie nicht weniger darzu gehörigen Kayserlichen, Königlichen, Chur- und Fürstlichen Berg-Ordnungen, Sowohl was deren Concordanz als auch Discrepanz betrifft, entschieden und auf die leichteste manier zu finden wäre, von Christoph Herttwig, J. U. Doctore, Stadt-Syndico, auch des Raths und Berg-Schöppenstuhls zu Freiberg Assessore. Dreßden und Leipzig 1710. fol. (Alt. Bb98)

636. Horn, Casp. Henr., Disquisitio de regali metalli-fodinarum jure. Vitembergae 1703. 2. Ausgabe 1746. (Af. XIV. 189. 226. 4.)

637. Derf. De hypotheca legali in fodinis et partibus metallicis. Viteb. 1699.

638. Derf. Tractatus de libro metallico antigrapho. Viteb. 1706. 4 Dasselbe Deutsch: Tractat vom Gegenbuch von den landesherrlichen Regalien und dem stillschweigenden Unterpfand an Bergtheilen. Freiberg 1721. (Af. XIV. 196. 8.)

639. Hübner, Christ. Gotthelf, (resp. Christ. Ehrg. Repmann) Diss. Quaestionum juris metallici Saxonici biga. Lips. 1802. 8.

640. Derf. Versuch über die Anwendbarkeit der Bergbaustrafe in Deutschland. Leipzig 1796. (Af. XIV. 264. 8.)

641. (Klotzsch) Herzog Georgens Freybergische Bergordnung vom Jahre 1529. SBM. VII. 309. (Alt. Bc. 12)

642. Derf. Vom Gegenbuche. Ein Beytrag zur Sächsischen Bergwerks-geschichte. Chemnitz 1780. (Af. XIV. 251, 8.) Vgl. Allg. dtsch. Bibl. 52, 371.

643. Knoepschler, J. Ch., Von Verdammung der Missethäter zur Bergarbeit. Ein Vorschlag für Churfachsen. Leipzig 1795. (Af. XIV. 263. 8.)

644. Derf. De decimis metallicis juris metallici publici commentatio. Lipsiae 1795. (Af. XIV. 262. 4.)

48 B. Darstellungen: 7. Bergrecht, Bergwerks- und Hüttenverfassung.

645. Knoepschler, J. Ch., Commentatio de dimensione metallica (Erbbereiten oder Bergvermessen). Lipsiae 1795. (Alt. XIV. 261. 4.)

646. Köhler, Alex. Wilh., Versuch einer Anleitung zu den Rechten und der Verfassung bey dem Bergamte in Chursachsen und dazu gehörigen Landen. Zur Grundlage bey Vorlesungen. Freyberg 1786. (Alt. Bb 69 u. Al. XIV. 170. 8.) — Zweite Auflage unter dem Titel: Anleitung zu den Rechten und der Verfassung bei dem Bergbaue im Königreich Sachsen. Freiberg 1824. Mit 2 Tafeln. (Al. XIV. 170 I. 8.)

647. Ders. Übersicht der Bergwerksverfassung in Churfachfen und dazu gehörigen Landen. Bergmännischer Kalender auf das Jahr 1790. S. 40 bis 162. (Alt. Bb 108)

648. von Könneritz, Jul. Traug. Jal., Heinrich von Könneritz und seine sechs Söhne, Zeitbilder aus dem sechzehnten Jahrhundert. AZG. V. 1867. (Alt. Bc und Freiberger Gymnasialbibliothek.) Vgl. ZBR. XII. 1871, 412.

649. Lampadius, Wilh. Aug., Historische Uebersicht der Sächs. Schmelz- und Hüttenverfassung. JGR. 1808,71. (Alt. Ba 131.)

650. (Lehmann, Carl Gotthelf) Bergrechtliche Gedanken vom Erbkur. Freyberg und Leipzig 1753. (Al. XIV. 236. 4.)

651. Ders. Bergrechtliche Nachricht vom Erbbereiten. Freyberg und Leipzig 1750. (Al. XIV. 235. 8.)

652. Lehmann, Ernst, Versuch einer systematischen Encyklopädie der Bergwerkswissenschaften. Freyberg 1804, S. 110—140. (Al. I. 23. 8.)

653. Lehmann, Ernst Joh. Traug., Dolibata quaedam de jurisdictione judiciis et scabinatibus metallicis ex jure inprimis Saxonico electorali capita. Praeside Christiano Gottlob Bienero ad disceptandum proponit. Lipsiae 1799. (Al. XIV. 267. 4. und Dresd. Bibl. Hist. Saxon. II. 187, 8.)

654. Lempe, Das Rechtliche bei der in Churfachfen und anderen Orten gebräuchlichen Vierung. Magazin für die Bergbaukunde. 4. Theil 1789, S. 173. (Al. XVI 200. 8.)

655. Lünig, J. C., Codex Augusteus. Leipzig 1724. 3 Theile in 2 Foliobänden, fortgesetzt 1772, 1806, 1824 in je 2 Bänden; enthält auch die bergrechtlichen Gesetze und Verordnungen. (Al. XIV. 364. 404. 464 fol.)

656. (Mähler) Über die churfächsische Bergwerksverfassung. Ein Beytrag zur Statistik von Sachsen. Leipzig 1787. (Alt. Bb 65) Darzu 13 Beylagen, z. B. XI. Erztaxe bei der Generalschmelzadministration zu Freyberg den 10. Juni 1765. — XII. Regulativ, wornach die ausgesetzten Schauftücke zu taxiren, den 18. Sept. 1765. — XIII. Verzeichniß der gegenwärtig in Churf. Sächs. Diensten angestellten Herrn Berg- und Hütten-Beamten und Officianten. Ist die von Thomas von Wagner veranstaltete und mit einer geschichtl. werthvollen Einleitung versehene Separatausgabe von 2 Aufsätzen Mählers in Bernoullis Archiv zur neueren Geschichte 1783—1785.

657. Mandat: Ihrer Königl. Majestät in Pohlen und Churfftl. Durchl. zu Sachsen ec. Mandat Wie bey entstehenden Streitigkeiten in Berg-Sachen zu prooediren. De dato Warschau den 26. Augusti 1713. Dresden, Gedruckt beym Kgl. Buchdrucker Johann Riedeln. (Al. XIV. 96. Fol.)

B. Darstellungen: 7. Bergrecht, Bergwerks- und Hüttenverfassung. 49

658. Mandat: Ihrer Königl. Maj. in Pohlen ꝛc. als Chur-Fürsten zu Sachsen ꝛc. Mandat Wieder das Auff-Lauffen und Tumultuiren derer Berg-Leute, Ergangen De Dato Warschau, den 25. Febr. 1739. Dreßden, gedruckt bey der verwitt. Stößelin. (Af. XIV. 107. Fol.)

659. Ober-Berg-Amt, Sr. Chur-Fürstl. Durchl. zu Sachsen ꝛc. verordnetes, Register-Weisungen. Anweisung dessen, was bey denen Freybergischen Gruben-Registern, und denen darinnen vorkommenden Verrechnungen, Berg-Beamten und Rechnungsführern zu beobachten, oblieget. Signatum Freyberg den 7. Jan. Anno 1764. (Af. XIV. 63. Fol.)

660. Oberbergamt zu Freyberg, Vorschriften für die Grubenvorsteher und Verhaltungsregeln für die Bergleute zur Verhütung und Verminderung der Unglücksfälle beim Bergbau 1826. (Af. XIII. 381 a-c. Fol.)

661. Pein, Carl Ludw., (resp. Joa. Chr. Knötzschker), Commentatio juris metallici praerogativam Senatus Fribergens. solemnem dimensionem metallicam, quam vulgo vocant Erbvermossen, Saxoniae in terris exercendi proponens. 1795.

662. Reinharth, Tob. Jac., Diss. de jure aquarum metallicarum singulari. Erf. 1730.

663. Repmann, C. E., Quaestionum juris metallici Saxonici biga. Diss. Lipsiae 1802. (Af. XIV. 270. 8.)

664. Resolutiones: Ihr. Königl. Maj. und Churfürstl. Durchl. zu Sachsen Resolutiones Wegen Abstell- und Remedirung derer in Bergwercks-Sachen vorgekommenen und angemerckten Mängel und Gebrechen, sonderlich die Freybergische Revier betreffende, de dato Leipzig den 7. Januar 1709. Sowohl die Freybergische neue Schmiede-Taxe Worbey zugleich die vormahlige Berg-Decreta Von denen Jahren 1624, 1629 und 1659 angefüget. Zu finden in Dreßden, bey Johann Jacob Winckler, in Leipzig bey Johann Friedrich Gleditsch. Auf des Churfürstl. Sächs. Cammer- und Berg-Gemachs hohe Verordnung, d. d. Dreßden, den 2. Nov. 1775 anderweit abgedruckt. (Neuer Abdruck von oben Nr. 111.) (Af. XIV. 60. Fol.)

665. von Römer, K. H., Staatsrecht und Statistik des Churfürstenthums Sachsen und der dabei befindlichen Lande. 3 Bände. Halle 1787—92, II. Theil, 2. Hauptabtheilung, 11. Abschnitt. (Af. XIV. 414. 8.)

666. Schaumburg, J. G., Einleitung zum sächsischen Recht 2. Theil 3. Aufl. von von Bennigsen besorgt. Leipzig 1781. (Af. XIV. 411 b 8.)

667. Schinck, Fr. Christ. Gottl., (praes. Christ. Heur. Breuning,) Diss. de pecunia recessuali seu canone trimestri de metalli fodinis solvendo, vulgo vom Quatember- oder Recessgeld. Diss. Lipsiae 1766. (Af. XIV. 242. 4.)

668. Schmid, Bergproceßmandat, Warschau den 26. August 1713, aufs Neue gedruckt und mit Anmerkungen des Hrn. Oberbergmeister Schmid begleitet. 4. 1802. Freiberg, Craz & Gerlach. (Dresd. Bibl. Hist. Saxon. M. 187, 4.)

669. (Schmid, F. A.) Beleuchtung des Gesetzes Seite 578 der Landtags-Acten über privilegirte Gerichtsstände und einige damit zusammenhängende Gegenstände in besonderer Beziehung auf die Berggerichtsbarkeit. Dresden 1833. 8. (Dresd. Bibl. Hist. Saxon. M. 359).

670. Schmid, Fr. Aug., Der Bergproceß nach Königl. Sächsischem Recht bearbeitet. Dresden 1832. (Af. XIV. 465. 8.)

4

50 B. Darstellungen: 7. Bergrecht, Bergwerks= und Hüttenverfassung.

671. Schmid, Fr. Aug., Deutsche Bergwerkszustände. Eine Charakteristik der Bergwerksverfassung Deutschlands, mit Hinweisung auf ihre Mängel und Bedürfnisse. Dresden 1848. (Af. XIV. 507. 8.)

672. Ders. Historia aurifodinarum et quae circa earum investituram in territoriis Saxonicis obvenere vicissitudines. Lipsiae 1804. (Af. IX. 301, XIV. 275. 4.)

673. Ders. Historischer Beitrag zur Einführung der Bergpredigten in Sachsen, in dessen Archiv für Bergwerksgesch. I. 1828, 207. (Alt. Bb. 88a)

674. Ders. Sammlung einiger merkwürdigen, noch ungedruckter sächsischen Bergurtelsprüche, in dessen Archiv für Bergwerksgesch. I. 1828, 171. Alt. Bb. 88a)

675. Ders. Versuch einer Geschichte der Bergschmiede=Verfassung des Bergamts=Reviers Freyberg, in dessen Archiv für Bergwerksgesch. I. 1828, 129. (Alt. Bb 88a)

676. Schmidt, G. Fried., Diss. de origine ac juribus societatis metallicae (Gewerkschaft). Lipsiae 1778. 4. (Af. XIV. 249. 4. und Dresd. Bibl. Hist. Saxon. M. 187, 14)

677. Schmidt, C. W. J., Vom Recht des Bergleders. Freiberg 1774. (Alt. Bb 54)

678. von Schönberg, Abraham, Ausführliche Berg=Information, zur dienlichen Nachricht vor Alle, die Bey dem Berg= und Schmelzwesen zu schaffen; darinnen deutlich gewiesen wird, was einem ieden zu verrichten oblieget, und wie Er bey allen Vorfallenheiten, in seinem Ambt, Dienst und Bestellung, mit gebührender Uffsicht, und Anstalt, in und außer der Gruben und Hütten, auch bey Proceß=Sachen, Bergrechtlich verfahren soll, damit allenthalben ordentlich, treulich, aufrichtig, vorsichtig, gerecht, und dem gemeinen Bergwesen erbaulich, gehandelt werde, dem Vaterland zu schuldiger Liebe, denen Gewerken und Bergbauenden zu sehr dienlicher Nachricht, auch Verhütung aller ungebührlichen Vervortheilung, und Eigennutzes; Bey langer Erfahrung, und aus eigener observanz, Ordine Alphabetico entworffen, und sonderlich auff die in Churfürstenthume Sachsen befindliche Bergwercke gerichtet, Von Abraham von Schönberg, Churfl. S. Rath, Ober=Berg= und Creyß=Hauptmann, dessen Vorfahren und Geschlechts=Verwandten, denen selben über 120 Jahr aneinander rühmlich vorgestanden, Mit einem vollkommenen Register, und Anhang aller beym Berg= und Schmelzwerck gebräuchlichen, und über 1200 Stück sich belauffenden Redens=Arten sambt deren recht eigentl. und deutlichen Erklärung. Mit Churfürstl. Sächs. Special=Privilegio. Zu finden in Leipzig bey David Fleischern, Zwickau, Gedruckt bey Gabriel Büscheln, Anno 1693. Fol. (Af. XIV. 150fol. u. Dresd. Bibl. Hist. Saxon. M. 16.)

679. Simon, Ernestus Frider. Guiliel., Friberg., Misnic., Specimen juris metallici Saxonici de partibus metallicis circa ligna von Holzstuxen, praeside Christiano Gottlob Einorto proposuit. 1778. 4. (Af. XIV. 250. 4. und Dresd. Bibl. Hist. Saxon. M. 187, 10.)

680. Spau, Seb., Sechshundert Berg=Urthel, Schied und Weisunge bey vorgefallenen Bergwercks=Differentien unterschiedener Orte sorwol informatorie als ad Acta gesprochen, neben Bergmännischen Bericht bey jedwedem Titul und Materi: Allen Bergwercks=Liebhabern und Participanten zu Dienst Inn Druck gegeben Anno 1636 (Alt. Bb 41). — Zum andernmahl gedr. Wolffenbüttel 1673 fol.

B. Darstellungen: 7. Bergrecht, Bergwerks- und Hüttenverfassung. 51

681. Span, Speculum juris metallici, oder Bergrechts-Spiegel. Dresden 1698. (Af. XIV. 151. Fol.)

682. Stieglitz, Christ. Lud., Pr. de investitura cum aqua. Lips. 1767. 4.

683. Stolln-Ordnung: Ihrer Königl. Majest. in Pohlen 2c. und Chur-Fürstl. Durchl. zu Sachsen 2c. Stolln-Ordnung, Wie es inskünftige bey dem Stolln-Bau auf denen Ertzgebürgen zu halten, Damit nicht nur alle bißherige Gebrechen, sondern auch die, zwischen denen Stöllnern und Fundgrubner-Gewercken, entstehende Streitigkeiten, vermieden und abgestellet werden mögen. Ergangen De dato Dreßden, am 12. Junii, Anno 1749. Dreßden, Gedruckt bey der verwitt. Kgl. Hof-Buchdr. Stößelin. Auf des Churfürstl. Sächf. Cammer- und Berg-Gemachs hohe Verordnung, d. d. Dreßden, den 2. Nov. 1775 anderweit abgedruckt. (Af. XIV. 61. Fol.)

684. Taube, L. E., Grund und Umfang der Berggerichtsbarkeit und des Gerichtszwanges der Berggerichte in den Kgl. Sächf. Landen, systematisch dargestellt und mit Gesetzen, Entscheidungen u. Urkunden belegt. Freyberg 1808. (Af. XIV. 279. 8.)

685. Triller, Carl Fried., (resp. Aug. Ludw. Des Champs,) Diss. de quibusdam juris metallici capitibus. Viteb. 1783.

686. Triller, C. Frid., Diss. sistens observationes nonnullas ex jure metallico depromptas. Viteb. 1791. 4.

687. (Ungenannt) Die Geschichte derer Chur-Sächsischen Berg-Rechte und Bergordnungen. Otia metallica (1748) I., 1 ff. (Af. I. 63 a 8.)

688. Desgl. Gerichtsbarkeit der Bergbehörden im Königreich Sachsen. Aus amtlichen Quellen bearbeitet von einem sächsischen Bergverständigen. Freiberg 1833. (Af. XIV. 473. 8.)

689. Desgl. Historische und rechtliche Abhandlung vom Erb-Bereiten. Otia metallica II. S. 227 ff. (Af. I. 63 b 8.)

690. Desgl. Über den Beweiß der Regalität des teutschen Bergbaues. Freyberg. 1794. Namentlich S. 34.

691. Wagner, Thom., Corpus juris metallici recentissimi et antiquioris oder Sammlung der neuesten und älteren Berggesetze, herausg. von Thomas Wagner. Fol. 1791. Leipzig, Brockhaus. (Af. XIV. 142. Fol.)

692. Wenck, Bern. Henr. Guil., De dominio partium metallicarum Exercitationis juris metallici Saxonici Pars I. post obitum auctoris ed. Car. Frid. Christ. Wenck. Lipsiae 1814. 4. (Af. XIV. 280. 4.)

693. Xavers, Herzogs 2c., Regulativ samt höchsten Befehl, wornach die zum Verkauf ausgesetzte Schau-Erzstuffen zu taxiren. Vom 18. Sept. 1765. Churf. Sächf. Berg-Calender auf das 1778. Jahr, gegen Ende. (Dresd. Bibl. Hist Saxon. M. 395.) Vgl. Taxordnung, Herrn Xaverii, Administratoris der Chursachsen, verbesserte. Dresden 1764. (Af. XIV. 395, 4.)

c. Neues Bergrecht.

694. Allgemeines Berggesetz vom 16. Juni 1868 (Gesetz- und Verordnungsblatt 1808 Stück 14, S. 351). Wegen der ausführlichen Materialien zu dem Berggesetze sind die Landtagsakten von den Jahren 1866 bis 1868 zu vergleichen, siehe Braffert, Bergrecht und Berggesetzgebung im deutschen Reiche. ZBW. XVIII. 1877, 37. (Af. XIV 566 8.)

695. **Bauer, G. R.**, Über das Eigenthumsrecht an den unterirdischen Mineralschätzen und die Reformen, welche die Gesetzgebung in Ansehung desselben zu bewirken hat. Freiberg 1849. (Af. XIV. 511. 8.)

696. **von Beust, F. C. Frhr.**, Bemerkungen zu der „Beurtheilung des Entwurfes zu einem Berggesetze für das Königr. Sachsen von einem Juristen und Gewerken." Freiberg 1849. Engelhardt. (Af. XIV. 515. 8.)

697. **Braffert, H.**, Schlagwetter-Kommission in Freiberg betr. ZBM. XXIII. 1882, 14. (Af. XIV. 566. 8.)

698. **Derf.** Ueber die Entwürfe eines allgemeinen Berggesetzes und eines die Besteuerung des Regalbergbaues betreffenden Gesetzes für das Königr. Sachsen. ZBM. V. 1864, 1. (Af. XIV. 566. 8.)

699. **Frieseleben, Friedrich**, Handbuch der Berggesetzgebung des Königreichs Sachsen. Leipzig 1852. (Alt. Bb 25 und Af. XIV. 527. 8.) Vgl. Abelungs Directorium (Alt. Bc 2) S. 140.

700. **Frieseleben, K. Fr. Gottlob**, Darstellung der Grundlagen der sächsischen Bergwerksverfassung. Aus dessen Nachlaß herausgegeben von Fr. Bülau. Leipzig 1837. (Af. XIV. 480. 8.); 2. Aufl. mit dem Titel: Der Staat und der Bergbau mit vorzüglicher Rücksicht auf Sachsen. Leipz. 1839.

701. **Gottschall, C. G.**, Knappschafts-Verfassung bei den fiskalischen Hüttenwerken zu Freiberg. ZBH. 1874, 267. (Af. XVI. 290. 8.)

702. **Derf.** Auf den Bergbau bezügliche neuere Gesetze und allgemeine Verfügungen. ZBH. 1883, 229. Vgl. ZBH. 1880, 141. (Af. XVI. 290. 8.)

703. **Kommer, Ernestus**, Exponitur natura ac vis dominii ex jure metallico adquisiti Berolini. 1869. (Diss.) Vgl. ZBM. XI. 1870, 279.

704. **Kretzner, P. M.**, Aphorismen über das Schürfen nach königl. sächs. Recht. ZBM. II. 1861, 317. (Af. XIV. 566. 8.)

705. **Derf.** Grundzüge einer Charakteristik des Bergwerkseigenthum oder Darstellung des Wichtigsten über Wesen, Form, Wirkungen und Eigenschaften der regalen Bergbaurechte. Freiberg, Engelhardt 1862. Vgl. ZBM. IV. 1863, 136.

706. **Derf.** Systematischer Abriß der Bergrechte in Deutschland, mit vorzüglicher Rücksicht auf das Königreich Sachsen. Nebst einem Anhang über die wichtigsten außerdeutschen Berggesetzgebungen. Freiberg 1858. (Af. XIV. 561. 8.)

707. **Lehmann**, Grundlinien der Verfassung und des Wirkens der Bergbehörden im Königreich Sachsen. Zeitschrift für Rechtspflege und Verwaltung zunächst f. d. Königr. Sachsen. Bd. I. Nr. 22. (Af. XVI. 365. 8.)

708. **Leuthold**, Die Berggesetznovelle vom 2. März 1882. ZBM. XXIII. 1882, 445. (Af. XIV. 566. 8.)

709. **Derf.** Zusammenstellung derjenigen reichs- und landesherrlichen Bestimmungen, durch welche Vorschriften des allgemeinen Berggesetzes vom 16. Juni 1868 und der zugehörigen Ausführungsverordnung aufgehoben, abgeändert oder ergänzt worden sind. ZBH. 1880. Abgedruckt ZBM. XXI. 1880, 459. (Af. XIV. 566. 8.)

710. **Lohse, C. T.**, Tafeln über den Betrag der Bezahlung für die in jeder vorhandenen Quantität Erzes enthaltenen Metalle an Silber, Blei, Kupfer, Nickel und Kobalt, wie solcher nach der vom Jahre 1852 an giltigen

B. Darstellungen: 7. Bergrecht, Bergwerks- und Hüttenverfassung. 53

Erztaxe von der Königlichen Generalschmelzadministration zu Freiberg gewährt wird. gr. 4. Freiberg 1852. (Dresd. Bibl. Hist. Saxon. M 170 und Alt. Bb 20)

711. Otto, G. E., Studien auf dem Gebiete des Bergrechts. Freiberg 1856. (Af. XIV. 546. 8.)

712. Rachel, J. W., Bemerkungen zu dem Entwurfe eines allgemeinen Berggesetzes für das Königreich Sachsen. Dresden 1864. (Af. XIV. 582. 8.)

713 Reglement für die Dienstbekleidung der bei dem Berg- und Hüttenwesen im Königr. Sachsen angestellten Bergwerks-, Staats- und Gewerkschaftlichen Diener. Dresden. Druck von B. G. Teubner. Dazu eine Bergrangordnung. (Af. XIII. 436. 4.)

714. Regulativ für den Einlauf sächsischer Erze bei den Werken der Königlichen Generalschmelz-Administration vom Quartal Crucis 1868 an. (Af. IV. 1976. 8.)

715. Seume, Th., Das allgemeine Königlich Sächsische Berggesetz vom 16. Juni 1868 nebst Ausführungsverordnung vom 2. Dezember 1868 und den hauptsächlichsten auf das Bergwesen bezüglichen neueren Vorschriften zum Handgebrauche zusammengestellt und mit Sachregister versehen. Zwickau 1883. — Vgl. Leuthold JBR. XXIV. 1883, 105.

716. Stuendeck, Victor, De jure metallorum quod vocant Bergwerkseigenthum. Berolini 1868. (Diss.) Vgl. JBR. XI. 1870, 279.

717. Swoboda, Joh., Der Staat, das Eigenthum, die Regalien, insbesondere die Bergwerkshoheit in ihrer Genesis, welthistorischen Entwickelung und heutigen Berechtigung. 1. Abteilung. Freiberg bei J. G. Engelhardt. 1848. (Af. XIV. 508 8.)

718. Uhlich, E. L., Beurtheilung des Entwurfs zu einem Berggesetze für das Königreich Sachsen, insbesondere vom Standpunkte der Gewerken. Freiberg 1849. (Af. XIV. 513. 8.)

719. (Ungenannt) Abänderungen des königlich sächsischen Gesetzes über den Regalbergbau vom 22. Mai 1851; JBR. V. 1864, 455. Königl. Verordnung vom 11. Nov. 1864 ebenda S. 456. Minist.-Verordnung vom 14. Nov. 1864 ebenda S. 457. (Af. XIV. 566. 8.)

720. Desgl. Allgemeines Berggesetz für das Königreich Sachsen. Vom 16. Juni 1868. JBR. IX. 1868, 361. 487. (Af. XIV 566. 8.)

721. Desgl. Besteuerung des Bergbaues im Königreich Sachsen. JBR. V. 1864, 425. Gesetz, die von dem Regalbergbau zu erhebenden Steuern betreffend, vom 10. Oktober 1864. JBR. V. 1864, 136. (Af. XIV. 566. 8.)

722. Desgl. Die Königl. Sächs. Verordnung betr. die Erhebung der Bergwerkssteuern, vom 6. Dez. 1864. JBR. VI. 1865, 505. (Af. XIV. 566. 8.)

723. Desgl. Entwurf eines allgemeinen Berggesetzes für das Königreich Sachsen nebst Publications-Verordnung und Motiven-Vorlage an den Landtag 1863/64 und mit Genehmigung des Königl. Sächs. Finanz-Ministeriums aus den Landtags-Acten besonders abgedruckt. Dresden, C. C. Meinhold & Söhne. 1863. gr. 8. (Dresd. Bibl. Hist. Saxon. M. 159m)

724. Desgl. Excurse zu dem Entwurfe des künftigen Berggesetzes für das Königreich Sachsen von dem Standpunkte der Kritik. Dresden, in Commission der Korischen Buchhandlung 1849. 8. (Dresd. Bibl. Hist. Saxon. M. 860)

725. (Ungenannt) Taxe, nach welcher in Gemäßheit der Verfügung des Königlich Sächsischen Finanz-Ministeriums vom 16. April 1851 die Bezahlung der Erze aus den Sächsischen Bergamtsrevieren bei der Generalschmelzadministration vom Jahre 1852 an zu erfolgen hat. Freiberg. Craz & Gerlach'sche Buchhandlung. (Dresd. Bibl. Hist. Saxon. M. 185, 14 und Af. XIV. 524. 4.)

726. Desgl. Taxen, nach denen auf Grund hoher Finanzministerial-Verfügung vom 16. Nov. 1842 die Bezahlung der Erze und Zuschlagstiese aus den sächsischen Bergamts-Revieren bei der Königl. Generalschmelzadministration, unter Zugrundelegung des neuen Landesgewichtes, vom 1. Jan. 1843 an bis auf Weiteres zu erfolgen hat, nebst Ausrechnungs-Anweisung und Motiven derselben, sowie einer vergleichenden Uebersicht der Erzbezahlung nach der alten und neuen Taxe. (Af. XIV. 494. 4.)

727. Desgl. Ueber den neuesten revidirten Entwurf eines Berggesetzes für das Königreich Sachsen. ZBR. VII. 1866, 1. (Af. XIV. 566. 8.)

728. Vorschriften des Ober-Bergamts zu Freiberg zur Verhütung von Schachtbrüchen bei dem Steinkohlenbergbau, vom 7. März 1868. ZBR. X. 1869, 318. — Bek. des Finanz-Ministeriums vom 1. Dez. 1868, betr. die Aufhebung des Oberbergamts, sowie die Errichtung eines Bergamts zu Freiberg. Ebenda S. 319. (Af. XIV. 566. 8.) Vgl. oben unter Allgemeines Berggesetz.

729. Vorschriften für die Bergarbeiter zur Verhütung von Unglücksfällen bei dem Regalbergbau des Königreichs Sachsen. Dresden 1867. (Af. XIII. 620 b)

730. Vorschriften für die Bergwerksbesitzer, Beamten, Officianten und Aufseher zur Verhütung von Unglücksfällen bei dem Regalbergbau des Königreichs Sachsen. Dresden 1867. (Af. XIII. 620 a)

731. von Weber, Beitrag zum Bergrecht und Bergproceß in Rechtsfällen. Zeitschrift für Rechtspflege und Verwaltung, zunächst für das Königr. Sachsen. N. F. Bd. II. Nr. 3 und Bd. IV Nr. 2. (Af. XVI. 365. 8.)

8. Geschichte der Bergakademie.

732. Avertissement, die Errichtung der Bergakademie betreffend. Freyberg 27. April 1767. (Af. XII. 691. 8.)

733. Blöde, Entstehung, Geschichte und jetzige Verfassung der Bergakademie zu Freiberg, aus dem Gouvernementsblatt für Sachsen in Hoffmanns Neuem bergmännischem Journal 1816, Band 4, 401. Vgl. Schumann Lex. II. 1815, 775.

734. Cotta, B., Die Bergakademie zu Freiberg, ihre Beschränkung oder Erweiterung. Freiberg 1849. (Af. XII. 807. 8.) Vgl. BHZ. VIII. 1849, 129 und IX. 1850, 87.

735. Gerlach, Heinrich, Ein Beitrag zum 100jährigen Jubiläum der K. Sächs. Bergakademie zu Freiberg. MFA. 4, 309. Enthält den Erlaß vom 4. December 1765 (Stiftungsurkunde) und einen „Entwurff zu Anwendung und Vertheilung des von Sr. Königl. Hoheit der Chur-Sachsen Administratori bestimmten Fond an 1200 rthlr., jährlich à 1 mo. Jan. 1766 an. Behuff des Freybergischen Instituti."

B. Darstellungen: 8. Geschichte der Bergakademie. 55

736. Gottschall, Verzeichnis Derer, welche seit Eröffnung der Bergakademie bis zum Schluß des ersten Säkulums auf ihr studiert haben, in: Festschrift zum hundertjährigen Jubiläum der Bergakademie zu Freiberg 221.

737. Hasse, J. L., Denkschrift zur Erinnerung an die Verdienste des in Dresden am 30. Juni 1817 verstorbenen K. S. Bergraths Werner und an die Fortschritte bey der Bergakademie zu Freiberg. Mit 1 Titelvignette und 2 Tafeln. Dresden und Leipzig 1848. (Ak. I. 94. 4)

738. (Hoffmann) Entstehung, Geschichte und jetzige Verfassung der Bergakademie in Freyberg. Neues bergmännisches Journal, herausgeg. von Hoffmann, 4. Bd. 1816, 401. (Ak. XVI. 203 d)

739. Köhler, (Alex. Wilh.) Bergmännischer Kalender für das Jahr 1791, enthält: Nachricht von der Verfassung und der Einrichtung bei der churfächsischen Bergakademie in Freiberg für Freunde und Einheimische. (Alt. Bb. 108)

740. (Kreischer, C. G.) Katalog der Bibliothek der Kgl. Sächs. Bergakademie Freiberg. 1. Teil. Alphabetischer Katalog. Freiberg 1879. gr. 8. (Alt. Bo 27)

741. Lampadius, W. A., Anleitung zum Studium des Bergbaues und Hüttenwesens auf der Bergakademie zu Freyberg. Für Ausländer. Freyberg 1820.

742. Petzholdt, Julius, Die Bibliothek der Kgl. Sächsischen Bergakademie zu Freiberg. Neuer Anzeiger für Bibliographie und Bibliothekw. 1867, Nr. 3, S. 11. (Frb. Gslb. X. 8. hist. litt. 368).

743. Reich, F., Die Bergakademie zu Freiberg. Zur Erinnerung an die Feier des hundertjährigen Geburtstags Werners 1850. (Dresd. Bibl. Hist. Saxon. II. 248.) Hierüber vgl. Petzholdt, Jul., Anzeiger für Bibliographie und Bibliothekw. 1850 Nr. 887, S. 265. (Frb. Gslb. X., 8. hist. litt. 368.)

744. (Reich) Die Geschichte und jetzigen Verhältnisse der Bergakademie in: Festschrift zum hundertjährigen Jubiläum der Kgl. Sächs. Bergakademie zu Freiberg 1866, 1.

745. Stelzner, A. B., Die Königliche Bergakademie, (deren Geschichte bis 1883). Freibergs Berg- und Hüttenwesen, 1883, 223.

746. (Ungenannt) Einrichtung und Sammlungen der Freiberger Bergakademie. Iron 1877. Vol. IX. Nr. 208.

747. Desgl. Über die Entstehung, Geschichte und Verfassung der Bergakademie in Freyberg. FGN. 1815, 305.

748. Desgl. Geschichte der Bergakademie zu Freiberg, in: Freiberger Zeitung 1864 Nr. 78.

9. Bergmännisches Leben.

749. Benseler, Die Oberberghauptleute und Bergmeister zu Freiberg betr. MFA. 5, 510.

750. Bidermann, Jo. Gottl., Cur homines montani passim male audiant. progr. Freiberg 1748. 4. (Dresd. Bibl. Hist. Saxon. M. 249.)

751. Biel, C. H., Natur und Kunst ꝛc., benutzt in Berg- und Erndteprebigten, nebst Liedern für Bergleute. 1798. 8. Freiberg, Craz & Gerlach.

752. **Buße,** Carl Adolph, Poetische Gedanken über den Bergmannsstand. Freiberg, Craz & Gerlach 1843. (Alt. XIII. 624. 8.)

753. **Döring,** Moritz, Sächsische Bergreihen. Grimma 1839 und 1840.

754. **Engelhardt,** K. A., Aufruhr zu Freiberg wegen des Bergreihens „Johannes im Korbe" in: Tägl. Denkw. aus der Sächs. Gesch. II. 1809, 183. (Alt. Bc 83 b)

755. **Franke,** Die Oberberghauptleute ꝛc. betr. MJA. 5, 511.

756. **Freiesleben,** Sächsische Mineralien-Verzeichnisse. Beytrag zur sächsisch-museographischen Litteratur (enthält kritische Nachweise über eine Anzahl von Katalogen Freyberger Mineraliensammlungen). MCS. I. 1828, 131.

757. **Gätzschmann und Gurlt:** Sammlung bergmännischer Ausdrücke, zusammengestellt und kurz erklärt von M. F. Gätzschmann, Prof. a. D. Zweite wesentlich verbesserte Auflage mit Hinzufügung der englischen und französischen Synonyme und mit englisch-deutschem und französisch-deutschem Wortregister durch Dr. Adolf Gurlt. Freiberg 1881. Craz & Gerlach.

758. **(Gerlach)** Die Bergleute vor 300 Jahren. Freiberger Bergkalender 1852. (Alt. Bb 27)

759. **Ders.** Verzeichnis der sächs. Berg- und Hüttenbehörden im Freiberger Bergkalender, v. J. 1795 an. (Alt. Bb 27)

760. **Gerlach,** Heinrich, Berg- und Hüttenknappschaft, die Freiberger, ihre Kleinodien und Feste. MJA. 6, 595.

761. **Ders.** Oberberghauptleute u. Bergmeister zu Freiberg. MJA. 4, 377.

762. **Ders.** Der sogenannte Streittag der Bergleute. Freiberger Bergkalender 1868. (Alt. Bb 27)

763. **Gottschalk,** C. G., Die Hüttenknappschaft zu Freiberg. JBH. 1880, 71.

764. **Hendel,** Joh. Fr., Medicinischer Ufstand und Schmelz-Bogen Insonderheit Von der Bergsucht und Hütten-Katze, und einigen andern denen Bergleuten und Hütten-Arbeitern zustoßenden Krankheiten, mit 1 Kupfer. Freiberg 1728. (Alt. Bb 83)

765. **Katzenberger,** Hydrophilus, Das neue Gaudeamus metallurgicum, sylvaticum et agronomium wie auch feldicum, bergicum et bohmium; id est: Ein allgemeines Entomium aller praktischen Naturforscher und forschen Naturpraktiker, in specie aber der Tharandt-Freiberger Didaktiker. Gedruckt im ersten Jahre nach der Emancipation der Tische und der Offenbarung menschlicher Schwachheit. (Dresd. Bibl. Hist. Saxon. H. 250, 23)

766. **Köhler,** Reinhold, Alte Bergmannslieder. Weimar 1858.

767. **Langheld,** C., Die Verhältnisse der Bergarbeiter bei dem sächsischen Regalbergbau. Freiberg 1855. (Bibliothek des Königl. Bergamts zu Freiberg.)

768. **(Lohse,** Christian Gottlieb) Der bey noch jungen Jahren schon Fertige Bergmann, Oder das christliche Bergmanns-Herze, wie solches in seinem mühseligen, aber doch GOtt wohlgefälligen Stande und Leben von der treuen Vorsorge, Schutze, Hülfe und Güte Gottes durch sein ganzes Leben allzeit geführet und begleitet, ja auch bei seiner Bergfertigkeit auf dem Siech- und Sterb-Bette nicht verlassen wird, Einem ieden Christlichen, GOtt und sein Wort liebenden Bergmanne zum Troste und Erbauung vorgestellet von einem seiner Mitbrüder, und in diesem Stande lebenden gemeinen Berg-

B. Darstellungen: 9. Bergmännisches Leben. 57

manne, welcher, bis Christus, Gottes Liebster Sohn, ihn heimholen wird, in größter Gelassenheit auf die Hülfe GOttes bis an sein Ende fortzubauen sich vorgenommen hat. Freyberg, druckts Christoph Matthäi 1745. Angebunden im Anhang: (Geistliche Berglieder. (Af. XIII. 235. 8.)

769. (Lohse, Christian Gottlieb) Der bethende und singende Bergmann. Freyberg 1748. (Af. XIII. 236. 8.)

770. Mosch, Die Bergknappen des Mittel-Alters, in: Archiv f. Bergwerks-Geschichte ꝛc. II. 1829, 231. (Alt. Bb 88b)

771. Nitzsche, Robert, Glückauf zum 100jährigen Jubiläum der Freiberger Bergakademie. (Dresd. Bibl. Hist. Saxon. II. 250, 22, enthaltend drei Festlieder.)

772. (Prölß, Adolf) Berg- und Haus-Altar, Evangelischer. Gesangbuch für Grube und Haus. Freiberg, Gerlach'sche Buchdr. (Af. XIII. 529. 8.)

773. Richard, A. B., Aberglauben und Lieder der Bergleute betr. in: Licht und Schatten. Ein Beitrag zur Culturgesch. von Sachsen und Thüringen im 16. Jahrh. Leipzig 1861. S. 250 ff. (Alt. Be 60)

774. Richter, Die Berg- und Hüttenknappen des Königreichs Sachsen bei der 300jährigen Jubelfeier der Übergabe der Augsburger Konfession am 25., 26. und 27. Juni 1830. Mit 4 Steindrucktafeln. Marienberg (Af. XI. 608. 8.)

775. Rößler, Speculum metallurgiae politissimum oder hell-polierter Berg Bau-Spiegel, darinnen zu befinden: Wie man Bergwerck suchen, ausschürffen, mit Nutzen bauen, allenthalben wohl anstellen, befördern, dabey alles Gestein und Ertze gewinnen, fördern, rösten, schmeltzen und zu gut machen, dann auch was darbey zu thun oder zu lassen, hierüber ein iedweder, so dem Bergwerck zugethan ist, wissen und verstehen soll. Allen Berg bauliebenden ... beschrieben von Balthasar Rößlern, Churfl. Sächs. gewesenen Berg-Meistern, Stolln Factore und Markscheidern in Druck gegeben, und mit Kupffern gezieret, durch dessen Enckel Johann Christoph Goldbergen, Kgl. Pohln. und Churfl. Sächs. Berg Meister ꝛc. Dresden, Bey Johann Jacob Winckler. 1700 fol. Anfang des Freiberger Bergbaues Buch 8, Cap. 22, II. Enthält am Ende: Deutlich erklärete Bergmännische Termini und Redens-Arten, Welche, sowohl bey vorstehenden Opere, in Berg- und Schmeltz-Wesen vorkommen, als auch sonst insgemein bey Bergwerken üblich sind, zu Dienst denenjenigen, so dem Edlen Berg-Bau zugethan. (Af. XIV. 152 fol.)

776. Rost, G. E., Trachten der Berg- und Hüttenleute im Königreiche Sachsen. Nach dem neuesten Reglement mit landschaftlichen Umgebungen aus den verschiedenen Bergamtsrevieren nach der Natur gezeichnet und treu coloriert. Originalausgabe (auf dem Titelblatt ein Bild des Kgl. Sächs. Berg-Academiegebäudes) Freiberg. Ohne nähere Bezeichnung. (Af. XIII. 401. 4.) Enthält von der Umgebung Freibergs folgende Bilder: Himmelfahrt, Elisabeth, Gegend bei Beschert Glück, Grube Herzog August, die Halsbrückner Hütten, Probierküche, Hammerberg, Altväterbrücke, Rosinenhäuschen, Pochwerk, Junge hohe Birke, Muldner Hütten, Chrnprinz Friedrich August Erbstolln.

777. Schlentert, Friedrich, Die Bürger und Berg-Knappen von Freiberg. Ein dramatisches Seiten-Stück zu dem historischen Gemählde Friedrich mit der Gebißenen Wange. Leipzig, bei Voß und Kompagnie 1799. (Alt. Bb 123)

778. Sigismund, Lebensbilder vom Sächsischen Erzgebirge. Lord's Eisenbahnbücher Nr. 31. Leipzig 1859. Enthält: V. Der Bergbau und VI. S. 56 ff. Die Bergleute. (Alt. Be 195)

779. von Soltau, F. L., Deutsche Histor. Volkslieder. Zweites Hundert, hsg. von Hildebrand. Leipzig 1856, S. 398. (Bergmannslied auf die Belagerung Freibergs 1643)

780. (Sahr) Kurtze Rede von dem Edlen Berg=Wercke. Bey dem gewöhnl. Abschiede aus dem hiesigen Gymnasio lat. gehalten, aber ins Teutsche übersetzet von Matthias Gottlob Sahren. Freyberg 1702. (Af. VIII. 753b4.)

781. Scheerer, Akadem. Bilder aus dem alten Freiberg. 1866. Freiberg, Engelhardt.

782. Ders. Tafellieder zur Nachfeier d. 100jähr. Jubiläums der Freiberger Bergakademie am 29. Juli 1867. Freiberg, Engelhardt.

783. Ders. Blumenspenden aus dem Garten der Wissenschaft zum bergakademischen Jubel=Commers in Freiberg 1867. Freiberg, Engelhardt.

784. Ders. Theorie und Praxis in Kunst und Wissenschaft, wie im Menschenleben. Festbeitrag zum 101jähr. Jubiläum der Freiberger Bergakademie 1867. Freiberg, Engelhardt.

785. von Trebra, F. W. H., Bergmeister=Leben und Wirken. Freiberg 1818. (Alt. Bb 60)

786. Trübsbach, Die über Christlichen Bergleuten Noch immer zu waltende gnädige Erhaltung und liebreichen Vorsorge GOttes des Obersten Berg=Herrns Wolte nach Anlaß der Worte Davids aus dem 145. Psalm V. 20 und heißen der HErr behütet alle die ihn lieben und wird vertilgen alle Gottlosen. Und an einem gantz neuen und wunderbahren Exempel Joh. Friedrich Müllers, von Freyberg in Meißen, Eines Christlichen Bergmanns, Welcher, als er Mittewochs, war der 10. Januarii Anno 1731 Abends um 7 Uhr an seine Arbeit hat gehen wollen, aber durch das ungestüme Winter=Wetter vom rechten Weg gekommen, irre gegangen und sich auf seine Zeche, die Gnade Gottes genannt, nicht hat finden können, sondern in einen alten Schacht 18 Ellen tief unvermuthet gefallen; lebendig aber und gesund erhalten auch Freytags drauf, war der 12. dieses Monats, gefunden und glücklich nach Hauße gebracht worden, zur heiligen Ermunterung für alle frommen Berg=leute und andere gottseelige Hertzen zum Lob und Preiß göttlichen Nahmens schriftmäßig beweisen und mit vielen andern hierher gehörigen sonderbahren Geschichten der alten und neuen Zeiten vorstellig machen M. David Gotthelff Trübsbach, E. M. R. M. C. Freyberg, gedruckt bey Christoph Matthaei. (Dresd. Bibl. Hist. Saxon. II. 249. 4.)

787. (Ungenannt) Bergaufzug betr.: Kurtze Nachricht von der Ordnung des Berg=Aufzugs in Freyberg am 9. Junii 1733 ad Contin. Der anderen Helffte Julii 1733. Cur. Sax. 1733, 194. (Af. XVI. 270b)

788. Desgl. Berggebräuche, alte sächsische. Sächs. Bergwerks=Zeitung 1853, Nr. 47 ff und 1854 Nr. 1 ff. (Verfasser: Benseler.)

789. Desgl. Berg=Kalender, Geschichtliches über den Freiberger. Freiberger Nachrichten 1853, Nr. 288. 1150. (Alt. Ba 132)

790. Desgl. Bergknappschafts=Lieder, Freiberger, Marienberger, Mansfeldische. 1794—1804. (Af. XIII. 446. 8.)

791. Desgl. Die Bergmeister zu Freyberg, in: Altes und Neues aus dem Erzgebürge 1747, 110 (Af. XI. 586.)

792. Desgl. Berg=, Wald= und Feldlied. Zum heutigen fidelen Feste am hiesigen Orte. Gedruckt in diesem Jahr. (Dresd. Bibl. Hist. Saxon. II. 250, 23.)

B. Darstellungen: 9. Bergmännisches Leben. 59

793. (Ungenannt) Beschreibung und Ordnung des großen Berg=
Aufzugs, welcher am 19. August 1739 zu Freyberg bey Anwesenheit beyder
Königl. Majestäten in Pohlen, Abends von 8 bis 12 Uhr gehalten worden.
Cur. Sax. 1738, 320. (Alt. B VI. 270d)

794. Desgl. Freiberger Eisenbahn=Phantasien am Stiftungsfeste des
bergmännischen Vereins den 12. April 1859, dem denkwürdigen Jahre, in
welchem die Freiberg=Tharandter Eisenbahn endlich gebaut werden sollte.
(Dresd. Bibl. Hist. Saxon. II. 250, 23.)

795. Desgl. Liste der Oberberghauptleute, in den Freiberger Nachrichten
1851, 582. (Alt. Ba 132) Vgl. Nr. 761.

796. Desgl. Silberwagen, der Freiberger. Freiberger Zeitung 1864
Nr. 18, Beil. (Alt. Ba 134)

797. Desgl. Freiberger Bier=Comment. 3. Aufl. Freiberg 1884.
Craz & Gerlach'sche Buchhandlung. (Alt. Bp. 23)

798. Desgl. Der unverdroßne Bergmann. Dreßduische Gelehrte An=
zeigen auf das Jahr 1757. XXIV. und XXV. Stück. (Alt. Bb 6)

799. Desgl. Geschichte und Beschreibung d. sächf. Bergbaues. Nebst
22 illum. Abbildungen der Sächs. Berg= und Hüttenleute in ihren neuesten
Staatstrachten. gr. 4. 1828. Zwickau (Ronneburg, Weber).

800. Desgl. Nachricht von verschiedenen merckwürdigen Geschichten so
sich in Freyberg und anderweits mit einer Anzahl Bergleuten, die man ins=
gemein die Klöditsche Bande nennet, und wie solche sind gefangen gesetzt wor=
den, zugetragen rc. Im Jahr 1767. 4. (Ohne nähere Druckangabe) (Alt.
Ba 156 b)

801. Desgl. Neu vermehrtes vollständiges Berg=Lieder=Büchlein, Welches
nicht allein mit schönen Berg=Reyhen, Sondern auch andern lustigen, so
wohl alt= als neuen Weltlichen Gesängen, Allen lustigen und frölichen Herzen,
zu Ergötzung des Gemüthes, versehen. (Gedruckt im Jahr. — Ohne nähere
Druck=Angabe. (Leipziger Universitätsbibliothek, Lit. germ. B 1143)

802. Desgl. Taschenliederbuch für Freiberger geognostische Exkursionen.
1871. Freiberg, Engelhardt.

803. Desgl. Zwei Bergreigen aus alter Zeit: Glück auf! Ein Jahr=
buch f. d. Erzgebirge, hsg. von H. Rösch, I. (1884), 11 f.

804. Veith, Heinrich, Deutsches Bergwörterbuch mit Belegen. Breslau,
Korn. 1870, 1871. 8.

805. W. Vg. Das Wernerfest in Freyberg den 24., 25. u. 26. Sept. 1850.
BHZ. 1850, 657.

806. Weickert, Dreißig Jahre hüttenärztlicher Praxis. JBH. 1884, 121.

807. Wilisch, M. Chr. Gotth., Freyberger Berg=Collecte. 1735. 4.

808. Ders. Jubel=Bergpredigt wegen des vor 600 Jahren zuerst rege
gewordenen Bergwerks zu Freyberg. 1757. 4.

809. Ders. Bergpredigt beym Friedensfeste. Leipzig 1763. 4.

810. Ders. Sarepta Freibergensis oder Freybergische Berg=Chronica,
das ist: Historische Beschreibung und Nachricht von dem Ursprung, Fortgang,
Wachsthum und gegenwärtigen Zustand des Bergwercks zu Freyberg. (Aver=
tissement, 3 Seiten 4. Dresd. Bibl. Hist. Saxon. II. 249) 1752.

811. **Wilisch**, M. Chr. Gotth., Jubel=Berg=Predigt, darinnen die wohl belohnte Bergmännische Treue zur Ermunterung der dießmal versammleten Knappschafft aus den gesammten Bergläufftigen Freybergischen Refieren bey Beschluß des Quartal Trinitatis 1749 aus Offenbarung St. Joh. 2, B. 20 vorgestellet worden auf inständiges Verlangen nebst einigen Beylagen in Druck gegeben. St. Annaberg, gedruckt bey August Valentin Friesen. Enthält: Borerinnerung, betr. die bergmännische Sprache, Bergliederbücher, Bergpredigten; Jubel=Berg=Predigt; Beilagen: I. Bergpredigt betr. (S. 27); II. Collecte vor das Bergwerck, welche Montags in allen Bet=Stunden zu Freyberg gesprochen wird; III. Geistlicher Berg=Reihen, welcher bey iedesmaligen Berg= und Quartal=Predigten und in den wöchentlichen Montags=Bet=Stunden, nebst der Berg=Collecte gesungen wird (28); IV. Berg=Gebet, welches nach dem Beschluß der Quartaliter gewöhnlichen Bergpredigten gesprochen wird (28); Gebet für das Bergwerck, welches bey allen Sonn= und Wochentags=Predigten, nach den allgemeinen Kirchen=Gebeten, gebrauchet wird (30); V. Musikalischer Glück= und Friedens=Wunsch bey der am 14. Junii 1749 gehaltenen Lerg=Jubel=Predigt zu Freyberg, abgestattet von Johann Friedrich Doles (31); VI. Bey der In Quartal Trinitatis 1749 den 14. Junii haltenden Quartals=Berg=Predigt wolte die durch hundertjährige Erinnerung von uns gegen Gott wohlerneuerte alte Treue, als einem zwar unscheinbaren, jedoch dem wahren Gehalt bergmännischer Aufrichtigkeit führenden Handstein, allen Bergwercks=Freunden präsentieren, der In Erb=Schachte des Gebürgischen Creyses aufahrende Bergmann (33); VII. Specification derer Ober= und Berg= auch Zehenden=Beamten, welche in vorherstehenden Seculo, do anno 1649 an, bis mit Schluß des 1748sten Jahres, allhier in Officiis gestanden, als: 1) Ober=Berg=Hauptleute, 2) Berg=Hauptleute, 3) Berg= und Berg=Commissions=Räthe, und zugleich Ober=Bergamts=Assessores, 4) Ober= Berg=Amts=Verwaltere, 5) Ober=Zehenduere, 6) Zehendnere, 7) Zehendnuer= Schreibere, 8) Bergmeistere, 9) Bergschreibere, 10) Ober=Einfahrere, 11) Stoll=Geschworne. VIII. Ein erfreuliches Berg=Geschrey auf den Freybergischen Refieren, von einem sehr reichen Anbruch auf dem Himmels=Fürsten, nebst einer kurtzen Beschreibung einer dabey in diesen Tagen erbrochenen kostbaren Schau=Stuffe (40). (Dresd. Bibl. Hist. Saxon. H. 250, 16 und H. 240. — Alt. Ba. 156 b)

812. **Brubel**, Sammlung bergmännischer Sagen. Freiberg 1883.
Vgl. **Heydenreich**, Eduard, Mitteilgn. aus der histor. Ltr. 1883, 287.
Ders. Krit. Vierteljahresber. d. berg- u. hüttenm. Ltr. 1882, 6.
Köhler, K(ein)bo(ld) Literar. Centralbl. 1883, Nr. 22.
(Ungenannt) BFA. XXIV. 1883, 139.

10. Familiengeschichte.

813. **Benseler**, Gustav, Die Freiberger Familiennamen. MFA. 3, 211. Vgl. auch Freiberger Zeitung 1864 Nr. 27 ff.

814. **Bülau**, Friedrich, Die von Allpeck. (Geheime Geschichten und räthselhafte Menschen. XII. 404 ff. (Alt. Be 93 m) Vgl. MRGA. 8, 52. 15, 94. 22, 92.

815. **Bursian**, Gustav, Die Freiberger Geschlechter. Eine historische Skizze. MFA. 2, 69.

816. **Fraustadt**, Alfred, Geschichte des Geschlechtes von Schönberg meißnischen Stammes. Erster Band: Die urkundl. Gesch. bis zur Mitte des 17. Jahrhunderts. Abt. A, 2. Ausg., 650 S. gr. 8. Abt. B mit neun Bildnistafeln 553 S. gr. 8. Leipzig 1878. (Alt Bd 312.) Vgl. das Inhaltsverzeichnis hierzu, Freiberg betr., von Eduard Heydenreich, MFA. 17, 116.

817. **Gautſch**, Zur Geſchichte und Wappenkunde Freiberger Geſchlechter. MFA. 6, 579.
818. **Gerlach**, Heinrich, Die Wappen hervorragender Geſchlechter aus Freibergs Vergangenheit. MFA. 5, 455.
819. **Haan**, Die Familie von Housberg. Mitteilungen des Geſchichts- und Altertums-Vereins zu Leisnig, Heft III., 28.
820. **Hallwich**, Die Kölbel von Geiſing (bergbautreibende Familie) ASG. 5, 337.
821. **Herzog**, E., Zur Geſchichte der Freiberger Patrizier-Geſchlechter. MFA. 3, 161.
822. **Heydenreich**, Eduard, Kurze Geſchichte des Kirchſpieles Leubnitz bei Dresden. Leipzig 1878 (die Alnpeck betr. Vgl. MFA. 15, 1518)
823. **Hingſt**, Die Kunecken (Kuncken) zu Freiberg. MFA. 16, 58.
824. (**Klotzſch**) D. Andreas Möllers Nachricht von dem Geſchlecht der Alnpecke. SVM. II. 1768, 185.
825. **Möller**, D. Möllers Nachrichten von einigen berühmten Geſchlechtern in Freyberg. FGM. 1809. 1812—1814.
826. (**Möller**) Verzeichniß des alten Hochlöblichen Geſchlechts derer von Gunterode. Beſchrieben von Andreo Mollero, in George Chriſtoph Kreiſig Beytr. zur Hiſtorie derer Sächſ. Lande 1758, 4. Teil, 41.
827. **Poeſchel**, Johannes, Eine erzgebirgiſche Gelehrtenfamilie (Lehmann) Beitrag zur Kulturgeſchichte des 17. Jahrhunderts. Leipzig 1883. Enthält unter anderem die Biographie von Petrus Lehmann, ſeit 1561 Schüler des Freyberger Gymnaſiums (Seite 1f) und von Dr. Johann Chriſtian Lehmann, Superintendent zu Freiberg S. 50ff. Über deſſen Kinder ſiehe bei. die angehängte Tabelle; vgl. Chriſtian Lehmanns ſen. weiland Pastoris zu Scheibenberg Hiſtoriſcher Schauplatz derer natürlichen Merckwürdigkeiten in dem Meißniſchen Ober-Ertzgebirge. Leipzig, in Verlegung Friedrich Lanckiſchens ſel. Erben druckts Immanuel Tietze im Jahre Chriſti 1699. 4. (Alt. Bc 96) und Poeſchel S. 121. —
   Vgl. **Ermiſch**, Neues Archiv für ſächſ. Geſchichte Bd. 5. 263.
   Ungenannt im Liter. Centralblatt 1884 Nr. 31, Sp. 1045.
   Wend, C., Deutſche Litrtg. 1884, Nr. 27, 966.
828. **Schmidt**, Jul., Die Glocken- und Stückgießerfamilie Hilliger. MFA. 4, 341. Vgl. MRSA. 3, 41. 28, 56. 30, 59.
829. **von Schönberg**, Bernh., Die von Schönberg'ſchen Grabdenkmäler zu Freiberg, insbeſondere im Dom und der Annen-Kapelle. MFA. 14, 1321. Vgl. MRSA. 20, 62.
830. **Derſ.** Geſchichte des Geſchlechtes von Schönberg Meißniſchen Stammes. Zweiter Band. Die Vorgeſchichte. Mit 10 Blatt Wappentafeln und 2 Stammtafeln. Leipzig 1878. (Alt. Bd 312)
831. (**Spangenberg**, Cyriacus) Hiſtoria von dem alten Geſchlechte derer von Molsdorff, genannt die Weller. Erfurt 1590. 4.
832. **Steche**, Richard, Das Hilliger'ſche Epitaph in der Thomaskirche zu Leipzig. MRSG. 3, 86.
833. **Theile**, Friedrich, Lockwitzer Nachrichten aus alter und neuer Zeit. Geſchichtliche und topographiſche Beiträge zur Heimatskunde von Sachſen, I. II. 1878. (wird fortgeſetzt). (Enthält Beiträge zur Geſchichte der Alnpeck) Vgl. MFA. 15, 1517.
834. (**Ungenannt**) Alnpeck und Münzer, die Patrizierfamilien, betr. Freiberger Anzeiger 1862, 889. 1863, 1100.

835. (Ungenannt) Die Familie Hartitzsch betr. Freiberger Anzeiger 1863, 1522.
836. Desgl. Die Familie von Honsberg und das Hospital Sct. Johannis. Freiberger Anzeiger 1863, 1355. Nr. 216.
837. Desgl. Einige Notizen über die Familie Silbermann. Freiberger Anzeiger 1861, Nr. 11.
838. Wernicke, Ewald, Zur Geschichte der Gießerfamilie Hilger in Freiberg, in: Anzeiger für Kunde der deutschen Vorzeit, Jahrg. XXVII., 1880, 252. 331.

11. Biographisches.
a. Mittelalter.

839. Bech, Fedor, Urkundliche Nachweise über das Geschlecht und die Heimat der Dichter Heinrich und Johannes von Freiberg, in Pfeiffers Germania XIX., 420. Vgl. von der Hagen, Minnes. Bd. 4, 613.

840. Bechstein, Reinhold, Ausgabe von Heinrichs von Freiberg Tristan (Deutsche Dichtungen des Mittelalters, Band V). Leipzig, Brockhaus. 1877. (Alt. Bm 63.)

841. Ders. Die Persönlichkeit Heinrichs von Freiberg betr., Ausgabe des Tristan Gottfrieds von Straßburg, 1869, gegen Ende. Vgl. Allgem. Deutsche Biographie VII. 335 und MFA. 10, 92.

842. Beyer, E., Den Freiberger Bürger Johann Lotzke betr. MFA. 5, 511.

843. Coith, Otto, Kunz von Kauffungen. Eine historische Skizze. MFA. 12, 1045. und 13, 1135.

844. Fietz, A., Heinrichs von Freiberg Gedicht vom heiligen Kreuz. Progr. des k. k. Staatsgymnasiums in Cilli 1881. Vgl. Alois Hruschka, Anzeiger für deutsches Altert. VIII., S. 308.

845. Gerlach, Heinrich, Andreas Kreul, erster Kanoniker zu Freiberg. MFA. 10, 923.

846. Gersdorf, Einige Actenstücke zur Geschichte des sächs. Prinzenraubes. Altenburg 1855.

847. Gurlitt, Cornelius, Ein Freiberger Dombaumeister. MFA. 15, 1511.

848. Hagen, von der, Ausgabe von Heinrichs von Freiberg Tristan, im 2. Band der Ausgabe Gottfrieds von Straßburg. Breslau 1823.

849. Ders. Ritterfahrt Johanns von Michelsberg, eine Dichtung Heinrichs von Freiberg. Herausgegeben in von der Hagens Germania II. S. 93—98.

850. Ders. Gedicht vom Schrätel und vom Wasserbären (nach Bechstein von Heinrich von Freiberg verfaßt), herausgeg. von, Gesamt-Abenteuer III., 269. Vgl. auch Goedeke's D. Dichtung im Mittelalter, Hannover 1854.

851. Heydenreich, Eduard, Johannes von Freiberg, ein vergessener mittelhochdeutscher Dichter, und sein Gedicht „Das Rädlein." MFA. 19, 22.

852. Hingst, Nickel Weller. MFA. 6, 636. Vgl. MRSA. 20, 105.

853. **Knauth, Paul,** Die Sage von Tristan und Isolde und ihre poetische Behandlung, insbesondere von Heinrich von Freiberg. MFA. 20, 50.

854. **von Langenn, F. A.,** Herzog Albrecht der Beherzte, Stammvater des königlichen Hauses Sachsen. Eine Darstellung aus der sächsischen Regenten-, Staats- und Cultur-Geschichte des XV. Jahrhunderts. Leipzig, 1838. (Alt. Bc 73) Hierin: Dom zu Freiberg vom Herzog Albrecht gegründet S. 402; Gruben in Freiberg ersäuft S. 436.

855. **Ders.** Züge aus dem Familienleben der Herzogin Sidonie. Dresden. 1852.

856. **Machatschek, Ed.,** Geschichte der Bischöfe des Hochstiftes Meißen in chronologischer Reihenfolge. Zugleich ein Beitrag zur Culturgeschichte der Mark Meißen und der Herzog- und Kurfürstenthümer Sachsen. Nach dem „Codex diplomaticus Saxoniae regiae", anderen glaubwürdigen Quellen und bewährten Geschichtswerken. Dresden, Meinhold u. Söhne. 1884.

857. **Ders.** Vier Bischöfe des Meißnischen Hochstiftes zu Ende des 14. und zum Beginn des 15. Jahrhunderts, in: Neues Lausitzisches Magazin, herausgeg. von Schönwälder. 5. Bd. 2. Heft. (Görlitz 1879. Enthält mehrere Beiträge zur Geschichte der Sächs. Diöcesen, insbes. Freiberg betr. Vgl. MFA. 17, 126; **Haan, Wilh.,** Die Episcopal-, Konsistorial- und Diöcesan-Verfassung in Sachsen 1880. MFA. 18, 110 und **Posse, Otto,** Die Markgrafen von Meißen und das Haus Wettin 1881. MFA. 19, 146.

858. **Ders.** Drei Bischöfe des Meißner Hochstiftes aus dem XV. Jahrhundert. Enthält die Biographie des Caspar von Schönberg und des Dietrich III. von Schönberg. Neues Lausitzisches Magazin, herausgeg. von Schönwälder 1882. S. 261. 320. Vgl. MFA. 20, 109.

859. **von Mergenthal, Hans,** Gründliche und wahrhaftige beschreibung der löblichen und ritterlichen Reise und Heerfart in das heilige Land nach Hierusalem des Herrn Albrechten, Herzogen zu Sachsen ꝛc., herausgeg. durch Hieronymus Weller. Leipzig 1586. (Alt. Bd 281 b) Vgl. **Mencken s** Scriptt. Th. 2, S. 2103 ff. und **Adelungs** Directorium. (Alt. Bc 2) S. 217 f.

860. **Müller (Myller), Christoph Heinrich,** Ausgabe von Heinrichs von Freiberg Tristan, in: Sammlung deutscher Gedichte aus dem 12., 13. und 14. Jahrhundert. 1795, Band 2.

861. **Pfeiffer, Fr.,** Ausgabe von Heinrichs von Freiberg Gedicht vom heiligen Kreuz, in: Altdeutsches Übungsbuch 1866, S. 126—135.

862. **(Pfeiffer),** Über die Sprache Heinrichs von Freiberg vgl. Fr. Pfeiffer in Pfeiffers Germania II. 254. Vgl. A. **Hruschka:** Anzeiger für deutsches Alterthum VIII. 302 ff, **Goedeke,** Grundriß I. 75. W. **Grimm,** Zur Gesch. des Reims S. 19.

863. **Pfotenhauer, P.,** Johannes Lopke. MFA. 6, 635.

864. **Rachel, M.,** Woher stammt Heinrich von Freiberg. MFA. 16, 56.

865. **Röhricht, Reinhold,** und **Meißner, Heinrich,** Deutsche Pilgerreisen nach dem heiligen Lande. Berlin 1880. (Darin die Wallfahrten der Freiberger Dietrich und Hans und Caspar von Mergenthal.) Vgl. MFA. 2, 93 und Röhricht und Meißner im NASG. IV. 1883, 343. Vgl. auch Reinhold Röhricht, Beiträge zur Geschichte der Kreuzzüge II. 1878, Seite 333. (FGflb. X. 8. 852 b)

866. **Rüdiger, Carl Aug.,** Nachlese zu dem Leben Nicol Monhaupts. MFA. 5, 505. Vgl. MRSA. 8, 42. 16, 80. 20, 75.

867. **Schäfer**, Der Montag vor Killiani vor vierhundert Jahren. Dresden 1855.

868. **Schreiter, Chrph.**, Die Geschichte des Prinzenraubes. Leipzig 1804. Die ältere Litteratur des Prinzenraubes siehe bei Weinart, Versuch einer Litr. der Sächs. Gesch. II., 205 ff.

869. von **Laura, Elfried**, Friedrich der Freudige. Ein Heldenbild in freien Liedern. Zum Besten der Nothleidenden im sächs. Erzgebirge. Freiberg, J. G. Wolf. 1856. II. 4. (Alt. Bm. 67) Erste Abteilung: Freiberg. (Gesang I.—XIX. (bis S. 106)

870. **Toischer, Wendelin**, Die Persönlichkeit Heinrichs von Freiberg betr. Mitteilungen des Vereins für Geschichte der Deutschen in Böhmen XV., 149. Vgl. denselben in Zeitschrift f. deutsches Altertum XXI., Anzeiger dazu 110.

871. **Backernagel**, Herausgabe des Gedichtes vom Schrätel und vom Wasserbären (nach Bechstein von Heinrich von Freiberg verfaßt) in Haupts Zeitschrift VI., 174.

872. **Begele, Franz**, Friedrich der Freidige, Markgraf von Meißen, Landgraf von Thüringen, und die Wettiner seiner Zeit. Nördlingen 1870. (Alt. Bc. 124)

873. **Wernicke, E.**, Paul Lindener aus Mittweide, Stadtschreiber zu Freiberg, betr. Anzeiger f. Kunde der deutschen Vorzeit 1881, S. 80. MRSA. 15, 21. 16, 81.

874. **Wiegandt, Friedrich**, Heinrich v. Freiberg in seinem Verhältnis zu Eilhart u. Ulrich. Rostocker Doctordissertation 1879. Vgl. Heinzel, Anz. f. deutsches Altertum. VIII. (1882), 207.

875. **Wollan, R.**, Heinrich von Freiberg betr.: Die Ritterfahrt Johanns von Michelsberg (Einleitung und Übersetzung). Mitteilungen des Nordböhmischen Excursions-Clubs. Redigiert von Prof. A. Paudler. Sechster Jahrg. Erstes Heft. Böhm. Leipa 1883. (Selbstverlag des Vereins)

b. Reformationszeit.

876. **A. L.**, Hieronymus Magdeburger, Schmiedemeister zu Freiberg betr. MRSA. 12, 54.

Vgl. **Hauschild**, Beitrag zur neuern Münz- und Medaillen-Geschichte, S. XXXIV. Nr. 35 und Bolzenthal, Skizzen zur Kunstgeschichte der modernen Medaillenarbeit, S. 136.

877. **Baumgarten-Crusius**, De Fabricii vita et scriptis. Meissen. 1839.

878. **Ders. Johann. Rivii Attendorn. vita descr. a G. Fabricio.** Meissen 1843. — Vgl. auch Karl Aug. **Engelhardt** Tägliche Denkwürdigkeiten aus der Sächs. Gesch. I., 6 (Alt. Bc 83a)

879. **Becher, F. L.**, Die Mineralogen Georg Agricola zu Chemnitz im sechzehnten und A. G. Werner zu Freyberg im neunzehnten Jahrhundert. Freyberg 1819. (Alt. Bb 61 und Af. XII. 206, 8.)

880. **Böttcher, Carl Julius**, Germania Sacra. Ein topographischer Führer durch die Kirchen- und Schulgeschichte deutscher Lande. Zugleich ein Hilfsbuch für kirchengeschichtliche Ortskunde. Leipzig 1874 u. 75. Hierin

S. 596 ff. Personalnotizen üb. Nik. Hausmann, Hieron. Weller, Kurf. Moritz, Kurf. August, Jak. Schenk, Joh. Avenarius (Habermann), Petr. Mosellanus (Schade), Joh. Rhagius Aesticampianus, Joh. Rivius (Bachmann), Erasm. Sarcerius, Tob. Clausnitzer, Adam Rechenberger, Andr. Hammerschmidt, Gottfried Silbermann, Franz (v.) Baader, Friedr. v. Hardenberg (Novalis), Heinrich Steffens, Karl von Raumer, Ghlf. Heinr. (v.) Schubert. — Dazu Bemerkungen Braunsdorf betr. S. 600. — (Alt. Bd 309)

881. Bülau, Friedrich, Hieronymus von Alluped, in: Geheime Geschichten und rätselhafte Menschen IX., 1864, S. 452 ff.

882. Ders. Die lutherische Geistlichkeit Sachsens vom 16. bis 18. Jahrhundert. Mitteilungen der deutschen Gesellschaft zur Erforschung vaterländischer Sprache und Altertümer in Leipzig. 4 Bd. Leipzig. 1874. (Alt. Bd. 340) Enthält zerstreute biographische Notizen über die Geistlichen von Freiberg und Umgegend.

883. C. A. J. Verteidigung der Freybigerischen geheimen Geschichte Herzog Heinrichs des Frommen zu Sachsen, in Hasche's Magazin der Sächsischen Geschichte. 1789, VI. S. 250 ff. u. 314 ff. (Al. XVI. 276 f. 8.)

884. Distel, Theodor, Das Testament des Kurfürsten Moritz. ASG. NF. VI., 1880, 108 ff.

885. Ders. Der Flacianismus und die Schönburg'sche Landesschule zu Geringswalde. 1879. Den Freiberger Diac. Schäfer betr. S. 18, Amtsprediger Schütz betr. S. 22. Vgl. MFA. 18, 118.

886. Ermisch, Hubert, Herzogin Ursula von Münsterberg. Ein Beitrag zur Geschichte der Reformation in Sachsen. NASG. III. 1882, 290. Vgl. Perlbach ebenda IV. 1883, S. 346 ff.

887. F. Die Biographie von Churf. Moritz betreff., welche Hans Prutz im „Neuen Plutarch", 9. Teil. 1882, herausgeg. von Gottschall", geliefert hat, und speziell über die in ihr berührten Freiberger Verhältnisse. Literar. Centralblatt 1883 Nr. 14.

888. Falke, Joh., Freiberger Hospitalpfarrer: Bäuerlein, Steffan betr. MASA. 15, 95.

889. Fiedler, Dan., De Joh. Rhagio Aesticampiano 1703.

890. Freyberg, Christ. Aug., Anecdota zu Herzog Heinrich des Frommen Leben Dresden 1735. (Alt Bc 38 und Al. XI. 352. 4.)

891. Freydiger, Bernhard, Kurze Verzeichniß etliches Thuns Herzog Heinrichs zu Sachsen, in: Glasen, Kern der sächs. Gesch. 1737 S. 131 ff. (Alt. Bc. 22). — Vgl. Hingst, MFA. 10, 881. (s. oben Nr. 326.)

892. Froelund, Vita Mag. P. Schade. Hafne 1712 f.

893. Gottleber, De Joanne Rivio. 1771. (Alt. Ba 154)

894. Herzog, E., Ein Beitrag zur Reformationsgeschichte: Die Flucht der Nonne Ursula, einer Herzogin von Münsterberg, aus dem Freiberger Magdalenen-Kloster betr. MFA. 19, 105.

895. Ders. Georg Agricola. Ein culturgeschichtliches Lebensbild. MFA. 4, 365.

896. Hingst, Dominicus Beyer. MFA. 6, 638.

897. Horstius, Vita Petri Mosellani. 1693.

898. **Jahn**, C. Aug., Versuch einer Lebensbeschreibung v. J. Rivius. 1792. Vgl. auch: G. H. **Rosenmüller**, Lebensbeschreibung berühmter Gelehrten des 16. Jahrhunderts. 1800.

899. von **Langenn**, F. A., Christoph von Carlowitz. Eine Darstellung aus dem XVI. Jahrhundert. Leipzig 1854. (Alt. Bc 75). Ausschußversammlung der Stände zu Freiberg 1546 betr. S. 150.

900. Derf. Doctor Melchior von Offa. Eine Darstellung aus dem XVI. Jahrhundert. Leipzig 1858. (Alt. Bc 76)

901. Derf. Moritz, Herzog und Kurfürst zu Sachsen. 2 Teile. Leipzig 1841. (Alt. Bc 74)

902. **Moller**, M. Sam., De Henrici pii meritis in Freibergam, Freib. 1737. fol. (nach Weinart, Versuch einer Ltr. II., 328.)

903. **Müller**, Georg, Paul Lindenau der erste evangelische Hofprediger in Dresden. Leipzig 1880 (Alt. Bf 93)

904. **Münsterberg**, Ursula von, Der Durchleuchtigen, hochgebornen F. Ursulen Herzogin zu Mönsterberg 2c. Gräfin zu Glatz 2c. Christliche vrsach des verlassen Klosters zu Freyberg. Am Schlusse: Gedruckt zu Wittenberg durch Hans Lufft 1528. 6 Bogen 4. (Dresd. Bibl. Hist. eccles. E. 553, 61.) Zweiter Abdruck, bei Georg Wachter in Nürnberg. 1529. (Dresd. Bibl. Hist. eccles. E. 553, 61 b) Vgl. **Ermisch**, Herzogin Ursula von Münsterberg, S. 310 ff.: Martin Luther, Sämmtliche Werke LXV. (Frankfurt a. M. und Erlangen 1855) 131 fgg.

905. **Robbe**, Carl Fr. Aug., Heinrich der Fromme. Ein Beitrag zur sächf. Reformations-Jubelfeier anno 1839. Leipzig 1839. (Alt. Bc 54)

906. **Robbe**, Hnr. F. A., Dr. Hieronymus Weller von Molsdorf, der Freund und Schüler Luthers. Leipzig 1870. (Alt. Bd, 221) Vgl. Welleri Opera latina et germanica in 2 Bänden in Folio ed. Lämmel, praefat. Carpzov. Leipzig 1702.

907. **Pfotenhauer**, P., Gußrechnung Hilliger'scher Glocken in Frauenstein. MFA. 6, 645.

908. **Rüdiger**, Carl Aug., De Joannis Boceri Fribergo in Misnia. Freiberger Schulprogramm zum 14. Juli 1822. Fribergae, ex offic. Gerlach. II. 4. 11 S.

909. Derf. Probe einer Ausgabe und Übersetzung von Johann Bocers Fribergum in Misnia. Freiberger Schulprogramm vom 30. April 1830. Freiberg, gebr. bei Gerlach. II. 4. 16 S.

910. Derf. Über Johann Bocers Gedicht Fribergum in Misnia. Vortrag, gehalten in der Versammlung des Kgl. Altertumsvereins den 10. Dec. 1860. MKGA. 12, 59.

911. **Reutters**, Leonhard, Geschichte und ritterliche Thaten sampt den dreizehn Heerzügen und Begrebnis des Durchl. hochgebornen Fürsten und Herrn Moritzen, Herzogen zu Sachsen, — so seine Churfl. Gnaden mannlich vnd ritterlich vollbracht vnd begangen. Inn Sprüche verfaßt 1553, 4. — Die Leichpredigten beim Begräbnis siehe in Hausens bustis (vgl. unten unter: c. Zeit der Leichpredigten). Ueber die frühere Litteratur überhaupt, Churf. Moritz betr. vgl. **Weinart**, Versuch einer Ltr. der Sächs. Gesch. II. 329 ff.

912. **Schmid,** Osw. Gottlob, Nicolaus Hausmann, der Freund Luthers. Leipzig 1860. (Alt. Bd 131.)

913. **Schmidt,** O. G., Petrus Mosellanus 1867.

914. **Schreber,** J. D., Vita Fabricii. Leipzig 1717. Vgl. Scholtze in Mitteilungen des Vereins für Chemnitzer Geschichte, III. 1882. 4.

915. **Schulz,** H., Lebensbeschreibung des P. Mosellanus. Leipzig 1724.

916. **Schw.** Kurfürst Moritz. Freiberger Anzeiger und Tageblatt 1853. Nr. 166 ff.

917. **Seidemann,** Joh. Karl, Erläuterungen zur Reformationsgeschichte durch bisher unbekannte Urkunden. Dresden 1844. 8. Enthält unter Nr. XIV. Die Herzogin Ursula von Münsterberg und ihre Flucht aus dem Kloster S. Mariae Magdalenae de poenitentia zu Freiberg, S. 105 ff. (Dresd. Bibl. Hist. eccles. E. 825.) Nachträge dazu von demselben bei de Wette, Luthers Briefe VI., 504, in seinen Lutherbriefen 64, in seinem Buch über Dr. Jakob Schenk 5 und im Sächs. Kirchen- und Schulblatt 1876 Nr. 42 und Nr. 52. Vgl. Möller, Theatr. Freiberg. Chron. I., 216; v. Seckendorff, Commentarius (1694) II., 123 (deutsche Ausgabe II., 930); Wilisch, Kirchenhist. von Freiberg I., 95. SBN. VII., 49.

918. **Ders.** Heinrich der Fromme, Sächs. Kirchenzeitung, Jahrg. II. 1840, Nr. 83, 84. Vgl. oben Nr. 129.

919. **Ders.** Paul Lindemann, Hofprediger Heinrichs des Frommen, in: Sächs. Kirchenzeitung V. 118 ff. 354 ff. vgl. 270 ff.

920. **Ders.** Dr. Jacob Schenk, Freibergs Reformator. Leipzig 1875. (Alt. Bb 179.) Vgl. Sächs. Kirchenzeitung 1877, 253 ff. 261 ff., auch MKSA. 18, 107.

921. **Stichart,** Fr. O., Galerie der Sächsischen Fürstinnen. Leipzig 1857. Hierin: Katharina von Mecklenburg, Gemahlin Heinrichs des Frommen, S. 229 ff. (Alt. Bc. 145.)

922. **Strunzii,** Frid., Oratio, gloriam Henrici Pii, Sax. duc. a Bernh. Froydigeri calumniis vindicans. Vit. 1714. 4.

923. **Süß,** Dr. Hieronymus Weller von Molsdorf, in MJA. 10, 928.

924. (**Ungenannt**) Von der Bergbaulust Herzog Heinrichs des Frommen. FGM. 1801, 9.

925. **Desgl.** Ein Bittschreiben Dr. Hieronymus Wellers an Churf. Augustum (gez. Freyberg 1555), in: Altes und Neues von Sachsen 1. Stück 1727, 1.

926. **Desgl.** „Herzog Heinrich der Fromme zu Freyberg bestellt eine Kirchen- und Schulvisitation zu Einführung der Reformation in seinen Landen." FGM. 1812, 261.

927. **Desgl.** Klaglied der Durchlauchtigsten Hochgebornen Fürstin vnd Frawen, frawen Agnes, gebornen Landtgreffin zu Hessen... Ein ander Klaglied Teutschlandes Jnn dem selben Thon. Anno MDLIII. Gedruckt zu Alten Dreßden. 4. (Alt. Ba 8.) Der letzte Vers Freiberg betr. Vgl. R. v. Liliencron, Die historischen Volkslieder der Teutschen vom 13. bis 16. Jahrhundert. Bd. IV. S. 589.

928. **Voigt,** Georg, Moritz v. Sachsen 1541—1547. Leipzig 1876 8.

68   B. Darstellungen: 11. Biographisches. b. Reformationszeit.

929. Weber, Karl von, Zur Lebensgeschichte der Herzogin Katharina
v. Sachsen, Gemahlin Herzog Heinrichs des Frommen. NSG. VI. 1868, 1.

930. Weiße, Christian Ernst, Versuch einer Geschichte Heinrichs des
Frommen, Herzogs zu Sachsen, in: Museum f. b. Sächs. Gesch., herausg.
von Weiße. 1. Bd. 2. Stück, 163. Über die Litteratur, Heinrich den Frommen
betr., vgl. noch: Böttiger=Flathe, Geschichte Sachsens. 2. Aufl. 1. 573 ff.;
Kreysigs histor. Biblioth. von Obersachsen 102; Weinart, Versuch einer
Ltr. der Sächs. Gesch. II. 1791, S. 327 f.

931. Wintzer, Historia pugnae infelicis: inter illustriss: principem
et dominum D. Mauricium sacri imp. rom. Archimarschalchum etc. et
Albertum Marchionem Brandenburgensem, D. Mauricij mortem continens
et sepulturam. Carmine reddita a Thoma Wintzero Dresdense.
Eiusdem Ecloga de eadem pugna. Excussa Lipsiae, in offecina Jacobi
Berwaldi. Anno Domini MDLIV.

932. Ders. Die Historia der unglückseligen Schlacht, zwischen Hertzog
Albrechten Marggraffen zu Brandenburg, vnd dem durchlauchtigsten vnnd
hochgebornen Fürsten vnd Herrn H. Hertzog Moritzen Churfürsten zu Sachsen ꝛc.
sampt seinem Tode vnd begrebnis. Auffs new in reim zugericht vnd
beschrieben im MDLIII. Jar. Durch Thomam Wyntzer von Dresden. 18 Bl.
4. Gedruckt bey Jacob Berwald, Leipzig 1553. (Berliner Bibl. Ye 2581;
Wolfenbüttler Bibl. Quodlib. 160. 10, 4. Nr. 31)

c. Zeit der Leichpredigten.

933. Andreas, Joseph, Himmelwagen der gläubigen Kinder Gottes.
Bey dem .. Leichenbegängnis der Erbarn und Viel Tugendsamen Frawen
Rosinen, des weiland Ehrenvesten, Wolgeachten und Fürnehmen Herrn
Otto Benewitzens, Vornehmen Bürgers und Handelsmannes in Freyberg
seligen hinterlassenen Wilben. Gedruckt zu Freyberg bey Georg Beuther. —
1652. 4. (FGflb. Cl. III. Nr. 100 D). Vol. XIX., desgl. Leichpredigten
Bd. 4 und Bd. 10.)

934. (Bale) Leichpredigt Bey Sepultur des Weiland Ehrenvesten vnd
Mannhaften Ehrn Friederich Rudolphen von Freyberg, Kriegs=Officirern
vnd Fourirern, Welcher zu Grim verstorben, durch Reinhardum Bakium, SS.
Theol. D. anitzo zu Grim Superattendenten vnd Pastoren. (Gedruckt zu
Leipzig bey Henning Kölern. — 1634. 4. (FGflb. Leichpredigten Bd. 8.)

935. Benewitz, Otto, Leichpredigt beim Tod des Herrn M. Jo=
hannis Fritzschens, Frühe=Predigers bey der Kirchen zu S. Nicolai in
Freyberg. 1666. 4. (FGflb. Leichpredigten Bd. 0.)

936. (Benewitz, Otto, u. a.) Schola Freibergensis conclamans in
funestissima contumulatione viri clarissimi nec non doctissimi Dni. M.
Davidis Quelmaltii, Freibergensis, Rectoris sui per integrum ferme
bilustre, dum licuit, meritissimi. Freiberg, Georg Beuther, 1652. 4. (FGflb.
Leichpredigten Bd. 4.)

937. Bidermann, M. Johann Gottlieb, Die Erste Nachlese von Ge=
lehrten Freybergern. Freyberg, gedruckt mit Matthäischen Schriften. LXXIII.
— Progr. 4. Ohne Jahresangabe. (Af. XII. 149. 4. und Dresd. Bibl.
Hist. Saxon. H. 250, 56.) Enthält biographische Notizen über folgende
geborene Freiberger: 1. Sebast. Archimagirus oder Küchenmeister, Rector

der Universität Wittenberg 1512. — 2. Wolfgang Auherr, Rector bey der Stadtschule zu Grimma, dann Pfarrer, † 1606. — 3. Casp. Böhme, Pfarrer † 1679. — 5. Joh. Gottlob Erlmann, Pastor † 1743. — 6. Francisc. Faber, prof. medic. zu Wittenberg und Rector der dortigen Universität † 1543. — 7. Sam. Fetzer, 1612 Pastor zu Rothenberg. — 8. Pastor M. Andr. Franke † 1681. — 9. Carl Frischmann, Pastor in Geysing † 1650. — 10. Pastor M. Christian Friedr. Fritzsche † 1750. — 11. Bern. Hederich, Rector an der Domschule in Schwerin † 1605. — 12. M. Christian Heider, seit 1678 Pastor in Zörbig. — 13. D. Casp. Heinr. Horn, Appellationsrat und Ordinarius der Juristen-Facultät zu Wittenberg † 1718. — 14. M. Barthol. Heidenreich, Superintendent zu Weissenfels seit 1576. — 15. Oswald Hilliger, berühmter Jurist, Professor an der Universität Jena † 1610. — 16. Pastor M. N. Hobelt, 17. Jhdt. — 17. Pastor George Jenichen † 1655. — 18. David Jenichen, Jurist, geb. 1622. — 19. Heinrich Junghans, Feldprediger 1643. — 20. Archidiaconus David Köhler † 1615. — 21. D. Johann Gottfried Krause, berühmter Jurist, † 1730 als prof. publ. pandect. zu Wittenberg. — 22. Pastor M. Oswald Kronberger † 1669. — 23. Pastor M. Gttfr. Lindner, seit 1701 in Gera thätig. — 24. Christoph Lempel, Canonicus bei der Stiftskirche zu Cölln an der Spree, 17. Jhdt. — 25. Mart. Leuschner, 1623 Rector und Professor am Stettiner Gymnasium. — 27. Joh. Marcellus. — 28. Wolf Casp. Martini, 1680 Churf. Sächs. Geheimer Rat. — 29. D. Joh. Gottlieb Naumann, Berg-Commissions-Rat, Stadt-, Amt-, Land- Berg-, Hütten- und Saigerhütten-Physicus zu Freiberg † 1756. — 30. M. Petrus de Freiberga, 16. Jhdt. — 31. Pastor Petr. Pfeil, geb. 1638. — 32. Pfarrer M. Ad. Gottlieb Reissner, 18. Jhdt. — 33. Pastor Christian Rothe † 1637. — 34. Wolfg. Schaller, Prof. u. Rector an der Universität Wittenberg, 17. Jhdt. — 35. Friedrich Schebe, Pfarrer † 1684. — 36. Caspar Schilling, 1580 Pastor zu Kirchhayn. — 37. David Schirmer, Churf. Bibliothecarius zu Dreßden, 17. Jhdt. — 38. M. Friedr. Schmieder, Prediger † 1711. — 39. August Schneider, Ratsherr zu Güstrow † 1670. — 40. Jonas Schumann, Prediger † 1506. — 41. M. Johann Sperber, Pastor 1611 zu Auerstädt. — 42. Johann Christoph Süsse, Pastor † 1728. — 43. Pastor M. Casp. Christian Tieftrunk † 1705. — 44. Daniel Valentin, Pastor † 1582. — 45. Nicol Voigtel, geb. 1658. — 46. Jacob Wagner, Pfarrer † 1630. — 47. Joh. Wendheim, Pastor † 1613. — 48. Mich. Mart. Wirth, Pfarrer † 1682. — 49. M. Joh. Casp. Wollenstein, Pastor zu Ottendorf, von einer Diebesbande überfallen und erschossen 1715. 50. Andr. Zörler, Pastor † 1833.

938. Bocatius, M. Adam, Leichpredigt des Gabriel Schönlebe. Gedruckt zu Görlitz, durch Johann Rhambaw. 1598. 4. (FGslb. Leichpredigten Bd. 15.)

939. (Buläus, Chr., u. a.) Ehren-Gedächtnis des Hn. Georg Beuthers, Vornehmen alten Bürgers, Buchdruckers und Buchhändlers zu Freyberg. 1667. 4. Gedruckt durch Melchior Bergens Schrifften, Dresden. (FGslb. Leichpredigten Bd. 5.)

940. Buläus, Christoph, Leichpredigt beim Tode von Christoph Seidel, Auff Braunsdorff, Churst. Drchl. zu Sachsen wolbestalter Hof-Justitien- und Ober-Sächsischer Creiß-Secretarius. Dresden. Gedruckt durch Melchior Bergens Witwe u. Erben. 1672. 4. (FGslb. Leichpredigten Bd. 7.)

941. Ders. Leichpredigt beim Ableben der Edlen Frauen Elisabethen, geborner Schönleben, Herrn Christoff Seidels sel. auf Braunsdorff hinterl. Wittben. Dreßden, Melchior Bergen. 1674. 4. (FGslb. Leichpredigten Bd. 7.)

70 B. Darstellungen: 11. Biographisches. c. Zeit der Leichpredigten.

942. Cocus, Mart., Frühprediger zu S. Petri, Leichenpredigt für Frau Regina Thorschmied. Freiberg, Georg Beuther. 1633. 4. (FGslb. Cl. III. Nr. 99 Vol. XVIII. u. Leichpredigten Bd. 2 und Bd. 8.)

943. Cranivelb, Leichenpredigt auf Anna Knaute, 1624. (Zittauer Stadtbibliothek.)

944. Delitsch, Nicol. Hausmann. Zeitschr. v. Harleß für Protestant. und Kirche. 9. Band. 1845. S. 357 ff.

945. Dibelius, Gottfried Silbermann. MJA. 19, 91.

946. Dietmann, Gottlob, Die gesamte der ungeänderten Augsb. Confession zugethane Priesterschaft. Dresden und Leipzig, 1725. (Den Freiberger Superintendent Dr. Joh. Christian Lehmann betr. S. 392 ff. Vgl. auch Jöcher II., S. 2341.)

947. Drabitius, Abr., Leichenpredigt beim Tod von Gottfried Berßman, Stiefsohn des Herrn Aug. Prager. Freiberg, Georg Beuther. 1637. 4. (FGslb. Leichpredigten Bd. 2 und Bd. 9.)

948. Fischer, Friedr., Leichpredigt Bey dem Volckreichen Trawerbegängnüs des Herrn Ludwigk Schönlebens von Freybergk. Welcher den 4. Februarij dieses 1607. Jahres, unter seinem beruff, auff der Weißwässerischen Heyden, anderthalb meilwegs von Nymbis, von etlichen Ertzmördern und Straßenräubern feindtseliger weise erschossen, vnd von dannen anhero nach Budissin gebracht, vnd folgends den 9. diß Monats, Christlichen brauch nach, zur Erden bestattet worden ist. Gedruckt zu Budissin, bey Nicolao Zipsern. 4. (FGslb. Leichpredigten Bd. 11.)

949. Fischer, J. G., Einige Nachrichten von dem berühmten Orgelbauer Gottfried Silbermann in Freyberg u. seinen Werken. FGN. 1800, 79.

950. (Francke) Leichenpredigt beim Tod des Wolffen von Schönberg Auff Nawensorg, Knauthain vnd Franckenbergk ꝛc. Churf. Sächs. Rahts, der Ertzgebirg Oberhauptmanns ꝛc. durch M. Joachimum Francum, in der Stadt Mittweyd Pfarreren. — Gedruckt zu Leipzig Bey Johan Beyer 1584. 4. (FGslb. Leichpredigten Bd. 11.)

951. Garthius, Helvicus, Der heil. Schrifft Doctor, Pastor vnd Superattendent, Zwo Leichpredigten Bey den Leichbegengnüssen des ... Errn Georgii Groussens, gewesenen Pfarrers zu S. Jacob in Freyberg ... vnd seiner lieben Haußfrawen Catharinen. Gedruckt zu Freybergk, bey Georg Hoffman, 1610. 4. (FGslb. Cl. III. 4. Nr. 97. Vol. XVI.)

952. Ders. Leichpredigt Bey dem Leichbegengnüß des ..Errn Abraham Metzners, gewesenen Pfarrers zu S. Johannis zu Freybergk. Gedruckt zu Freybergk, bey Georg Hoffman. — 1610. 4. (FGslb. Class. III. 4. Nr. 97. Vol. XVI.)

953. Ders. Leichpredigt der Frau Sidonie Prager. Freyberg, Georg Hoffman. 1612. 4. (FGslb. Leichpredigten Bd. 15.)

954. Ders. Leichpredigt Bey der Leichbestattung des Herrn Gottfried Schönlebens, Vornehmen Bürger vnd des Raths zu Freybergk. Gedruckt zu Freyberg, bey Georg Hoffman, 1613. 4. (FGslb. Class. III. 4. Nr. 97. Vol. XVI. und Leichpredigten Bd. 15.)

955. Ders. Leichpredigt bey dem Leichbegengnuß des Herrn Kiliani Steglens, gewesenen vornehmen Bürgers zu Freybergk. Gedruckt bey Georg Hoffman, 1613. 4. (FGslb. Class. III. 4. Nr. 97. Vol. XVI. und Leichpredigten Bd. 15.)

B. Darstellungen: 11. Biographisches. c. Zeit der Leichpredigten. 71

956. Gentreff, Abraham, Leichpredigt Bey dem Leichbegängnüß des Herrn M. Andreae Balduini, Archidiaconi in der Thumbkirchen zu Freybergk. Gedruckt Freybergk, bei Georg Hoffman. 1616. 4. (FGflb. Class. III. 4. Nr. 97. Vol. XVI. und Leichpredigten Bd. 15.)

957. Derf. Leichenpredigt beim Begräbnis des Johan Blumens, Alten Bürgers vnd Balbierers in der Churf. Sächf. löblichen Häupt Bergkstadt Freybergk. Freiberg, Georg Hoffman. 1620. 4. (FGflb. Leichpredigten Bd. 1.)

958. Derf. Leichenpredigt des Wolff Heinrichs von Brand, der dreyen löblichen Evangelischen Herren Stände des Königreiches Böhmen gewesenen Krieges Häuptmans, Welcher im Jahr Christi 1619 den 31. Augusti zu Praga verschieden, Vnd den 19. Sept. in der Thumbkirchen zu Freybergk bestattet worden. Freiberg, Georg Hoffman. 1619. 4. (FGflb. Leichpredigten Bd. 1.)

959. Derf. Leichpredigt bei der Bestattung der Frawen Barbara, des ... Herrn Valentin Buchführers, des Raths in Freybergk, geliebten Eheweibe. Freyberg, Georg Hoffman. 1627. 4. (FGflb. Leichpredigten Bd. 1 und Bd. 8.)

960. Derf. Leichpredigt beim Begräbnis der Frawen Dorothea, des ... Herrn Balthasar Eschers, Etzlicher fremdden vnd ausländischen Gewerken Factorn vnd Schichtmeisters zu Freybergk, Ehelichen Haußfrawen. Freiberg, Georg Hoffman. 1620. 4. (FGflb. Leichpredigten Bd. 1.)

961. Derf. Leichpredigt beim Begräbnis des Frühpredigers zu St. Petri Johan Friedrich Göbelman. — Freiberg, Georg Hoffman. 1627. 4. (FGflb. Leichpredigten Bd. 1 und Bd. 14.)

962. Derf. Leichpredigt bei der Bestattung des Herrn Georg Griebens, des Raths in der Löblichen Bergkstadt Freybergk. Freiberg, Georg Hoffman. 1627. 4. (FGflb. Class. III. Nr. 98. Vol. XVII. und Leichpredigten Bd. 1 und Bd. 8.)

963. Derf. Leichpredigt bei der Bestattung der Frawen Annen, des Ehrwürdigen, Achtbarn vnd Wolgelahrten Herrn M. Gabriel Gütners, des Eltern, Pfarrers zu S. Jacob, in Freybergk, geliebten Eheweibes. Freiberg, Georg Hoffman. 1624. 4. (FGflb. Class. III. Nr. 98. Vol. XVII. und Leichpredigten Bd. 1 und Bd. 14.)

964. Derf. Leichpredigt bei der Bestattung des Herrn Johann Helbig, des Raths vnd Hospitalmeisters zu Freybergk. Freiberg, Georg Hoffman. 1627. 4. (FGflb. Cl. III. Nr. 98. Vol. XVII u. Leichpr. Bd. 8.)

965. Derf. Leichpredigt bei dem Begräbnis von Justina Hilger. Freiberg. 1628. 4. (FGflb. Class. III. Nr. 98. Vol. XVII. und Leichpredigten Bd. 1 und Bd. 8.)

966. Derf. Leichpredigt Bey dem Begräbnüß der .. Frawen Barbaren, des .. Herrn Nicol Horns, des Raths vnd Vornemen Handelsmans in Freybergk, nachgelassenen Widwen. Gedruckt zu Freybergk, bei Georg Hoffman. 1618. 4. (FGflb. Class. III. 4. Nr. 97. Vol. XVI. und Leichpredigten Bd. 15.)

967. Derf. Leichpredigt der Bestattung von Frau Katharina Horn. 1629. 4. Freiberg, Georg Hoffman. (FGflb. Leichpredigten Bd. 8.)

968. Derf. Leichpredigt bei der Bestattung der Frau Maria Horn, des Bürgers und vornehmen Handelsmannes Caspar Horn zu Freiberg hinterl. Wittwe. Freiberg, Georg Beuther. 1635. 4. (FGflb. Class. III. Nr. 99. Vol. XVIII. und Leichpredigten Bd. 1 und Bd. 8.)

72 B. Darstellungen: 11. Biographisches. c. Zeit der Leichpredigten.

969. Genßreff, Abraham, Leich=Predigt Bey dem Begräbnüß des Herrn Nicol Horns, des Eltern, Rathsverwandten in der löblichen Bergk=stadt Freybergk. 1615. Gedruckt zu Freybergk, bey Georg Hoffman. 4. (FGflb. Class. III. 4. Nr. 97. Vol. XVI. und Leichpredigten Bd. 15.)

970. Derf. Leichpredigt bei der Bestattung des Ambrosii Keils, Churf. Sächf. Bawschreibers zu Freybergk. — Freiberg, Georg Hoffman. 1619. 4. (FGflb. Leichpredigten Bd. 1 und Bd. 14.)

971. Derf. Leichpredigt bei der Bestattung des Herrn Paul Krafjts, Fürnemen Bürgers, Handelsmans, vnd Gerichtsschöppens in der löblichen Bergkstadt Freybergk. Freiberg, Georg Beuther. 1633. 4. (FGflb. Leich=predigten Bd. 8.)

972. Derf. Leichpredigt bei der Bestattung des Herrn Abraham Londsbergers, des Raths Eltesten, vnd des Armen Kastens Fürstehers zu Freybergk. Freiberg, Georg Hoffman. 1623. 4. (FGflb. Class. III. Nr. 98. Vol. XVII.)

973. Derf. Leichpredigt Bey dem Begräbnis zweyer lieben Eheleute, Als: Des Ehrwirdigen ..Herrn Theophili Lehmannes, Amptspre=digers der Kirchen zu S. Nicolai in Freybergk.. Sodann der ..Frawen Ottilien, Desselben geliebten Eheweibes. Gedruckt zu Freyberg bei Georg Beuthern. 1633. 4. (FGflb. Leichpredigten Bd. 1 und Bd. 8.)

974. Derf. Leichenpredigt bei der Bestattung der Frawen Magda=lena, des ..Herrn Georg Meldens, Churf. Sächf. Ampt Schöjfers zu Freybergk, nachgelassenen Wittwen. Freiberg, Georg Hoffman. 1628. 4. (FGflb. Leichpredigten Bd. 8.)

975. Derf. Leichpredigt bei der Bestattung von Nicol von Mergen=thal. Freiberg, Georg Hoffman. 1626. 4. (FGflb. Class. III. Nr. 98. Vol. XVII. und Leichpredigten Bd. 14.)

976. Derf. Leichpredigt bei der Bestattung von Frau Hauptmann Maria Meurer. Freiberg, Georg Beuther. 1632. 4. (FGflb. Class. III. Nr. 99. Vol. XVIII. und Leichpredigten Bd. 8.)

977. Derf. Leichpredigt bei der Bestattung der Frawen Salome des ..Herrn M. Andreae Möllers, P. L. der Schulen zu Freybergk Conrectoris vielgeliebten Eheweibes. Freiberg, bey Georg Beuther. 1632. 4. (FGflb., Leichpredigten Bd. 11.)

978. Derf. Leichpredigt bei der Bestattung von Rof. Müller, geb. Gärtner. 1625. (Zittauer Stadtbibliothek.)

979. Derf. Leichpredigt bei der Bestattung der Frau Magdalena, des Herrn Pauli Pleißners, Medicinao Doctoris, Comitis Palatini vnd wolverdienten Physici der löblichen Bergkstadt Freyberg geliebten Ehe=weibes. Freiberg, Georg Beuther. 1632. 4. (FGflb. Class. III. Nr 99. Vol. XVIII. und Leichpredigten Bd. 8.)

980. Derf. Leichpredigt bei der Bestattung des Herrn Samuel Pragers, Vornehmen Bürgers zu Freybergk. — Freiberg, Georg Hoff=man. 1626. 4. (FGflb. Leichpredigten Bd. 1 und Bd. 14.)

981. Derf. Leichpredigt bei der Bestattung von Valentin Gottfr. Prager. Freiberg, Georg Beuther. 1632. 4. (FGflb. Class. III. Nr. 99. Vol. XVIII. und Leichpredigten Bd. 1 und Bd. 8.)

982. Derf. Leichpredigt bei der Bestattung von Daniel Raming, Ampt Schöffer zu Freiberg. Freiberg 1626. 4. (FGflb. Class. III. Nr. 98. Vol. XVII. und Leichpredigten Bd. 14.)

B. Darstellungen: 11. Biographisches. c. Zeit der Leichpredigten. 73

983. Genßreff, Abraham, Leichpredigt Bey dem Begräbnüß des Herrn Fridrich Rölings, Auff Conradsdorff, gewesenen Bürgermeisters zu Freybergk. Freiberg, Georg Hoffman. 1628. 4. (FGflb. Leichpredigten Bd. 8.)

984. Ders. Leichpredigt bei der Bestattung der Frau Amtspredigerin Magdalene Roth. Freiberg, Georg Hoffman. 1626. 4. (FGflb. Cl. III. Nr. 98. Vol. XVII. und Leichpredigten Bd. 14.)

985. Ders. Leichpredigt bei dem Begräbnis des Amtsprediger Salomon Roth. Freiberg, Georg Hoffman. 1627. 4. (FGflb. Class. III. Nr. 98. Vol. XVII. und Leichpredigten Bd. 1 und Bd. 8.)

986. Ders. Leichpredigt bei der Bestattung von Anna Magdalena Rudolff. Freiberg, Georg Hoffman. 1627. 4. (FGflb. Leichpredigten Band 8.)

987. Ders. Leichpredigt bei der Bestattung des Bürgers und Handelsmannes Bastian Rudolph. Freiberg, Georg Hoffman. 1617. 4. (FGflb. Leichpredigten Bd. 15.)

988. Ders. Leichpredigt bei der Bestattung des Herrn Nicol Rudolffs, des Eltern, vnd des Raths zu Freibergk. Freiberg, Georg Hoffman. 1619. 4. (FGflb. Leichpredigten Bd. 1.)

989. Ders. Leichpredigten Bey dem vornemen vnd Volckreichen Leichbegängnüß, des weyland Edlen vnd Gestrengen Herrn Heinrich v. Schönbergk, Auff Porschen= vnd Frauenstein, Rechenbergk, Saida vnd Mulda, Churf. S. Raths, der Ertzgebierge Oberhäuptmanns, vnd zu Freyberg, Dippoldiswalde, Altenberg vnd Tharant Amptshäuptmans. (Gedruckt zu Freyberg, bey Georg Hoffman. 1617. 4. (FGflb. Class. III. 4. Nr. 97. Vol. XVI.)

990. Ders. Leichpredigt bei der Bestattung der Frau Anna Schönlebe. Freiberg, Georg Hoffman. 1614. 4. (FGflb. Leichpredigten Bd. 1 und Bd. 15.)

991. Ders. Leichpredigt bei der Bestattung der Frawen Catharinen, des Ehrenvesten vnd Vornehmen Herrn Ernst Schönlebens, vff Freybersdorff, geliebten Eheweibs. Freiberg, Georg Beuther. 1636. 4. (FGflb. Leichpredigten Bd. 8.)

992. Ders. Leichpredigt bei dem Begräbnis von Bürgermeister Friedrich Schönlebe. Freiberg, Georg Hoffman. 1622. 4. (FGflb. Class. III. Nr. 98. Vol. XVII. und Leichpredigten Bd. 1 und Bd. 14.)

993. Ders. Leichpredigt bei der Bestattung der Frawen Katharina, Einer gebornen Schützin, des .. Herrn Jacob Schönlebens, vornehmen Handelsmans zu Freybergk geliebten Eheweibes. Freiberg, Georg Hoffman. 1627. 4. (FGflb. Leichpredigten Bd. 1 und Bd. 8.)

994. Ders. Leichpredigt bei dem Begräbnis von Catharina, des Herrn Ernst Schönlebe auf Freybersdorff Ehefrau. Freiberg, Georg Beuther. 1636. 4. (FGflb. Leichpredigten Bd. 3.)

995. Ders. Leichpredigt bei der Bestattung von Frau verw. Bürgermeister Regina Schönlebe. Freiberg, Georg Hoffman. 1625. 4. (FGflb. Class. III. Nr. 98. Vol. XVII. und Leichpredigten Bd. 1 und Bd. 14.)

996. Ders. Leichpredigt bei der Bestattung von Frln. Anna Maria Seyfart. Freiberg, Georg Beuther. 1632. 4. (FGflb. Leichpredigten Bd. 2 und Bd. 8.)

74 B. Darstellungen: 11. Biographisches. c. Zeit der Leichpredigten.

997. Genßreff, Abraham, Leichpredigt beim Begräbnis der Frawen Barbara, des Caspar Christian Siebgens, Bürgers vnd Wundartzts zu Freybergk geliebten Eheweibes. Freiberg, Georg Hoffman. 1624. 4. (FGflb. Leichpredigten Bd. 1 und Bd. 14.)

998. Derf. Leichpredigt bei der Bestattung der Frawen Sabina, des Erbarn vnd Kunstreichen Caspar Christian Siebgens, Bürgers vnd Wund=Artzts zu Freybergk geliebten Eheweibes. Freiberg, Georg Beuther. 1633. 4. (FGflb., Leichpredigten Bd. 8.)

999. Derf. Leichpredigt bei der Bestattung von Christophorus Siegel, Söhnlein des Bergamtsverwalters Siegel. Freiberg, Georg Hoff= man. (FGflb. Class. III. Nr. 98. Vol. XVII.)

1000. Derf. Leichpredigt beim Begräbnis von Daniel Thorschmied, Phil. & med. doct. und bei der Stadt Freiberg physicus ordinarius. Frei= berg. 1633. 4. (FGflb. Class. III. Nr. 99. Vol. XVIII. und Leichpredigten Band 11.)

1001. Derf. Leichpredigt beim Begräbnis von Balthasar Wagner, Sohn des Archidiac. M. Balth. Wagner. Freiberg, Georg Beuther. 1633. 4. (FGflb. Class. III. Nr. 99. Vol. XVIII.)

1002. Derf. Leichpredigt bei der Bestattung des Herrn Tobiae Wal= burgers, Diaconi zu S. Jacob, vnd des Ministerii Senioris in Freybergk. Freiberg, Georg Beuther. 1635. 4. (FGflb. Class. III. Nr. 99. Vol. XVIII. und Leichpredigten Bd. 2 und Bd. 8.)

1003. Derf. Leichpredigt der Marg. Wagner, geb. Mauckisch. 1628. (Zittauer Stadtbibliothek.)

1004. Derf. Leichpredigt beim Begräbnis von Frau verw. Oberberg= meister Margaretha Weigel. Freiberg, G. Hoffman. 1630. 4. (FGflb. Class. III. Nr. 99. Vol. XVIII.)

1005. Derf. Metallicus spiritualis, Geistlicher Bergkman. Das ist: Eine Christliche Leichpredigt, vber den 121. Psalm Davids: Bei dem Christ= lichen vnd Volckreichen Begräbniß, des weylandt Ehrnvesten vnd Wolgeachten Herrn Martin Weigels, Churf. Sächs. Ober=Bergkmeisters. Freybergk. bey Georg Hoffman. 1618. 4. (FGflb. Class. III. Nr. 98. Vol. XVII.)

1006. Derf. Leichpredigt der Urf. Weigel, geb. Fischer. 1627. (Zit= tauer Stadtbibliothek.)

1007. Gerber, Immanuel, Leichpredigt beim Tod der Frauen Annen Marien, gebohrnen Schönlebin, des Wohl Ehrenvesten, Bor Achtbarn und Wohlweisen Hrn. Melchior Meders, Churfl. Durchl. zu Sachsen wohl= bestalten Vice=Berg=Meisters, Zehnten= und Recess=Schreibers, auch Für= nehmen des Raths allhier. Freiberg, Zacharias Becker. 1677. 4. (FGflb. Leichpredigten Bd. 7.)

1008. Gerlach, Heinrich, George Herrm. v. Schweinitz. MFA. 3, 205.

1009. Derf. Die Briefsammlung des Freiberger Chronisten Andreas Möller. MFA. 10, 924.

1010. Derf. Das Testament des Orgelbauers Gottfried Silbermann. (Saxonia, herausg. von Moschkau, 3, 13.)

1011. Glaser, M. Bartholomäus, Frühprediger zu St. Petri, Leichen= predigt beim Begräbnis von Frau Anna geb. Schönlebe, des Herrn Wolfg. Seyfart zu Annaberg nachgelassenen Wittwe. Freiberg, Georg Beuther. 1651. 4. (FGflb. Leichpredigten Bd. 4 und Bd. 12.)

1012. **Göbelmann**, Joh. Fr., Frühprediger zu St. Petri, Leichpredigt beim Begräbnis vom Freiberger Bürger Joh. Perschman. Freiberg, Georg Hoffman. 1625. 4. (FGBbl. Class. III. Nr. 98. Vol. XVII. und Leichpredigten Bd. 14.)

1013. **Grabner**, M. Theophilus, D. Christ. Lehmanns Göttliche Führungen. Dresden, Zimmermann und Gerlach. 1725. 4.

1014. **Grefius**, M. Nicolaus, Ad parentalia manibus Andreae Molleri invitat. Freiberg, Beuther. 1661. 4. (FGBlb. Leichpredigten Bd. 5.)

1015. **Güttener**, M. Gbr., Pfarherr der Churf. Sächs. Lehnkirchen zu St. Jacob in Freybergt, Leichpredigt beim Begräbnis des Herrn Johann Reigers, sonsten Dolhopp genandt, Churfürstl. Sächs. Markscheibers, vnd vornehmen Bürgers zu Freybergt. Leipzig, Jn verlegung Abraham Lambergs vnd Caspar Klosemans. 1616. 4. (FGBlb. Leichpredigten Bd. 1.)

1016. **Des.** Leichenpredigt beim Begräbnis des Herrn M. Jacobi Sädtlers, Getrewen Amptspredigers bey S. Nicolai in Freybergl. Gedruckt zu Freybergl, bey Georg Hoffman, Im Jahr 1619. 4. (FGBlb. Class. III. Nr. 98. Vol. XVII und Leichpredigten Bd. 14.)

1017. **H.**, Verschiedene Beiträge zur Geschichte von Gottfr. Silbermann. Wissenschaftliche Beilage der Leipziger Zeitung 1882.

1018. **Hennig**, C. L., Leben D. Andreas Möllers, Verfassers der Freiberger Chronik. FGM. 1801, 219.

1019. **Herzog**, Zur Charakteristik des Generals Hold. MJF. 14, 1351.

1020. **(Hausen)** Gloriosa electorum ducum Saxoniae busta, oder Ehre Derer Durchlauchtigsten und Hochgebornen Chur-Fürsten und Hertzoge zu Sachsen Leichen-Grüffte, Bestehend in denen auf Jhr Absterben gehaltenen und verfertigten Leichen-Predigten, Lateinischen und Teutschen Lob-Reden, Epitaphien, Epicedien, Begräbnis-Müntzen und Jhren aus guten Originalien in Kupffer gestochenen Bildnissen zu Erhaltung Jhres glorwürdigsten Ehren-Gedächtnisses Jn diese Collection zusammengebracht, mit denen mangelnden Curriculis Vitae, oder Lebens-Läufften aus bewährten Scribenten vermehret und mit vollständigen Registern versehen von Christian August Hausen, Stadt-Predigern in Dreßden. Dresden, Bey Joh. Christoph Zimmermann u. Joh. Nic. Gerlachen. 1728. 4. (FGBlb. Class. III. Nr. III.)

1021. **(Horn, Joh. Casp. u. a.)** Trauergedichte beim Ableben des Stadtphysicus Johann Caspar Horn. Freiberg, Zacharias Becker. 1671. 4. (FGBlb. Leichpredigten Bd. 6.)

1022. **Horn, Joh. Gottl.**, George Agricola, Domproedigers zu Freyberg, unpartheiischer Bericht, was ihm in Religions-Sachen 1591 sowohl öffentlich für der Regierung zu Dresden, als privatim bey dem Hofprediger Sallmuth vorgegangen. Nützliche Sammlgn. zu einer histor. Handbibliothek von Sachsen VI. Teil Nr. 3.

1023. **Irwisch**, Georg, Pfarrer zu Weissenborn, Leichpredigt beim Tode des Hrn. M. Johann-Georgii Fiskleri, Getreu- und Wohlverdientgewesenen Pastoris zu Berthols-Dorff. Freiberg, Zacharias Becker. 1671. 4. (FGBlb. Leichpredigten Bd. 6.)

1024. **Köttner**, Herm., Leichpredigt bei der Bestattung der Jungfrau Aemylien, des Ehrnvesten, Großachtbaren vnd Hochgelarten Herrn Pauli Pleisneri, Med. Doctoris Comitis Palatini Caesarei, vnd wolbestalten Physici bey dieser Stadt Freybergl, Eheleiblichen vnd lieben Tochter. Freiberg, Georg Hoffman. 1620. 4. (FGBlb. Class. III. Nr. 98. Vol. XVII.)

1025. **Köttner**, Herm., Leichpredigt beim Begräbnis von **Matthäus Thorschmiedt**. Freiberg, Georg Hoffman. 1629. 4. (FGflb. Leichpredigten Bd. 2 und Bd. 8.)

1026. **Kühn**, Leichpredigt auf Ch. Lehmann. 1723.

1027. **Leyser**, Leichpredigt auf F. **Traupelt**. 1628. (Zittauer Stadtbibliothek.)

1028. **Leyser**, Polycarp, Leichpredigt des Christoph von **Schönberg** zur newen Sorge rc. Churfürstlichen Sächsischen wol verordneten Berg-Hauptmanns. 1608. 4. (FGflb. Leichpredigten Bd. 15.)

1029. (**Lichtmer**, Augustin u. a.) Klagelieder beim Begräbnis des Herrn **Christian Reichbrodt** von Schneckendorff, auf Klingenberg und Pesterwitz. 1660. Bergens Druck, Dresden. (FGflb. Leichpredigten Bd. 5.)

1030. **Lohbe**, Johann, Leichpredigt Bey dem Leich-Proceß von Brunnsdorff nach der Kirchen zu Langenhennersdorff Zum Andenken von Frau **Christine Barbara Teller**. Freiberg, Zacharias Becker. 1674. 4. (FGflb. Leichpredigten Bd. 7.)

1031. **Macht**, M. Michael, Pfarrer zu Franckenberg, Leichpredigt beim Begräbnis von Frau Anna Magd. geb. Thum, Ehefrau von Joh. **Gastel uff Börichen**, Verwalter der Aemter Frauenbergk und Sachsenburgk. Gedruckt zu Freybergk bey Georg Beuthern Im Jahr 1646. 4. (FGflb. Class. III. Nr. 100. D. Vol. XIX.)

1032. **Major**, Johann, D. Professor und Superintendent zu Jena, Leichpredigt auf **Oswald Hilliger**, Doctor und Professor in Jena, Assessor beim Fürstl. Sächs. Schöppenstuhl (geboren in Freiberg). Gedruckt zu Jehna, durch Johann Beithmann, im Jahr 1619. 4. (FGflb. Class. III. Nr. 98. Vol. XVII.)

1033. **Mattheus**, Trauerrede auf Ad. **Bernhard**, Richter zu Friedersdorf. 1625. (Zittauer Stadtbibliothek.)

1034. **Melzer**, O., M. Johann Bohemus, Rector der Kreuzschule zu Dresden (geb. zu Dittmannsdorf bei Freiberg). Leipzig 1875. (Alt. Bd 289)

1035. **Ders**. Die Kreuzschule vor 200 Jahren. Dresden 1880. Enthält von Seite 24 an eine Biographie von M. Johann Bohemus. Vgl. die vorhergehende Nummer.

1036. (**Metzner**) Leben David **Krautvogels**, Superintendentens zu Freyberg, aus der ihm von Abraham Metznern, Pastoris zu St. Johannis daselbst gehaltenen Leich-Predigt, welche zu Freyberg 1601 in 4to gedruckt worden. Cur. Sax. 1757, 236. (Al. XVI. 270o)

1037. **Metzner**, Abraham, Pastor zu S. Johannis, Leichpredigt bey dem Begrebniß David **Krautvogels**, Weyland Pfarherrns vnd Superintendentis alhier zu Freybergk. Gedruckt Freybergk, bey Georg Hoffman. 1601. 4. (FGflb. Class. III. 4. Nr. 97. Vol. XVI.)

1038. (**Mollerus**, Andr. u. a.) Ehren-Gedächtnis der Frau **Elisabethen Alberin**, gebohrener Bäyerin. Freiberg, Georg Beuther. 1658. 4. (FGflb. Leichpredigten Bd. 5.)

1039. (**Ders.**) Trauergedichte auf **Victorie Sophie Quelmalz**. Freiberg, Beuther. 1659. 4. (FGflb. Leichpredigten Bd. 5.)

1040. (**Mollerus**, Andr., **Starck**, Gttfr. u. a.) Euphemiae monumentariae honori perennaturo viri nobiliss. dni. Guilielmi **Wanckelii**, med. et pract. Freiberg, Georg Beuther. 1657. 4. (FGflb. Leichpredigten Band 5.)

B. Darstellungen: 11. Biographisches. c. Zeit der Leichpredigten. 77

1041. **Mollerus**, Samuel, Ad justa viro immortali etc. Christiano Lohmanno, doctori theologo, et sacrorum Freibergensium antistiti olim gravissimo ac insigniter merito D. V. Calend. Novembr. Anni CIƆIƆCCXXIII., ad coetum beatorum evocato VIII. Calend. Febr. A. CIƆIƆCCXXIV., intra publica scholae pulpita, post sacra matutina effecta, solvenda.. invitat. Freibergae. Impressit Christophorus Matthaei. Fol. (Alt. B. 156 b)

1042. **Mooser**, Ludw., Gottfried Silbermann, der Orgelbauer. Ein histor. Lebensbild. Langensalza 1857. (Alt. Bd 219) Vgl. MKSA. 13,49, Freiberger Anzeiger 1853, Nr. 175. 178; 1883 Nr. 9—11. Freiberger Tageblatt 1883 Nr. 12. Sächsische Schulzeitung 1859 Nr. 46.

1043. **Ders.** Das Brüderpaar Andreas u. Gottfried Silbermann. Straßburg 1861. (Alt. B d104)

1044. **Mylius**, Balthas., Leichpredigt der Frau Barbara Elisabeth, geb. Krafftin, des.. Herrn Johann Gastels uff Börichen Verwalters beyder Aempter Franckenberg und Sachsenburg gew. Hauß=Ehre. Freiberg, Georg Beuther. 1658. 4. (FGflb. Leichpredigten Bd. 13.)

1045. (**Otto**) Letztes Ehren Gedichte dem Ehrnvesten H. M. David Loelmaltzen, des Freybergischen Gymnasil Trewfleißigen und wohlverdienten Rectori... von Seinem.. Famulo Johann Otten von Döbeln, des Freybergischen Gymnasii alumno. — Freiberg, Georg Beuther. 1652. 4. (FGflb. Leichpredigten Bd. 4.)

1046. **Pretzsch**, M. Christ. Gottfr., Gratulationsschrift zu D. Wildes 50jähr. Amtsjubiläum. Meißen. 1744. Den Freiberger Superintendenten D. Joh. Christ. Lehmann betr. S. 21ff.

1047. **Ranfft**, M. Michael, Leben und Schrifften aller Chur=Sächsischen Gottesgelehrten, die mit der Doctor=Würde gepranget. Leipzig. 1742. (I). Johann Christian Lehmann, Superint. zu Freiberg, betr. S. 580ff.)

1048. **Raudte**, Eine Leichpredigt, Bey dem Begrebnis Oßwald Bartels eines Bergkmans, welcher im Jahr 1507 zu Ehrnfriedsdorff im Berg der Sembergt genandt, vorfallen, vnd vnuorsehens im 68. Jahr, den 20. September noch ganz funden vnd von der Erbarn Knapschaft daselbst christlicher weiß zur Erden bestetigt worden, Gethan durch M. Georgium Raudte, dazumal des orts Pfarrer. 1588. 4. Freiberg, Georg Hoffman. (FGflb. Leichpredigten Bd. 11.)

1049. (**Reinhold**, M. G. E., u. a.) Trauerlieder beim Tode der Frauen Dorotheä, gebohrner Pleißnerin, Und nachmals rühmlich Vermählteten, doch aber wieder verwittibeten Schönlebin, Jöpnerin und Pragerin. 1663. Freiberg, Georg Beuther. (FGflb. Leichpredigten Bd. 5.)

1050. **Reinhold**, Gottfr., Leichpredigt beim Begräbnis von Frau Superintendent Marie Sperling. Freiberg, Georg Beuther. 1639. 4. (FGflb. Class. III. Nr. 99. Vol. XVIII.)

1051. **Ders.** Leichpredigt beim Begräbnis von Frau Archidiac. Margaretha Wagner. Freiberg, Georg Beuther. 1639. 4. (FGflb. Leichpredigten Band 9.)

1052. **Röber**, Paul Ph., Paradisiaca refocillatio quam Wolfgangus Fridericus Graunius, J. U. Candidat. & Practicus, Senator, Bibliothecarius, Inspector Scholae, quarundam Nobil. Domorum Administrator Judicarius. Spect. merits. etc.* Freiberg, Zacharias Becker. 1675. 4. (FGflb. Leichpredigten Bd. 7.)

78 B. Darstellungen: 11. Biographisches. c. Zeit der Leichpredigten.

1053. Röber, P. Ph., Leichpredigt bei der Bestattung des Herrn Johann Paul Hilligers, Vornehmen Patritii, wolverdienten Bürger-Meisters, Cämmerers und Verwalters des Hospitals zu Sct. Johannis bey der Churfl. Sächß. alten freyen Berg=Stadt Freybergk. Freyberg, Zacharias Becker. 1676. 4. (FGflb. Leichpredigten Bd. 7.)

1054. (Röber, P. Ph. u. a.) Fiduciam viri Josiae Adolphi Hubmeyeri Not. Publ. Caes. & Jurium Practici famigeratissimi ornaruut fautores & amici. Freiberg, Zach. Becker. 1673. 4. (FGflb. Leichpredigten Band 7.)

1055. Desgl. Trauergedichte auf den Bürgermeister Samuel Kilmann. Freiberg, Zach. Becker. 1672. 4. (FGflb. Leichpredigten Bd. 7.)

1056. Röber, Paul Phil., Leichenpredigt beim Tode von Justinen, des H. M. Tobias Müller, Coll. III. bey der berühmten Lateinischen Schulen in Freybergk, Ehefrau. 1671. 4. Freiberg, Zacharias Becker. (FGflb. Leichpredigten Bd. 7.)

1057. Ders. Lessus dn. M. Gabrielis Schleiffentagi. Freiberg. 1674. (FGflb. Leichpredigten Bd. 7.)

1058. (Röber, P. Ph. u. a.) Trauerlieder beim Tode von Anna Catharina Schönlebe, geb. Trändner. Freiberg, Zach. Becker. 1677. 4. (FGflb. Leichpredigten Bd. 7.)

1059. Röber, P. Ph., Leichpredigt beim Tode des Herrn Caspar Ludwig Schönlebens, Wohlverdienten Bürger=Meisters der Churfürstl. Sächsf. alten freyen Berg=Stadt Freyberg. Freiberg, Zach. Becker. 1672. 4. (FGflb. Leichpredigten Bd. 7.)

1060. Ders. Leichpredigt beim Tod von F. Schönleben auf Freibergsdorf. 1678. (Zittauer Stadtbibliothek.)

1061. Ders. Leichpredigt beim Tod des Seb. Gf. Starck. 1670. (Zittauer Stadtbibliothek.)

1062. (Röber, P. Ph. u. a.) Trauerlieder auf Diacon. M. Ambrosius Walpurg. Freiberg, Becker. 1672. (FGflb. Leichpredigten Bd. 7.)

1063. Desgl. Desiderium siticulosum foeminae Sophiae Elisabethae Welleri, natae Starckiae, viro viduo Johanni Jacobo Wellero a Molsdorff in Karsdorff decantatum. Freiberg, Becker. 1673. (FGflb. Leichpredigten Bd. 7.)

1064. Roth, Salom., Leichpredigt auf Frau Sidonie, Des Ehrenvesten, Erbarn vnd Wolweysen Herrn Valentini Buchführers des Eltern, vornemen des Raths, wol verdieneten Vorstehers des Geistlichen Einkommens, vnd Hospital Meisters alhier zu Freybergk, Ehelichen Haußfrawen. — Friborgae typis Georgij Hoffmanni Anno 1610. — 4. (FGflb. Class. III. 4. Nr. 97 Vol. XVI. und Leichpredigten Bd. 15.)

1065. Ders. Leich=Predigt Bey der Begräbniis des Herrn Valentini Buchführers, des Eltern, vornehmen Rathsverwandten allhier. Gedruckt zu Freybergk, bey Georg Hoffman, Im Jahr 1617. 4. (FGflb. Class. III. 4. Nr. 97 Vol. XVI., Leichpredigten Bd. 1 u. Bd. 15.)

1066. Ders. Leichpredigt bei der Bestattung von Oswald Hillger, Vornehmen des Raths, Stadt=Richter vnd Schul=Inspector allhier zu Freybergk. Gedruckt zu Freybergk, bey Georg Hoffman. 1610. 4. (FGflb. Class. III. 4. Nr. 97 Vol. XVI. und Leichpredigten Bd. 15.)

1067. Roth, Salom., Leichpredigt bei der Bestattung des Herrn Wolffgang Hilligers, des Eltern, Vornehmen Bürgers vnd kunstreichen Geschütz- vnd Glockengiessers bey der Churf. Sächs. Bergkstadt Freybergk. Freiberg, Georg Hoffman. 1614. 4. (FGflb. Leichpredigten Bd. 15.)

1068. Ders. Leichpredigt beim Tod von Caspar Horn, Bürger und Handelsmann zu Freiberg. 1618. Freiberg, Georg Hoffman. 4. (FGflb. Class. III. Nr. 98. Vol. XVII. und Leichpredigten Bd. 1 und Bd. 14.)

1069. Ders. Leichpredigt beim Begräbnis des Herrn Ludowig Horns, Vornehmen Bürgers und Handelsmannes allhier zu Freybergk 1620. 4. Freiberg, Georg Hoffman. (FGflb. Leichpredigten Bd. 14.)

1070. Ders. Leich=Predigt Bey dem Begräbnüs der Frawen Magdalenen, des Herrn Nicol Horns des Jüngern, Bürgers vnd Handels-Manns alhier in Freybergk, gewesenen Ehelichen Hauß-Ehren, Welche den 30. September dieses 1613. Jahrs entschlaffen. Gedruckt zu Freybergk, bey Georg Hoffman. 4. (FGflb. Class. III. 4. Nr. 97. Vol. XVI.)

1071. Ders. Leichpredigt beim Begräbnis von Nicol Horn, Bürger und Handelsmann in Freiberg. Freiberg, Georg Hoffman. 1618. 4. (FGflb. Class. III. Nr. 98. Vol. XVII. und Leichpredigten Bd. 1 und Bd. 14.)

1072. Ders. Leichpredigt auf Anb. Köhler 1669. (Zittauer Stadtbibliothek.)

1073. Ders. Christliche Predigt Bey der Trawrigen Leich vnd Begrebnüß der Erbarn vnd Ehrn Vieltugendsamen Frawen Annae, des .. Herrn Hieronymi Krawieders, Churf. Sächs. verordneten Außtheilers alhie zu Freybergk, geliebten Hauß-Ehren. Welche den XXII. December diß 1608. Jahrs .. entschlaffen. 4. — Gedruckt Freybergk, bey Georg Hoffman. (FGflb. Class. III. 4. Nr. 97. Vol. XVI.)

1074. Ders. Leichpredigt Bey der Begrebnüß, des weyland Ehrenvehsten, Erbarn vnd Wolweysen Herrn Friederichen Lösers, Bürgermeisters alhier, in der löblichen Churf. Sächs. Bergkstadt Freybergk, Welcher Anno 1609... entschlaffen. — Fribergae typis Georgij Hoffmanni MDC.IX. (FGflb. Class. III. 4. Nr. 97. Vol. XVI.)

1075. Ders. Leichpredigt auf Maria Mehner. 1613. (Zittauer Stadtbibliothek.)

1076. Ders. Leichpredigt bei der Bestattung der Frawen Annen, des Herrn Peter Nitzschen, weyland des Raths allhier, seligen, hinderlassenen Widwen. Freiberg, Georg Hoffman. 1615. 4. (FGflb. Leichpredigten Bd. 15.)

1077. Ders. Leichpredigt Bey dem Begrebniß Hansen Pragers. Churf. Sechsischen Zehendners, vnd des Raths der löblichen Bergkstadt Freybergk, Welcher den 12. Nov. Anno MDCII. in Christo selig entschlaffen. Gedruckt zu Freybergk, bei Georg Hoffman. 1603. (FGflb. Class. III. 4. Nr. 97. Vol. XVI. und Leichpredigten Bd. 15.)

1078. Ders. Leichpredigt beim Begräbnis der Frawen Margarethen, Des .. Herrn Hansen Resens, Gericht-Schöppens vnd vornehmen Bürgers vnd Handel-Manns alhier Ehelichen Haußfrawen. — Freiberg, Georg Hoffman. 1622. 4. (FGflb. Leichpredigten Bd. 1 und Bd. 14.)

1079. Ders. Leichpredigt bei der Bestattung der Frawen Magdalenen, des .. Herrn Matthiae Smottavii L. L. Candidati alhier zu Freybergk lieben Ehelichen Haußwirthin. — 1808. 4. Georg Hoffman. (FGflb. Leichpredigten Bd. 15.)

1080. **Roth**, Sal., Leichpredigt beim Begräbnis der Erbarn vnnd Vieltugendsamen Frawen Walpurgis, des Ehrnvesten, Achtbaren vnd Hochgelarten, auch Wohlweisen Herrn Andreae Schützens J. U. D. vnd weyland Bürgermeisters in Freybergt, vnd Erbsassen zur Loßnitz, seligen, hinderlassenen Wittib, Welche den 20. Augusti dieses 1618. Jahrs von dieser Welt seliglich abgeschieden, und den 23. folgends aus der Loßnitz nach Tuttendorf abgeführet, vnd daselbst in die Kirchen beygesetzet vnd bestattet worden. Freiberg. Gedruckt bei Georg Hoffman. 1618. 4. (FGflb. Class. III. Nr. 98. Vol. XVII. und Leichpredigten Bd. 1.)

1081. **Ders.** Leichpredigt beim Begräbnis vom Bürger Paul Straßburg. Freiberg, Georg Hoffman. 1607. 4. (FGflb. Leichpredigten Bd. 15.)

1082. **Sätler** (sic!), M. Jac., Leichpredigt beim Bergräbnis der Frau Bürgermeister Regina Fleischer. 1582. 4. Ohne weitere Druckangabe. (FGflb. Leichpredigten Bd. 15.)

1083. **Scheiger**, J., Glocke von Martin Hilliger in Steiermark. MFM. 5, 510.

1084. **Scheuchler**, M. Benedict, Leichpredigt bei der Bestattung von Margarethe von Hartitzsch, geb. v. Zaschwitz (begraben in der Kirchen zu Crommen-Hennersdorff). Freiberg, Georg Hoffman. 1629. 4. (FGflb. Class. III. Nr. 98. Vol. XVII.)

1085. (**Schirmer**, David, Pfarrer in Pappendorf, u. a.) Cordolium Schirmerianum super obitu viri adamussim viri dn. Samuelis Wagneri J. U. C. exhibitum a parente et filiis Pappendorfensibus. 1644. 4. Freiberg, Beuther. (FGflb. Leichpredigten Bd. 5.)

1086. **Schirmer**, M. Mich., Ad orationes parentales, quibus Jacobo Wellero a Molsdorf in Karsdorf justa solventur, omnes utriusq. reip. Freib. proceres etc. invitantur. Freiberg, Beuther. 1664. Enthält auch über andere Glieder der Familie Weller Verschiedenes. (FGflb. Leichpredigten Bd. 5.)

1087. **Schleiffentag**, M. Gabriel, Leichpredigt bei der Bestattung der Erbaren und viel Ehren Tugendreichen Frawen Regina, Geborner Greissin, Des Ehrenvesten und Ehren Wolgeachten Herrn Georg Brauns, Churf. Durchl. zu Sachsen der Mulda und newen Grabenwerks Flösse wolverdienten Floßmeisters, wie auch Bürgers in Freyberg, hertzgeliebter Hauß-Ehren. Freiberg, Georg Beuther. 1652. 4. (FGflb. Leichpredigten Bd. 4 u. Bd. 10.)

1088. **Ders.** Leichpredigt beim Begräbnis von Gabriel Breting, J. U. Cand. Freiberg, Georg Beuther. 1649. 4. (FGflb. Leichpredigten Bd. 4.)

1089. **Ders.** Leichpredigt beim Begräbnis von Zacharias Hilliger, Churf. Durchl. zu Sachsen wolbestalten Außtheiler, verordneten des Raths, auch des Geistlichen Einkommens trewfleißigen Vorsteher in Freybergt, Wie auch berühmten Glocken- und Stückgießer. Freyberg, bey Georg Beuthern. 1648. 4. (FGflb. Leichpredigten Bd. 4 und Bd. 12.)

1090. **Ders.** Leichpredigt beim Begräbnis des Stadtphysicus Caspar Horn. 1653. Freiberg, Georg Beuther. 4. (FGflb. Leichpredigten Bd. 12.)

1091. **Ders.** Leichpredigt beim Begräbnis von Friedrich Horn, Vornehmen und Wohlverordneten des Raths zu Freybergt. Freiberg, Georg Beuther. 1648. 4. (FGflb. Leichpredigten Bd. 4 und Bd. 10.)

B. Darstellungen: 11. Biographisches. c. Zeit der Leichpredigten. 81

1092. Schleiffentag, M. Gbl. Leichpredigt bei der Bestattung des „Herrn Gottfried Horns, Erbsassen auf Oberschaar, Vornehmen Patritii und des Raths, auch wolverordneten Hospital=Verwalters allhier zu Freybergk." Freiberg, Georg Beuther. 1663. 4. (JGslb. Leichpred.Bd. 5.)

1093. Ders. Leichpredigt beim Begräbnis von David Jenichen, U. J. cand. und pract. in Dresden, geb. u. gest. in Freiberg. Freiberg, Georg Beuther. 1652. 4. (JGslb. Leichpredigten Bd. 4.)

1094. Ders. Leichpredigt bei der Bestattung des Herrn Christiani Kronbergs, Vornehmen Bürgers und Handelsmans, auch Gericht=Schöppens, zu Freybergk. Freiberg, Georg Beuther. 1639. 4. (JGslb. Class.III. Nr. 99. Vol. XVIII. und Leichpredigten Bd. 2 und Bd. 9.)

1095. Ders. Leichpredigt bei der Bestattung der Frau Sophie Salome, geb. Glaserin, des Herrn Math. Müllers, Churfl. Durchl. zu Sachsen wohlbestellten Zehenden und Receß=Schreibers, Vornehmen des Raths, und treufleißigen Vorstehers des Armen=Kastens zu Freybergl, Hertzgeliebten Hauß=Ehren. Freiberg, Georg Beuther. 1650. 4. (JGslb. Leichpredigten Bd. 4 und Bd. 10.)

1096. Ders. Leichpredigt beim Begräbnis des Herrn Augusti Pragers, Churfl. Sächs. wohlverdienten Hüttenschreibers, Vornehmen des Raths und Cämmerers zu Freiberg. Freiberg, Georg Leuther. 1654. 4. (JGslb. Leichpredigten Bd. 5 und 10.)

1097. Ders. Leichpredigt bei der Bestattung der Frau Judith, Geborner Lehnbüttelin, des Ehrenvesten, Vorachtbaren und Wohlweisen Herrn Augusti Pragers, Churf. S. wohlverdienten Hütten=Schreibers und Vornehmen des Raths zu Freibergk, hertzgeliebten Hauß=Ehren. Freiberg, Georg Beuther. 1649. 4. (JGslb. Leichpredigten Bd. 4 und Bd. 10.)

1098. Ders. Christliche Leichpredigt Bey Voldreicher und ansehnlicher Leichenbestattung des Wol-Ehrenvesten, Vor=Achtbarn, Wolgelahrten und Hochweisen Herrn Antonii Richzenhayns, Alten und in die 24. Jahr Wolverdienten Bürgermeisters in Freyberg. Freyberg, bey Georg Beuthern. 1648. 4. (JGslb. Leichpredigten Nr. 4.)

1099. Ders. Leichpredigt Bey sehr Voldreicher und Hoch-Adelicher Leichenbestattung des Wohl Edelgebornen, Gestrengen und Vesten Herrn Georg Friedrichs von Schönbergk, uff Mittelfrohna, Limpach und Pfaffrode, churfürstl. Durchl. zu Sachsen derer Ertzgebürge und der Aempter Freyberg und Altenberge alten und in die 32. Jahr wohlverdienten Verg= und Ampts=Hauptmanns. Freiberg, Georg Beuther, 1650. 4. (JGslb. Leichpredigten Bd. 4 und Bd. 10.)

1100. Ders. Leichpredigt beim Begräbnis der Frau Anna Margaretha Seyffried, geb. Hillger. 1651. 4. Freiberg, Georg Beuther. (JGslb. Leichpredigten Bd. 12.)

1101. Schneider, M. Daniel, Leichpredigt beim Begräbnis von Frau Christini Albini, geb. Schönlebe. Gedruckt bei Melchior Bergen, Churf. Sächs. Hoff=Buchdr. 1661. 4. (JGslb. Leichpredigten Bd. 13.)

1102. (Schotanus, Bernh., Rector der Univ. Leyden, Sperling, Paul, u. a.) Statua chartacea quam manibus Dn. Jan. Friederici j. u. stud., viri Dn. Friederici Linckens Scr. ac. Potent. Elect. Saxoniae ab officinar. excoctoriar. metallicar. inspectione suprema et fidelissimi et meritissimi filii longe dilectissimi, Qui quum Freibergi Hermundurorum d. 18. Sept. A. 1622 ortu suo hanc malorum Lernam sa-

6

82 B. Darstellungen: 11. Biographisches. c. Zeit der Leichpredigten.

lutasset primum, ultimum eidem Vale ingeminavit, vera in Christum fide placideque expirans Lugduni Batavorum quo non ita pridem Studiorum Academicorum continuandorum causa sese contulerat, d. 22. Augusti St. n. circa octavam antimeridianam A. 1644, exsuviumque mortale in praesentia Comitum .. solenniter pro more Lutheranis ibidem loci consueto d. 25. Aug. styli et anni ejusdem tumulo in aede cathedrali effosso demandans etc. Freiberg, Georg Beuther. 1622. 4. (FGflb. Leich= predigten, Band 3.)

1103. (Schüß, M. Joh. u. a.) Parentalia perenni-vivae memoriae dni. Georgii Pezoldi, Venerandi Senioris ac Pastoris in Oberschönau & Wegfarth rc. Freiberg, Beuther. 1665. 4. (FGflb. Leichpredigten Band 6.)

1104. Setler, M. Jac., Leichpredigt beim Begräbnis des Bürger= meisters Laurentius Fleischer. Freiberg. 1584. 4. Georg Hoffman. (FGflb. Leichpredigten Bd. 15.)

1105. Derf. Leichpredigt beim Begräbnis des Abraham von Schön= berg, Erbsassen auf Krummenhennersdorf. 1601. 4. Freiberg, Georg Hoff= man. (FGflb. Leichpredigten Band 15.)

1106. Derf. Leichpredigt bei dem Begrebnus des .. Herrn Georg Trai= ners, Churfürstlichen Silberbrenners und eines Erbarn Raths Cämmerer in Freybergk. 1583. 4. Ohne nähere Druckangabe. (FGflb. Leichpredigten Band 11.)

1107. Derf. Leichpredigt Bey der Sepultur und Begräbnüß des ... Herren Paul Trainers, Diesesmal des Eltern, Churfürstlichen Sächsi= schen Silberbrenners, und des Raths alhier. Gedruckt zu Freybergk, bey Georg Hoffmann. 1614. 4. (FGflb. Class. III. 4. Nr. 97 Vol. XVI. und Leichpredigten Bd. 15.)

1108. Sperling, Paul, Leichpredigt beim Begräbnis der Frawen Theodoren, des Herrn Matthiä Alberens, Churf. Durchl. zu Sachsen wolbestalten Ampt=Schössers in Freybergk, gewesenen vielgeliebten Ehelichen Haußfrawen. Freiberg, Georg Beuther. 1639. 4. (FGflb. Leichpredigten Band 2.)

1109. (Sperling, Paul, u. a.) HAPAMYΘIAI super obitu immaturo at beatissimo ...Margaritae.., Dn. Christophori Brauni, Sereniss. Elect. Sax. ab inspectione officinarum excoctoriarum Freiberg. conjugis. Freiberg, Georg Beuther. 1643. 4. (FGflb. Leichpredigten, Band 3.)

1110. Desgl. Statua.. Dn. Abrahami Drabitii, templi cathedralis in incluta Freibergensi symmystae vigilantissimi.. a collegis et amicis erecta. Freiberg, Georg Beuther. 1643. 4. (FGflb. Leichpredigten, Band 3.)

1111. Desgl. Lessus melici quibus virum humanitatis doctrinae prudentiae aliarumque virtutum praeconiis cumulatissimum Dn. Danielem Graulium quaesturae electoralis Lichtenwaldensis praefectum meritissimum qui Freibergae d. 2. Nov. A. C. 1642 fato conjugi et cognatis omnibus acerbissimo vitae huic vale dixit, Deplorant et condolentium suam declarant fautores et amici. Freiberg, Georg Beuther. 1642. 4. (FGflb. Leichpredigten Band 3.)

1112. Sperling, Paul, Leichpredigt beim Begräbnis vom vornehmen Bürger und Handelsmann in Freiberg Andreas Klotzsch. Freiberg, Georg Beuther. 1644. 4. (FGflb. Leichpredigten Bd. 3 und Bd. 12.)

B. Darstellungen: 11. Biographisches. c. Zeit der Leichpredigten. 83

1113. Sperling, Paul, Leichpredigt beim Begräbnis der Frau Anna Lindener. Freiberg, Georg Beuther. 1638. 4. (FGflb. Leichpredigten Bd. 2 und 9.)

1114. (Sperling, Paul, u. a.) Famae honorique & immortali generosissimi Dn. Johannis Ernesti Lib. Baronis de Schönburgk, per Galliam et Italiam Ephori, Virtutibus et Eruditione praecellentissimi viri juvenis Dn. Christiani Ludovici. J. U., Candidati, Viri prudentia et amplitudine admodum conspicui Dn. Christophori Ludovici, Consulis Reip. Friberg. gravissimi, *Ad oppidum Altare, in Monte Ferrato 23. Octobr. M.DC.XLIX. Nefandó nefandorum Latronum sclopetó unà cum generosiss.* Barone, Ita permittente Supremo, heu! *miseré transverberati, ibidemque terrae mandati,* memoriae devoté Parentantium Lacrymae & Solatia. Fribergae, exscripta Typis Georgii Beutheri. (FGflb. Leichpredigten Bd. 4.)

1115. Desgl Aeternitatis Memoria ad requietorium Dni. M. Davidis Quelmaltii, Freiberg Hermund. Phrontisterii patritii rectoris. Freiberg, Beuther. 1652. 4. (FGflb. Leichpredigten Bd. 4.)

1116. Sperling, Paul, Leichenrede bei der Bestattung des „Herrn M. Johannis Schellenbergii, gewesenen Alten, vnd in die 39. Jahr wolverdienten Rectoris bey vnser löblichen Stadt-Schulen allhier in Freybergk." Freiberg, Georg Beuther. 1642. 4. (FGflb. Class. III. Nr. 99 Vol. XVIII. und Leichpredigten Bd. 3.)

1117. (Sperling, Paul, u. a.) Monumentum memoriae Mauritii a Schönbergk in Biberstein. Freiberg, Georg Leuther. 1646. 4. (FGflb. Leichpredigten Bd. 3.)

1118. Sperling, Paul, Leichpredigt beim Begräbnis von Ernst Schönlebe, Erb- und Lehensherrn „uff Freybersdorff." Freiberg, Georg Beuther. 1645. 4. (FGflb. Leichpredigten Bd. 3 und Bd. 12.)

1119. Ders. Leichpredigt bei dem Begräbnis „des weiland Wol Edlen, Vesten und Wol Mannhafften Herrn Gabriel Schönlebens uff Halß Churfürstlicher Durchlauchtigkeit zu Sachsen unter dem hochlöblichen Webelbujchischen Esquadron über eine Compagnia Traioner gewesenen wolbestalten Hauptmans." Freiberg, Georg Beuther. 1644. 4. (FGflb. Leichpredigten Bd. 3 und 10.)

1120. Ders. Leichpredigt beim Begräbnis der Frau Magdalena, des Herrn Heinrich Schönlebe, „vornehmen Rathsverwandtens vnd des Armen Kastens wolverordneten Vorstehers in Freybergt, gewesenen vielgeliebten Ehelichen Haußfrawen." Freiberg, Georg Beuther. 1642. 4. (FGflb. Leichpredigten Bd. 3 und Bd. 11.)

1121. (Sperling, Paul, u. a.) XP Mortuorum resuscitatori honorique et immortali memor. sacr. Foeminae qua gentem qua mentem nobilissimae Elisabethae Schliwiziae, generosi maximi strenui reique militaris scientia herois praecellentissimi Dn. Georgii Hermanni a Schweinitz in Romnitz etc. Sereniss. Elect. Sax. Ducis legionarii fortissimi et perantiquae metallicae Freibergae gubernatoris atque propugnatoris fidelissimi aeque ac meritissimi conjugis pientissimae etc. Freiberg, Georg Beuther. 1644. 4. (FGflb. Leichpredigten Bd. 3.)

1122. Sperling, Paul, Leichpredigt beim Begräbnis von Wolfgang Siegel, Bergamtsverwalter der Erzgebirge. Freiberg, Georg Beuther. 1644. 4. (FGflb. Leichpredigten Band 3 und 12.)

6*

84 B. Darstellungen: 11. Biographisches. c. Zeit der Leichpredigten.

1123. (Starck, M. Benjam., Pastor Mitweidens. & dioecesoos Chemnic. Adjunctus u. a.) Discidium per obitum vere beatum foeminae pientissimae conjugis oculissimae Barbarae Waltheriae, sine voto quidem sed non sine fato factum Viro.. Dn. Sebastiano Gottfried Starcken, theol. doct. Pastori atque Superattendenti Freibergonsi deplorant fratres, fautores etc. Freiberg, Georg Beuther. 1655. 4. (FGflb. Leichpredigten Band 5.)

1124. Starck, Gottfr., Leichpredigt bei der Bestattung des „Herrn Matthias Alberen, Alten und treuen Ambt-Mannes in Freyberg, auch Verwaltern des Jungfrauen Closters daselbst." Freyberg, Gedruckt bei Zacharias Bedern. 1675. 4. (FGflb. Leichpredigten Bd. 5.)

1125. Ders. Leichpredigt beim Tobe des Amtspredigers Otto Benewitz. Freiberg, Zacharias Becker. 1670. 4. (FGflb. Leichpredigten Bd. 6.)

1126. (Starck, S. G., u. a.) Trauerlieder beim Helmgang Joh. Wilh. Benzingers, „N. P. Caes. Judiciique Freiborg. Actuarii." Freiberg, Beuther. 1659. 4. (FGflb. Leichpredigten Bd. 5.)

1127. (Starck, Gottfr., u. a.) Nenia in funere Gabrielis Breitingi, reipubl. Freiborg. senatoris praefecti aerar. paup. super. Freiberg, Beuther. 1668. 4. (FGflb. Leichpredigten Bd. 6.)

1128. Desgl. In funere .. viri .. Johannis Drabitii, N. P. C. Senatoris Reipubl. Freiberg. Primarij, Archigrammatici item & scholarchae optime meriti etc. Freiberg, Beuther. 1663. 4. (FGflb. Leichpredigten Bd. 5.)

1129. Desgl. Solatium in funere viro Dno Christiano Funccio, philosophiae magistro scholae quae Freibergensis collegae tertio praeclare merenti filiolam unicum Martham Justinam .. defunctam .. deducenti. Freiberg, Beuther. 1655. 4. (FGflb. Leichpredigten Bd. 5.)

1130. Desgl. Monimentum diis manibus Wolfgangi Graunii, senatoris ac praetoris Freib. Freiberg, ohne Angabe des Druckers, 1659. 4. (FGflb. Leichpredigten Bd. 5.)

1131. Starck, Gttfr., Leichpredigt beim Tod von Anna Dor. Graußig, geb. Graun, 1666. (Zittauer Stadtbibliothek.)

1132. (Starck, Gottfr., u. a.) Trauergedichte auf Frau Konrektor Justina Gref, geb. Horn. Freiberg, Georg Beuther. 1657. 4. (ZGflb. Leichpredigten Bd. 5.)

1133. Starck, Seb. Gottfr., Leichpredigt beim Begräbnis von Friedrich Horn, J. U. Candidatus und vornehmen Patritius. Freyberg, Gebruckt bei Georg Beuthern. 1659. 4. (FGflb. Class. III. Nr. 100. D. Vol. XIX. und Leichpredigten Bd. 13.)

1134. Ders. Leichpredigt für Gabriel Horn, Vornehmen Patritius und neuerwehlten Raths-Herrn. Freyberg, Bey George Beuthern. 1659. 4. (FGflb. Class. III. Nr. 100 D. Vol. XIX.) Dazu Trauerlieder (FGflb. Leichpredigten Bd. 5 und 13.)

1135. (Starck, Gottfr. a. a.) Inferiae Christianae Tumulo Annae Barbarae e celebri familia Linckiadum, viri Dni. Sam. Wagneri J. U. cand. maritae pro consolatione etc. Freiberg, Beuther. 1653. 4. (FGflb. Leichpredigten Bd. 4.)

1136. Desgl. Trauergesänge auf M. Carl Lincke. Freiberg, Beuther. 1658. 4. (FGflb. Leichpredigten Bd. 5.)

1137. Starck, Gottfr., Leichpredigt beim Tode von Frln. Anna Dorothea Lindenerin. Freiberg, Georg Beuther. 1668. 4. (FGflb. Leichpredigten Bd. 6.)

1138. Derf. Leichpredigt beim Begräbnis des Bürgermeisters Johann Lindener. Freiberg, gedruckt 1674 bey Zacharias Beckern. (FGflb. Leichpredigten Bd. 5.)

1139. (Starck, Gottfr. u. a.) Trauergedichte auf Pastor Israel Maulisch. Freiberg, Beuther. 1654. 4. (FGflb. Leichpredigten Bd. 5.)

1140. Starck, Gottfr., Ehren-Preiß .. des .. Herrn Andreae Möllers, philosophiae & medicinae berühmten Doctoris, bey der Stadt Freyberg hochbestalten physici ordinarii, auch wolverdienten Bibliothecarii ɾc. Und (Dessen) Frau Regynae, gebohrnen Thorschmiedin. (FGflb. Leichpredigten Bd. 5.)

1141. Derf. Leichpredigt bei der Bestattung der Frauen Mariä Sophiä, gebohrner Hillgerin, des .. Herrn Matthiae Müllers, Churfl. Durchl. zu Sachsen wohlbestallten Zehend- und Recess-Schreibers, Vornehmen des Raths, auch wohlverordneten Vorstehers des Armen Kastens allhier, Herzliebsten Ehe-Schatzes. Freiberg, Georg Beuther. 1654. 4. (FGflb. Leichpredigten Bd. 5 und Bd. 10.)

1142. Derf. Leichpredigt beim Tode von Nicol von Schönberg auf Ober-Schöna, Churfl. Durchl. zu Sachsen Rath, Ober- und Creiß-Steuer-Einnehmer. Freiberg, Georg Beuther. 1659. 4. (FGflb. Leichpredigten Bd. 7 und Bd. 13.)

1143. (Starck, Gottfr. u. a.) Palma .. viro nobili .. dno. Henrico Schönlebio Freiberg. Hermund. Reipubl. Patriae conscripto Patri gravissimo, nec non Aerarii publici Praefecto optime merito. Freiberg, Georg Beuther. 1657. 4. (FGflb. Leichpredigten Bd. 5.)

1144. Desgl. Trauerlieder beim Tode der Frau Anna Catharina Schönlebe, geb. Horn. Freiberg, Georg Beuther. 1670. 4. (FGflb. Leichpredigten Bd. 6.)

1145. Desgl. Epicedia in obitum Michaelis, viri .. dn. Georgii Spiessens, Freib. Animarum Pastoris in Ober Boberitzsch filii. Freiberg, Georg Beuther. 1660. 4. (FGflb. Leichpredigten Bd. 5.)

1146. Starck, Gottfr., Leichpredigt beim Tode des Herrn Stephan von Sütphen, des älteren, Von unterschiedenen Kaiserl. Majest. Chur- und Fürstl. Durchl. privilegirten, in vielen Königreich und Landen hochberühmten Leib- und Wund-Ärzten, wie auch Oculistens, Stein- und Bruch-Schneiders, in der renovirten Capelle beym Dohmb zu Freyberg eingesendet. — Gedruckt in Zwickau, von Samuel Ebeln. Ohne Angabe des Druckjahres 4. (FGflb. Leichpredigten Bd. 6.)

1147. Derf. Leichpredigt bei der Bestattung des Herrn M. Gottfried Trendner, der Kirchen zu Erbisdorff, Brand und St. Michael treufleißigen Diaconus. Freiberg, Georg Beuther. 1655. 4. (FGflb. Leichpredigten Bd. 10.)

1148. Derf. Leichpredigt beim Begräbnis von Samuel Wagner, „Zur Grossen Schirme in der Kirchen in sein Ruhe- und Schlaff-Kämmerlein eingeleget." Freiberg, Zach. Becker 1664. 4. (FGflb. Leichpredigten Bd. 5.)

1149. Starck, Gottfr., Leichpredigt beim Tode Johannis Andreae Wandels. Freiberg, Georg Beuther. 1660. 4. (FGflb. Leichpredigten Band 6.)

1150. Starck, Gottfr., Leichpredigt für Frau Regina Salome, gebohrne Möllerin, des ..Herrn Wilhelmi Wanckels, Medicinae berühmten Doctoris und Practici allhier gewesene Hertz Eheliebste. Freyberg, Gedruckt bei Georg Beuthern. 1656. 4. (FGflb. Class. III. Nr. 100 D. Vol. XIX. und Leichpredigten Bd. 5 und Bd. 13.)

1151. Derſ. Leichpredigt beim Begräbnis von Wilhelm Wanckel, Doctor Medicinae und Practicus. Freyberg, Gedruckt bei Georg Beuthern. 1657. 4. (FGflb. Class. III. Nr. 100 D. Vol. XIX. und Leichpr. Bd. 13.)

1152. (Starck, Isaak, u. a.) Trauerlieder auf Archibiac. Friedrich Starck. Freiberg, Zach. Becker. 1671. 4. (FGflb. Leichpredigten Bd. 7.)

1153. Tobias, Freiberger Leichenpredigten betr. MFM. 5, 514.

1154. Derſ. Stammbuch von Johann Bezel aus Freiberg. MFM 6, 639.

1155. Töpffer, Leichenrede auf J. E. von Schönlebe auf Langenrinne. 1714.

1156. (Ungenannt) Merkwürdige Lebensumstände des Jubelpredigers, Herrn M. David Gbl .Drübsbachs, gewesenen treufleißigen Past. in Döbeln bey Grimma (geb. 1683 zu Erbisdorf bei Freiberg). Misc. Sax. 1768, 311. 332.

1157. Desgl. Trauer= und Gedächtniß=Rede sampt denen daran gehefteten Personalien und Lebens=Läufften des Wohl Ehrenvesten, Hochgeachteten und Wohlvornehmen Hn. Friedrich Linglens Churfl. Durchl. zu Sachsen bestalten und in die 38. Jahr wohlverdienten Ober=Hüttenverwalters, ..und dessen hinterlassenen Frau Witwen ..Fr. Marien gebornen Schönlebin rc. Auff Verordnung derer Kinder und Erben zum Druck befördert in St. Annaberg, bey David Nicolai, im Jahr 1669. 4. (FGflb. Leichpredigten Bd. 5.)

1158. Desgl. Andreas Möller, der Freiberger Chronist. Freiberger Anzeiger 1870, 695 Nr. 88.

1159. Desgl. Gottfried Silbermann, Freiberger Anzeiger 1853, Nr. 175. 178. — Vgl. Freiberger Zeitung 1864 Nr. 31. (Alt. Ba 134)

1160. Desgl. Verzeichnis der von Gottfried Silbermann in den Jahren von 1709 bis 1753 erbauten Orgelwerke. Freiberger Anzeiger 1861, 904. Nr. 180.

1161. Wagner, Aug., Pfarrer zu Ober=Schönau und Wegefarth, Leich=Predigt beim Ableben des Herrn Burchard Berlichs Uff Wegefarth und Klein=Waltersdorff. Dreßden, gedruckt durch Melchior Bergens Wittbe und Erben. 1670. 4. (FGflb. Leichpredigten Bd. 6.)

1162. (Wagner, Aug., Pastor in Oberschönau und Wegefarth u. a.) Trauer= und Trost=Gedancken bey angestellter Leich=Bestattung des Herrn Samuel Häuickers, Wohlverdienten Pfarrers zu Tuttendorff. Freyberg, Zacharias Becker. 1674. 4. (FGflb. Leichpredigten Bd. 7.)

1163. Wagner, M. Balthasar, Leichpredigt beim Begräbnis der Frau Bergmeister Katharina Bauman. Freiberg, Georg Beuther. 1639. 4. (FGflb. Leichpredigten Bd. 9.)

1164. Derſ. Leichpredigt beim Begräbnis von dem Vornehmen Bürger und Handelsmann Otto Benewiß. Freiberg, Georg Beuther. 1637. 4. (FGflb. Class. III. Nr. 99. Vol. XVIII.)

1165. **Wagner**, M. Balthasar, Leichpredigt beim Begräbnis von Superintendent M. Abraham Gensreff. Freiberg, Georg Beuther. 1637. 4. (FGslb. Leichpredigten Bd. 2 und Bd. 9.)

1166. (**Wagner**, Balthasar, u. a.) Epicedia animulae beatissimae Wolfgangi Christiani, Viri Dn. Wolfgangi Graunii, judicii Fribergensis praetoris, aerariique ecclesiastici praefecti meritissimi filioli dulcissimi. Freiberg, Georg Beuther. 1642. 4. (FGslb. Leichpr. Bd. 3.)

1167. **Wagner**, M. Balthasar, Leichpredigt beim Begräbnis von Frln. Anna Sabina Linde, des Herrn M. Caroli Lindens, P. L. C. und wohlverordneten Mittagspredigers in der Dom-Kirchen zu Freybergk, hertzgeliebten Tochter. Freiberg, bei Georg Beuther. 1649. 4. (FGslb. Leichpredigten Bd. 4 und Bd. 10.)

1168. **Ders.** Leichpredigt bei der Bestattung des Herrn Christoph Linde, „des Raths, und alten wohlverdienten Cämmerers zu Freybergk." Freiberg, Georg Beuther. 1651. 4. (FGslb. Leichpredigten Bd. 4 u. Bd. 10.)

1169. **Ders.** Leichpredigt bei der Bestattung der Frau „Catharinen gebornen von Rebelin, des Ehren Vesten .. Herrn Christian Samuel Prager, des Raths und vornehmen Patritii zu Freybergt gewesenen Ehelichen Hauß Frawen." Freiberg, Georg Beuther. 1651. 4. (FGslb. Leichpredigten Bd. 4 und Bd. 12.)

1170. **Ders.** Leichpredigt beim Begräbnis des Herrn Bürgermeister Johann Prager. 1638. 4. Freiberg, Georg Beuther. (FGslb. Leichpredigten Bd. 2 und Bd. 11.)

1171. **Ders.** Leichpredigt beim Begräbnis der Frau verw. Conrector Anna Quelmaltz in Freiberg. Freiberg, Georg Beuther. 1641. 4. (FGslb. Leichpredigten Bd. 3 und Bd. 9.)

1172. **Ders.** Leichpredigt beim Begräbnis der Frau Barbara Siegel, verw. Bergamtsverwalter, begraben in der Domkirche zu Freiberg. Freiberg, Georg Beuther. 1650. 4. (FGslb. Leichpred. Nr. 4.)

1173. **Ders.** Leichpredigt beim Begräbnis von Frau Pastor und Superintendent Anna Maria Sperling in Freiberg. Freiberg, Georg Beuther. 1643. 4. (FGslb. Class. III. Nr. 99. Vol. XVIII. und Leichpredigten Bd. 3 und Bd. 9.)

1174. **Ders.** Leichpredigt beim Begräbnis vom Freiberger Superintendent Dr. theol. Paul Sperling. Freiberg, Georg Beuther. 1652. 4. (FGslb. Leichpredigten Bd. 4 und Bd. 12.)

1175. **Ders.** Leichpredigt beim Begräbnis der Frau Superintendent Barbara Starck, geb. Walter. Freiberg, Georg Beuther. 1656. 4. (FGslb. Leichpredigten Bd. 12.)

1176. **Ders.** Leichpredigt beim Begräbnis von David Weckel, Churf. Sächs. Gegen-Schreiber und wolverdienten Schichtmeister zu Freybergk und Scharffenbergk. Freybergk, Gedruckt bei Georg Beuthern. 1649. 4. (FGslb. Leichpredigten Bd. 4 und Bd. 10.)

1177. **Wagner**, M. Gabriel, Christliche Leichpredigt Bey der Volckreichen Sepultur vnd Leich-Bestattung, Des Ehren Wolgeachten, Wolweisen vnd Kunstreichen Herrn Valerius Hessing, Vornehmen alten Bürgers, (Goldschmiedes, Gerichtsschöppens, vnd Vorstehers des Armen Kastens in Freybergk (in den Creutz-Gang bey der Dom-Kirchen beygesetzt und beerdiget). Freiberg, Georg Beuther. 1643. 4. (FGslbl. Leichpredigten Bd. 9.)

88 B. Darstellungen: II. Biographisches. c. Zeit der Leichpredigten.

1178. Wagner, M. Gbl., Ambtsprediger in der Kirchen zu S. Nicolai in Freybergk. Leichpredigt Bey der Voldreichen Sopultur und Beysetzung des Ehrenvesten, Vor Achtbarn und Wohlweisen Herrn Gabriel Horns, Vornehmen des Raths, und wohlverdienten Cämmerers in der löblichen Berg=Stadt Freybergk, Welcher.. den 16. Octobris in die Capelle bey der Dom=Kirchen daselbst ist beygesetzet.worden. Gedruckt allda bey Georg Beuthern. 1653. 4. (FGslb. Class. III. Nr. 100 D. Vol. XIX. und Leich=predigten Bd. 4 und Bd. 12.)

1179. Ders. Leichpredigt bei dem Begräbnis des Herrn Michael Horn, Vornehmen Bürgers, Gerichtsschöppens vnd Handelsmannes zu Frey=bergk. Freiberg, Georg Beuther. 1643. 4. (FGslb. Leichpredigten Bd. 3 und Bd. 11.)

1180. Ders. Leichpredigt bei der Bestattung des Herrn Johanns Langen, gewesenen Gerichtsschöppens, Bürgers und Handelsmanns in Freiberg. Freiberg, Georg Beuther. 1645. 4. (FGslb. Leichpredigten Bd. 3.)

1181. Ders. Leichpredigt beim Begräbnis der „Frawen Regina, des .. Herrn Johans Langen, vornehmen Bürgers, Handelsmanns vnd Ge=richtsschöppens .. Haußfrawen." Freiberg, Georg Beuther. 1643. 4. (FGslb. Leichpredigten Bd. 9.)

1182. Ders. Leichpredigt der Frln. Marie Sophie Lingle. Frei=berg, Georg Beuther. 1637. 4. (FGslb. Leichpredigten Bd. 2.)

1183. Ders. Leichpredigt beim Begräbnis von Frau Frühprediger Do=rothea Satler. Freiberg, Georg Beuther. 1637. 4. (FGslb. Class. III. Nr. 99 Vol. XVIII. und Leichpredigten Bd. 9.)

1184. Ders. Leichpredigt beim Begräbnis von Georg Schirmer, vornehmen Bürger vnd Handelsmann. 1642. 4. (FGslb. Class. III. Nr. 99 Vol. XVIII. und Leichpredigten Bd. 9.)

1185. Ders. Leichpredigt beim Begräbnis der Frau Elisabeth, Ge=mahlin des Herrn Georg Herman von Schweinitz, hochverdienten Com=mandanten in Freybergk. Freiberg, Georg Beuther. 1644. 4. (FGslb. Leich=predigten Bd. 11.)

1186. Walburger, M. Ambrosius, Stand=Sermon und Abdankung beim Tod der Frau Anna Alber, geb. Bartisch. Freiberg. 1662. 4. Ohne Druckangabe. (FGslb. Leichpredigten Bd. 5.)

1187. (Weller, Jacob, u. u.) Trauergedichte auf Friedrich Stard. Freiberg, Georg Beuther. 1662. (FGslb. Leichpredigten Bd. 5.)

1188. Wirth, M Martin, Leichpredigt beim Begräbnis von Anna Horn, geb. Hilger. Freiberg, Georg Beuther. 1639. 4. (FGslb. Leich=predigten Bd. 2 und Bd. 9.)

1189. Ders. Leichpredigt beim Begräbnis der Frau Walpurgis Horn, geb. Schönlebe. Freiberg, Georg Beuther. 1634. 4. (FGslb. Leich=predigten Bd. 8.)

1190. Ders. Leichpredigt beim Begräbnis der Frau Barbara Kil=mann. Freiberg, Georg Hoffman. 1636. 4. (FGslb. Class. III. Nr. 99 Vol. XVIII. und Leichpredigten Bd. 2 und Bd. 8.)

1191. Ders. Leichpredigt beim Begräbnis des „Herrn Matthaei Klöp=pels, Alten vnd wolverdienten Glöckners der Kirchen zu St. Petri, in die 38. Jahr: vnd standhafftigen bawenden Gewerckens allhier in Freybergk." Freiberg, Georg Beuther. 4. 1637. (FGslb. Leichpredigten Bd. 9.)

1192. **Wirth**, M. Martin, Leichpredigt beim Begräbnis von Christophorus Ludwig. Freiberg, Georg Beuther. 1633. 4. (FGflb. Class. III. Nr. 99 Vol. XVIII. und Leichpredigten Bd. 2 und Bd. 8.)

1193. Derf. Christlicher Leich-Sermon Bey Adelichen, Ritterlichen vnd Militarischen Leichbegängnüß des weiland Besten vnd Mannhafften Herrn Daniel Mißlings wolbestalten Hauptmans vber ein Compagnia Trojoner vnter der löblichen Squadron des Hoch Edlen, Gestrengen, Besten vnd Mannhafften Herrn Florian Stritzky, Churfürstl. Durchl. zu Sachsen wolbestalten Obrister Leutenant vnd Commendant der berühmten Bergstadt Freybergk, Welcher Anno 1639 den 31. Julii bey früher Tageszeit vmb 2 vhr auff dem Marckt daselbst, durch einen vom Adel erstochen vnd entleibet. Gedruckt zu Leipzig, bey F. Landischen S. Erben. 4. (FGflb. Leichpr. Bd. 3.)

1194. Derf. Leichpredigt beim Begräbnis von Frau Anna Catharina Prager. Gedruckt zu Freyberg! bei Georg Beuthern. Im Jahr 1638. 4. (FGflb. Leichpredigten Bd. 2 und Bd. 9.)

1195. Derf. Leichpredigt beim Begräbnis von Frau verw. Elisabeth Reichelin. Freyberg, Georg Beuther. 1637. 4. (FGflb. Class. III. Nr. 99. Vol. XVIII.)

1196. Derf. Leichpredigt bei der Bestattung der Frau Anna, geb. Horn, des „Ehrenvesten, Vorachtbarn, Hochweisen Herrn Jonae Schönlebens vff Langenrinne, Chrf. Durchl. zu Sachsen wolverordneten Zehendners vnd wolverdieuten Bürgermeisters dieser löblichen Bergstadt Freyberg verstorbenen Hertzvielgeliebten Haußfrawen." Freiberg, Georg Beuther. 1642. 4. (FGflb. Leichpredigten Band 3 und Bd. 11.)

1197. Derf. Leichpredigt beim Begräbnis von Elias Schrempff. Freiberg, Georg Beuther. 1637. 4. (FGflb. Class. III. Nr. 99 Vol. XVIII und Leichpredigten Bd. 9.)

1198. Derf. Leichpredigt beim Begräbnis von Frln. Barbara Elisabeth Süssemilch. Freiberg, Georg Beuther. 1636. 4. (FGflb. Leichpredigten Bd. 2 und Bd. 8.)

1199. Derf. Leichpredigt „Vber dem plötzlichen, erbärmlichen vnd trawrigen Todesfall des Ehrenvesten, Achtbarn, Wolgelarten vnd Wolweisen Herrn Melchioris Tannebergs, Jurium Candidati et Practici vnd des Raths daselbst rc. Welcher den 7. Martij 1637 in nothwendiger Verrichtung, von E. E. Hochw. Rath nacher Meissen zu verreisen abgefertiget, vnterwegens aber, auff freyer strassen, an Dorff Soppen, von etzlichen Rauberischen vnd herumbstreiffenden Völckern, bößlich angefallen, außgezogen, beraubet, vnd gantz erbärmlicherweise, nebens seinen Gefehrten, in die sechs Personen, erschossen und erstochen." Freiberg, Georg Beuther. 1637. 4. (FGflb. Class. III. Nr. 99 Vol. XVIII. und Leichpredigten Bd. 2 und Bd. 9.)

1200. **Zschaler**, Gottfr., Gottfried Silbermann, Hof- und Landorgelbauer zu Sachsen. Eine Erzählung für Alt und Jung. Dresden 1858. (Alt. Bd. 216)

d. 18. und 19. Jahrhundert.

1201. A. St. **Bernhard von Cotta**. Nekrolog. Beilage zum Neuen Jahrbuch für Mineralogie rc. Jahrgang 1879.

1202. **Am Ende**, Ernst. Am Ende, Carl Friedrich, Feldmarschalllieutenant. Wien 1878. Militärische Besetzung der Freiberger Gegend betreffend S. 80 bis 88. Vgl. MJA. 17, 115.

1203. H. Über Herrn Alexander v. Humboldt's neuerliche Anwesenheit in Freyberg. FGN. 1826, 425.
1204. B. Recension von Karsten, über Werners Verbesserungen, 1793, in: Bergmänn. Journal 1792. II. 156. (Alt. XVI. 202k)
1205. Beyer, K., Zillbach. Wien. 1878 (hierin eine Biographie von Bernhard von Cotta).
1206. Bibermann, J. G., Wohlverdientes Ehren=Denkmahl des Herrn Christian Friedrich Wilischens, der heil. Schrift Doctoris, Pastoris primarii etc. Freyberg. 1759. (Alt. Ba 107)
1207. Bibermann, Joh. Gottfr., Charakteristische Skizze des Konrektor M. Hübler, Freiberg 1805. (Alt. Ba 110)
1208. Bley, Carl, Bild und Brief Werners betr. Sitzungsberichte der Gesellschaft Isis in Dresden 1881, 3. 10.
1209. G. Friedrich Wilhelm Heinrich von Trebra. FGN. 1819, 233. (Alt. Ba 131)
1210. Gerhards Gedächtnisrede auf den Minister Heynitz. 8. Berlin. 1804.
1211. Gerlach, J. C. F., Johann Friedrich Lempe, Professor der Mathematik, Physik und Bergmaschinenlehre bey der Bergakademie zu Freyberg. FGN. 1801, 61. (Alt. Ba 131)
1212. (Gerlach, Heinr.) Über Prof. C. F. Plattner. Im Freiberger Bergkalender 1860. (Alt. Bb 27)
1213. (Gerlach) Joh. Carl Gotthelf Rochlitzer (Biographie). Berg=kalender 1875, 41. (Alt. Bb 27)
1214. (Gerlach, Heinr.) Über Abraham Gottl. Werner. Im Freiberger Bergkalender 1861. (Alt. Bb 27) Vgl. MRSA. 12, 73.
1215. Gerlach, J. C. F., Über des Hauptmann Tielle Leben und Schriften. Freyberg 4. 1797. (Alt. Bd. 126)
1216. Gerlach, Samuel Gottlob, Frisch, der Gottesgelahrtheit und Weltweisheit Doctor, Amtsprediger zu St. Petri und des Landschullehrer=Seminarii Director zu Freyberg. FGN 1817, 411. (Alt. Ba 131)
1217. Gramp, Carl Ferd., Carl Theodor Körners Beziehungen zu Freiberg. Freiberg 1875. (Alt. Ld 320)
1218. H. Johann Heinrich Lincke. FGN. 1805, 451. (Alt. Ba 131)
1219. H. Recension von Werner, Neue Theorie von der Entstehung der Gänge mit Anwendung auf den Bergbau, bes. den Erzgebirgischen. Berg=männisches Journal, herausgeg. von Köhler und Hoffmann, 1792, S. 267—283. (Alt. XVI. 202i)
1220. Hallbauer, K. F., Herr M. Friedrich August Hecht, Rect. emer. zu Freyberg. FGN. 1818, 357. (Alt. Ba 131)
1221. Ders. Herr Johann Christoph Friedrich Gerlach, Buchhändler und Buchdrucker zu Freyberg. FGN. 1829, 396. (Alt. Ba 131)
1222. Hartmann, Carl, Nekrolog auf Lampadius. BHZ. I. 1842, 457.
1223. Hasche's Magazin VI. (1789) S. 364, das Leben von Klotzsch betr.; vgl. auch Auszug eines Gutachtens, welches der verstorbene Oberstadt=schreiber Klotzsch in Freyberg bei Gelegenheit der Erhöhung des Goldes in den österreichischen Landen über deren Nachahmung in den Sächsischen er=theilt hat. Weiße, Museum l., 2, 89.

1224. Hecht, F. A., Nachrichten von M. Dn. G. J. Hüblers Leben. Freyberg 1805. (Alt. XII. 197. 4.)

1225. Derſ. Einige Nachrichten von den Verdienſten des Conrector Tan. Joſ. Hübler. 3. Stück. Freyberg 1806—1808. (Alt. XII. 200 a—c 4)

1226. Derſ. D. Samuel Müller, Rektor des Gymnaſiums zu Freyberg. FGN. 1803, 373. (Alt. Ba 131)

1227. Heydenreich, Eduard, Litterariſche Umſchau, Bericht über die wiſſenſchaftliche Litteratur, die Geſchichte von Freiberg und Umgegend betr. (ſeit 1878) MFA. Heft 17 ff. Hierin insbeſondere Auszüge aus: Allgemeine deutſche Biographie. Leipzig 1878 ff., enthaltend biographiſche Angaben über: Johann Gottfried Fiſcher, Heinrich von Freiberg, Johann Carl Freiesleben, Carl Heinrich Frotſcher, Carl Chriſtian Gärtner, Carl Friedrich Otto Geyer, Chriſtian Fürchteg. Gellert, Ernſt Friedr. Germar, Joh. Aug. Görenz, Nikolaus Hausmann, Chriſtian Fürchtegott Hollunder, Oswald Hilliger, Alex. v. Humboldt, Karl Aug. Junge, Kunz v. Kauffungen, Karl Gottfried Kelle (1810 Pfarrer in Kleinwaltersdorf und Kleinſchirma), Guſt. Friedr. Klemm, Auguſt Sigismund Kori, Theodor Körner. (Wird fortgeſetzt.)

1228. Hübler, Daniel Gottl. Joſ., Dem Andenken des Hrn. Rector, M. Bidermanns, zu Freyberg, gewidmet von M. Hübler, Conrector. Aus dem Latein., mit Noten begleitet von M. Beyer. FGN. 1805, 353. (Alt. Ba 131) Vgl. Ad memoriam viri praenobilissimi amplissimi doctissimi M. Joannis Gottlieb Bidermanni rectoris gymnasii Freibergensis .. invitat M. Dan. Gotth. Jos. Hublorus, Conr. Freibergae. Litteris Sam. Frider. Bartholii. (Alt. Ba 77)

1229. Derſ. Leben u. Charakter Herrn M. Chriſtoph Gotthelf Müllers, weil. Amtspredigers zu St. Petri. 1773. (Alt. Ba 77 und Al. XII. 09. 4.)

1230. Karſten, Über Herrn Werners Verbeſſerungen in der Mineralogie, auf Veranlaſſung der freymüthigen Gedanken des Herrn Abbé Eſtner. Berlin 1793. (Al. VI. 149. 8)

1231. Köhlers, A. W., Standrede am Sarge des Bergrates Chriſtl. Ehreg. Gellert. Freiberg 1795. (Alt. Bb 35)

1232. Kretſchmar, Todtenfeier des verewigten Kgl. S. Herrn Oberberghauptmanns von Trebra. Marienberg 1819. (Al. XIII. 380. 8.)

1233. Kreyßig, Auguſt Hermann, Album der evangeliſch-lutheriſchen Geiſtlichen im Königreich Sachſen von der Reformationszeit bis zur Gegenwart. Nach den alphabetiſch geordneten Parochien zuſammengeſtellt. Dresden 1883. (Enthält die Reihen der Pfarrer, mit zahlreichen biographiſchen Bemerkungen zu folgenden Parochien: Freiberg (S. 143 ff.) Superintendenten, Dompfarrer, Dom-Mittagsprediger, Dom-Vesperprediger, Dom-Hilfsprediger, Dom-Diaconen, Hofprediger von der Schloßkirche; an der Kirche zu St. Petri Amtsprediger, Frühprediger, Freitagsprediger, Pfarrer; an der Kirche zu St. Jacobi Pfarrer, Diaconen; Geiſtliche an der Johanniskirche. Ferner zu den Parochien der Umgegend: Berthelsdorf 63, Bräunsdorf 49; Colmnitz 73, Conradsdorf (Filial Hilbersdorf) 74, Erbisdorf (Filial St. Michaelis) 127, Großhartmannsdorf (Filial Gränitz) 182, Frankenberg 136, Großſchirma (Filial Rothenfurt) 187, Höckendorf 214, Kleinwaltersdorf (Filial Kleinſchirma) 233, Krummenhennersdorf (Filial Oberzſchaar) 248, Lichtenberg (Filial Weigmannsdorf) 297, Naundorf 342, Oberbobritzſch 366, Oberſchöna (Filial Wegefarth) 273, Tuttendorf 518, Weißenborn 534. (FGBib Cl. XI. h. l. 8. 422.)

1234. **Kreißig**, August Hermann, Afraner-Album. Verzeichniß sämmtlicher Schüler der Kgl. Landesschule zu Meißen von 1543 bis 1875. Meißen 1876. (Enthält zahlreiche biographische Notizen über geborene Freiberger.) (Alt. Bd 334)

1235. v. **Leonhardt**, R., Zu Werners Andenken. Gesprochen in der Versammlung der königlichen Academie der Wissenschaften zu München am 25. Oktober 1817. 8. Frankfurt a. M. 1817. (Af. XII. 205, 8.)

1236. **Lh.** Recension von Haidingers Eintheilnng der Gebirgsarten und Werners Classification und Beschreibung der verschiedenen Gebirgsarten. Allg. Deutsche Bibl. Band LXXX. Nr. 1. (Af. VII. 55. 8.)

1237. **Lorenz**, M. Chr. G., Grimmenser Album. Verzeichnis sämtlicher Schüler der Kgl. Landesschule zu Grimma von ihrer Eröffnung bis zur dritten Jubelfeier. Grimma. Druck der Buchdruckerei des Verlags-Comptoirs 1850. XII. u. 450 S. Vgl. Nr. 1234. (Alt. Bd 229.)

1238. **Ludwig**, D. Ch. Tr., Progr. Catalecta litteraria physica et modica. (Werner betr.) 1818. 1819. 1820. Leipzig. (Vgl. Systematische Übersicht der Litteratur für Mineralogie, Berg- und Hüttenkunde von 1800 bis 1820. Freyberg 1822)

1239. **M.** Siegmund August Wolfgang Freiherr v. Herber. (Mit Bildern Herbers und von Herbers Ruhestätte) in: Saxonia, Museum für sächs. Vaterlandsk. V. 15 ff. (Alt. Bc 207e)

1240. **Monsty**, J. T., Dem Andenken des Herrn Johann Andreas Scheidhauer's, bestverdient gewesenen Bergmeisters zu Freyberg, gewidmet; nebst Trauerrede, gehalten am Begräbnißtage desselben von G. B. Schmidt. Freyberg 1784. (Af. XII. 172. 4.)

1241. **Pezholdt**, Julius, Prof. Dr. Robert Brause, Konrektor des Gymnasium Albertinum, in: Neuer Anzeiger für Bibliographie und Bibliothekwissenschaft 1880, Heft 10.

1242. **Ders.** Rektor Dr. Carl Aug. Rüdiger, Biographisch-litterarische Skizze nach Mittheilungen von A. Th. Rüdiger. Neuer Anzeiger für Bibliographie und Bibliothekwissenschaft. Juli 1870. (Alt. Ba 146)

1243. **Prölß**, Adolf, Reden am Grabe der Herren Mathemat. Hofmann u. Zeichenl. Fischer. 15 S. 8. Vgl. H. v. Bose Sächs. Jahrbuch f. Geschichte ꝛc. 1851, 129.

1244. **Richter**, Bernhard, Über Konrektor Moritz Döring, den Dichter des Bergmannsgrußes. Ein Beitrag zur sächsischen Dichter- und Gelehrtengeschichte. (Gymnasialprogramm und separat bei Craz & Gerlach in Freiberg. 1884. 4. (Der buchhändlerische Ertrag ist zur Begründung einer Döring-stiftung bestimmt.) Besprochen von Gloaz in: Deutsches Litteraturblatt, begründet von W. Herbst, fortgeführt von H. Keck. 7. Jhrg. 1884, Nr. 17, S. 66.

1245. **Ders.** Moritz Döring, der Dichter des „Bergmannsgrußes" 8. Festgabe zum 11. Stiftungsfeste des Gesangvereins „Arion" in Zwickau. Zugleich zur Erinnerung an die beiden Aufführungen des „Bergmannsgrußes" am 8. und 20. October 1882. Vgl. MFA. 20, 131. (Nicht im Buchhandel.)

1246. **Richter**, F. J., Werner betr.: Die Bergbaukunst nach A. G. Werner's Vorlesungen in der Königl. Sächs. Bergakademie zu Freyberg und nach eignen Erfahrungen. Dresden 1823. (Af. VIII. 326. 8.)

1247. **Richter**, Joh. Gottl., Denkmal Herrn M. Christoph Gottlob Grundigs P.Pr. und Superintendents zu Freyberg 1781. 4. (Alt. Ba 27)

1248. Richter, Joh. Gottl., De Jacobo Schenkio in scriptis suis non Antinomo. Dissert. Lips. 1782.

1249. Sommer, Sigmund August Wolfgang Freiherr von Herber, Königl. sächs. Oberberghauptmann (mit Bildnis desselben). In: Das Vaterland der Sachsen, Mitteilungen aus Sachsens Vorzeit und Gegenwart. I. 1839, 101 ff. (Alt. Bc 85 a)

1250. (Ungenannt) Ambrosius Bethmann Bernhardi, Gelehrter und Besitzer der Crazischen Buchhandlung zu Freyberg. FGN. 1801,451. (Alt. Ba 131)

1251. Desgl. Zur Erinnerung an Herrn Doctor Johann Gottlieb Bibermann. FGN. 1824, 405. (Alt. Ba 131)

1252. Desgl. Gedächtnisfeier für Leopold v. Buch. Begangen in der Bergakademie zu Freiberg. Mit 2 Tafeln. Leipzig 1853. (Af. I. 96. 4.) Vgl. FGN. 1853 Nr. 61, 253.

1253. Desgl. Bernhard von Cotta, Biographie. Freiberger Anzeiger 1879 Nr. 235. (Vgl. MJN. 18, 118)

1254. Desgl. Lebrecht Johann Friedrich Erler, Lehrer an der Bergschule und Schichtmeister zu Freyberg. FGN. 1806,123. (Alt. Ba 131)

1255. Desgl. M. Christian Gottlob Flade, Conrector am Gymnasio zu Freyberg. FGN. 1816,347. (Alt. Ba 131)

1256. Desgl. M. Johann Christian Frisch, Amtsprediger zu St. Petri. FGN. 1804,367. (Alt. Ba 131)

1257. Desgl. Carl Wilhelm Benno v. Heynitz, Kgl. Sächs. Kammerherr und Berghauptmann rc. FGN. 1801, 163. (Alt. Ba 131)

1258. Desgl. Horn, Christ. Sig., Mitteilungen über Freibergs Wohlthäter und seine Stiftungen, mit Bildnis. Freiberg 1836. (Alt. Ba 30) Vgl. Freiberger Anzeiger 1857, 1. Oct.

1259. Desgl. Kurze Biographie des in Freyberg verstorbenen Archi-Diaconi Hrn. M. Janidens. Cur. Sax. 1740,172. (Af. XVI. 270e)

1260. Desgl. Nekrolog von Dr. Carl August Junge. BHJ. 1869. XXIX. Nr. 32. Vgl. Allgemeine deutsche Biographie XIV., 705.

1261. Desgl. Dem Andenken des H. Prof. Joh. Friedr. Lempe. Freyberg. 1801. (Al. XII. 185. 4.)

1262. Desgl. Etwas von dem Leben des Pastoris in Erbisdorff M. Sam. Jacob Löschers. Cur. Sax. 1756,22. (Af. XVI. 270o)

1263. Desgl. Johann Gottlob Richter, der Theol. Doktor, Past. prim. am Dom zu Freyberg und Superintendent der Freybergischen Diöces. FGN. 1800,420. (Alt. Ba 131)

1264. Desgl. Schmid, Christian Wilhelm Friedrich, Oberbergamtsassessor, Oberbergmeister u. s. w. in Freyberg (Nekrolog). FGN. 1806, 311. (Alt. Ba 131)

1265. Desgl. Hans Eberhard v. Schönberg auf Purschenstein. Anzeiger und Tageblatt für Sayda und Umgegend 1883 Nr. 222, 23. Sept.

1266. Desgl. M. Heinrich Wilhelm Stockmann, Pastor zu Lichtenberg und Weigmannsdorf. FGN. 1802,421. (Alt. Ba 131)

1267. Desgl. Zum Andenken des Hrn. Bergrath Taube. FGN. 1828,81. (Alt. Ba 131)

94 B. Darstellungen: 11. Biographisches. d. 18. u. 19. Jahrhundert.

1268. (Ungenannt) Oberberghauptmann von Trebra. Freiberger Zeitung 1864 Nr. 15. MRSA. 19, 30.

1269. Desgl. Werner und das Wernerfest im Jahre 1850. Freiberg. (Alt. Bb 63)

1270. Desgl. Gedrängte Darstellung des Wernerfestes, am 24., 25. und 26. September 1850, in Freiberg (mit Abbildung von Werners Grabmal). JBH. 1851, 54.

1271. Desgl. Abraham Gottlob Werner. Freib. Anz. 1848, 55.

1272. Desgl. Recension des Buchs von A. G. Werner "Neue Theorie von der Entstehung der Gänge ꝛc." (A.f. VII. 483. 8.)

1273. Desgl. Gedächtnißrede, dem Herrn Bergrath und Oberbergamts=assessor Johann Georg v. Wichmannshausen gewidmet. Freiberg 1787. (Af. XII. 639. 4)

1274. Desgl. Wilisch betr. Nachricht von dem Freybergischen Bibel=Werke (des D. Christ. Friedr. Wilisch). Cur. Sax. 1740, 215. (Af. XVI. 270e)

1275. Weisbach, A., August Breithaupt. Nekrolog. Freiberg 1874. (Af. J. 122. 8)

1276. B(ater) und G(erlach.) Meine Reise in das sächsische Erz=gebirge. 1798. Freyberg. Vgl. "Glück auf!" Organ des Erzgebirges 1883, Nr. 3.

1277. Beltheim, A. F. v., Über der Herren Werner und Karsten Re=formen in der Mineralogie, nebst Anmerkungen über die ältere und neuere Benennung einiger Steinarten. Helmstädt 1793. (Af. VI. 148. 8.)

1278. Vogel, Bernhard, Richard Wagner. Sein Leben und seine Werke. Leipzig. 1883. (S. 24 f. über Wagners Aufenthalt in Freiberg.)

1279. Weber, Karl von, Der Oberberghauptmann Curt Alexander von Schönberg in Rußland 1736 flg. ASG. VIII. 1879, 303.

1280. Wunder, H., Ecce, gehalten an der Kgl. Landesschule zu Grimma in den Jahren 1876, 1877, 1878. Auf Kosten des Verfassers gedruckt. (Grimma, in Commission bei G. Genzel 1879. 145 Seiten. Dazu 2. Heft 1879; 3. Heft 1880; 4. Heft 1881 (seit diesem Jahr im Selbstverlag des Verfassers); 5. Heft 1882; 6. Heft 1883. (Enthält Biographien verstorbener Schüler der Landesschule zu Grimma und wird fortgesetzt). Vgl. Nr. 1234 u. Nr. 1237.

12. Umgegend.

Ausschließlich des Berg= und Hüttenwesens.

(Vgl. oben Abteilung B 6.)

1281. G. Beschreibung des Canzley=Erblehnguth Lößnitz bey Freyberg, besonders in ökonomischer Hinsicht. FGR. 1818, 213. (Alt. Ba 131)

1282. Gautsch, Die alten Burgen und Rittersitze um Freiberg. All=gemeines. 1. Biberstein. 2. Reinsberg. MFA. 14, 1271. 3. Der "alte Hof" im Niederfreiwalde bei Erbisdorf. 4. Bräunsdorf. MFA. 15, 1457.

1283. Gerlach, Einige Nachrichten von dem Rittergute Linda bey Brand ohnweit Freyberg. FGR. 1807, 345. (Alt. Ba 131)

1284. Gerlach, Heinrich, Brand, alte Begräbnisschilder daselbst. MFA. 10, 923.

1285. Gerlach, Heinrich, Rätselhafte Glockeninschrift (aus der Kirche zu Tuttendorf). MFA. 3, 271 ff.

1286. Gottwald, E., Die Sagen über das Geschlecht der Edlen v. Theler und deren Erbbegräbnis (Hödendorf) in: Mitteilungen des Kgl. Sächs. Vereines für Erforschung und Erhaltung vaterländischer Altertümer, Heft 13, 52. Vgl. MRSA. H. 4, 13. H. 6, 76. H. 29, 32. 47. 59.

1287. Gurlitt, C., Die Grüllenburg (Grillenburg) betr. MRSA. H. 28, 31.

1288. Hantzsch, Adolf, Geschichte des Dorfes Plauen bei Dresden. Mittlgn. des Ver. f. Gesch. Dresdens 3. Heft 1880. Straßenbau u. Grillenburg betr. S. 44. Vgl. MFA. 18, 121.

1289. Hasse, Zur Geschichte der Einwanderung Evangelischer aus Böhmen in Sachsen im 17. Jahrh. Mittlgn. des Vereins für Gesch. der Deutschen in Böhmen XVII. Jahrg. Nr. 4. 1879. Vgl. MFA. 17, 127.

1290. Herzog, E., Christiansdorf betr. ASG. 2, 211.

1291. Ders. Den Namen der Stadt Brand betr. MFA. 5, 513.

1292. Ders. Sachsens wüste Marken. ASG. 2, 69. Vgl. ebenda 2, 193. 5, 319. 10, 77. 12, 90.

1293. Heydenreich, Eduard, Kriegsdrangsale von Freibergs ländlicher Umgebung im 18. Jahrhundert. Nach ungedruckten Quellen dargestellt. Freiberg 1879. Craz & Gerlach. (Separatabdruck von MFA. H. 10)

1294. Hingst, Die alten Burgen und Rittersitze um Freiberg. 5. Colmnitz. MFA. 18, 1.

1295. Ders. Steuerregister, ein Freiberger, aus dem Jahre 1546, Fortsetzung und Schluß, die Hospital= und Ratsdörfer betr. MFA. 20, 45.

1296. Koch, Chr. Leb., Einige Nachrichten von Lichtenberg. Freiberg. 1800. (Alt. Ba 95)

1297. Köhler, E., Die Steinwälle auf dem Burgberge bei Lichtenberg und dem Vorberge bei Kirchberg. Glückauf, Organ des Erzgebirgsvereins, 1883, 70.

1298. Königsdörffer, A. H., Verwüstung der Kirchfahrt Langhennersdorf bei Freiberg im dreißigjährigen Kriege und ihre Wiederherstellung. Freiberg 1879. (Alt. Ba 184)

1299. Ders. Memorabilia der Kirchfahrt Langhennersdorf bei Freiberg aus dem 16. und 17. Jahrhundert, in: Beiträge zur Sächs. Kirchengesch., herausg. von Dibelius und Lechler, Heft II. 1883, 54 ff.

1300. Märker, Joh. Friedr., Chronik oder topographisch=historische Beschreibung des erzgebirgischen Ortes Großhartmannsdorf. Marienberg 1838. (Alt. Bd 237.)

1301. Müller, E. H, Historisch=topographisch=statistische Beschreibung der Bergstadt Brand mit ihren Umgebungen. Freiberg. 1862. (Al. XI. 708. 8)

1302. Pönicke, G. A., und Heise, F., Album der Rittergüter und Schlösser des Königreiches Sachsen. Erzgebirgischer Kreis. Leipzig. (Alt. Bd 257) Ohne nähere Druckangabe.

1303. Rohmann, Th., Chronik von Tharandt nebst Geschichte des alten Schlosses. 1880. Glocke zu St. Jakobi in Freiberg betr. S. 8; Wege und Anlagen S. 43; Amt Grillenburg u. Freiberg S. 35. Vgl. MFA. 18, 121.

1304. Schiffner, Albert, Uralte Bäume in den Sächsischen Landen: „Die hohe Birke" bei Freiberg betr. ASG. 2, 163.

1305. Seyfert, Chronik von Oberbobritzsch, Sohra und Süßenbach. 1882. (Selbstverlag) Vgl. Heydenreich im NASG. Bd. IV. 1883, 360.

1306. von Süßmilch, M., Wanderungen im Erzgebirge. Wiss. Beil. der Leipziger Ztg. 1884. Nr. 16—18.

1307. (Ungenannt) Verschollene Burgen und der Alte Hof bei Erbisdorf. Freiberger Zeitung 1864 Nr. 50. 53. 68. (Alt. Ba 134) Vgl. über Freiholz bei Erbisdorf MRSA. H. 4, 25. — Vgl. oben Nr. 1282.

1308. Desgl. Historisch-statistische Nachrichten von dem Bergstädtchen Brand. FGR. 1802, 301. (Alt. Ba 131)

1309. Desgl. Versuch einer historisch-statistischen Beschreibung des Bergstädtchens Brand; begleitet mit Beylagen und Zusätzen. Freiberg. 1802. (Al. IX. 250. 1629. 8.)

1310. Desgl. Einige historische Nachrichten von Conradsdorf. FGR. 1811, 361. (Alt. Ba 134)

1311. Desgl. Erbisdorffer Unglücks-Fälle 1753. Cur. Sax. 1754 S. 356 ff. (Al. XVI. 270)

1312. Desgl. Zehenjährige Kirchen-Nachrichten von denen in Erbisdorf, dem Städlein Brand u. St. Michael bey Freyberg Aufgebothenen, Getrauten, Getaufften, Begrabenen und Communicanten, mit historischen Anmerkungen. Cur. Sax. 1747, 29 ff. (Al. XVI. 270)

1313. Desgl. Historische Beschreibung des Freybergischen Rathsdorfes Falkenberg. FGR. 1800, 39 ff. (Alt. Ba 134)

1314. Desgl. Eine Bierfehde zwischen der Stadt Freiberg, dem Kloster Altzella und dem Dorfe Großschirma im Jahre 1479. Freiberger Anzeiger 1861 S. 533 Nr. 108. (Alt. Ba 133) Ueber Großschirma vgl. noch MRSA. H. 6, 65. 68. 83. H. 19, 61. H. 29, 34. 45. Cur Sax. 1737 Nr. 115 S. 363.

1315. Desgl. Ueber die Entstehung des Namens Neuesorge. Freiberger Zeitung 1865 Nr. 11. (Alt. Ba 134)

1316. Desgl. Umguß einer alten Glocke in Tuttendorf. Freiberger Anzeiger 1848 Nr. 46, Beilage. (Alt. Ba 133) Ueber die kirchl. Altertümer daselbst vgl. noch MRSA. H. 4, 3. H. 6, 94. H. 29, 42.

1317. Desgl. Dresden und die umliegende Gegend bei Elsterwerda, Bautzen . . Freyberg, mit Kupfern. Pirna 1801. Dresden 1809.

C. Nachträge
zu allen Abteilungen.

1318. **Agricola**, Georg, Leichprebigt bei dem Begrebnus der Frau Barbara Settler. Freiberg. 1601. (Alt. Ba 16)

1319. **Bibermann**, M. Joh. Gottlieb, Die achte und letzte Abhandlung von Bergmünzen, eine vom sel. Hrn. M. J. G. B. hinterlassene Einladungsschrift zwo zum Andenken des Jänich'schen Gestiftes zu haltende Reden anzukündigen. Dresden. 1772. Gedruckt bey Johann Wilhelm Harpeters Wittwe. 4. Hierin unter Nr. 266 ein Prämienthaler zum Gedächtnis der Stiftung der Kgl. Bergakademie (mit Abbild.). Ueber andere zu Freiberg geprägte Thaler s. S. 4 unter Nr. 272. — Ueber eine Freiberger Huldigungsmedaille vom Jahre 1733 s. S. 8 Nr. 308. — Ueber eine auf die im Jahr 1739 bei Freiberg gehaltene Jagd geprägte Medaille S. 9 Nr. 310. — Ueber eine Freiberger Jubelmünze vom Jahr 1743 S. 9 Nr. 312. — Ueber eine Münze, ausgeworfen 1749 bei einem zu Freiberg gehaltenen Erbbereiten S. 9 Nr. 313. (Alt. Ba 76)

1320. **Ders.** Abgenötigte Ehrenerklärung wider die unverschämten Lästerungen über seine Einladungsschrift de Vita Musica. Leipzig. 1750. 4. Vgl. desselben Programm de Vita musica ex Plauti Mostell. Act. III. Sc. II. Freybergae 1749. 4. — Aufrichtige Gedanken über Joh. Gottl. Bibermanns Progr. de Vita Musica und die darüber gefällten Urteile. — Bibermann, J. G., Nachgedanken über sein Programm de Vita musica, in einem Verweißschreiben an eine hochwürdige Person zu Freiberg entworfen. Freiberg. 1750. 4. Vgl. Jockels Allg. Litteratur der Musik. Leipzig 1792. 8. S. 483. (Nach handschriftlichen Mitteilungen in dem Miscellenband Alt. Ba 75)

1321. **Ders.** De sene depontano praefatus. Ad memoriam viri praenobilissimi doctissimique M. Jo. Andreae Lutheri, conrectoris de gymnasio Freib. meritissimi, itemque beneficii Richteriani recolendam observanter invitat. Freibergae. Litteris Sam. Frider. Barthelii. 4. (Alt. Ba 76)

1322. **Ders.** Die Zweyte Nachlese von Gelehrten Freybergern, womit zu geneigter Anhörung einiger Reden gehorsamst einladet. Freyberg, gedruckt mit Matthäischen Schriften. 4. (Alt. Ba 76) 50. Samuel Theodor Quellmalz, Dechant der medicinischen Facultät in Leipzig. — 51. Veranius Agrippa. — 52. Pfarrer Wolfgang Auer. — 53. Pfarrer Joh. Dav. Bär. — 54. Joh. Andr. Baumann. — 55. Michael Bellmann. — 56. M. Leonhard Dietrich, † als Pastor in Schneeberg 1563. — 57. Steph. Fortuna,

98 C. Nachträge zu allen Abteilungen.

Rector der Univ. Leipzig 1467. — 58. Pfarrer Wilh. Franke, geb. 1669. — 59. Joh. Gottlieb Geißler, Pfarrer † 1757. — 60. Joh. Tob. Häniker, Pfarrer † 1748. — 61. Christoph Heber, Pfarrer, durch Luther 1540 ordiniert. — 62. Paul Heidenreich, 1587 Archidiac. zu Pegau. — 63. Pfarrer Johann Gottlob Herrmann, † 1753. — 64. Diaconus Mich. Hutterus, 16. Jahrhdt. — 65. Diac. George Kühn, † 1642 — 66. Abrah. Mylius, Pastor und College zu Schulpforte, 1582. — 67. Johann Otthen, Rechenmeister und Notar (von ihm erschien: Calculator oder Ausgezeichnetes Rechenbuch) in 4. Leipzig. 1597). — 68. Stephan Otto, Verfasser von: Kronenkrönlein, oder Musikalischer Vorläufer, auf Concerte, Madrical=, Dialog=, Melod=, Symphon= und Mottetten=Manier gesetzt. 4. Freyberg. 1648. — 69. Pfarrer Gottfr. Riedel, † 1721. — 70. Archidiac. Joh. Samuel Strauß, geb. 1686 als Sohn des Freyberger Stadt= und Kreyhamtsphysicus Strauß. — 71. Pfarrer George Christian Trummer, geb. 1717. — 72. Rector Michael Uhle, zuletzt in Wittenberg, † 1622. — 73. Paul Vogel, Rector zu Schulpforta seit 1552. — 74. Rector Joh. Andr. Wetzel. — 75. Cantor Christian Weigold, in Schneeberg. 1612.

1323. Bidermann, M. Joh. Glb., Die dritte Nachlese von Gelehrten Freybergern, womit zu der Abschiedsrede Fr. Aug. Tzschöckels gehorsamst einladet. Freyberg, gedr. mit Barthelsch. Schriften. 4. (Alt. Ba76) 76. Georg Sam. Aster, gest. als Bürgermeister von Freiberg 1747. — 77. Nic. Augustinus, wurde 1568 Pfarrer in Tuttendorf. — 78. Pfarrer Georg Bachmann, † 1628. — 79. Andreas Bär, Pfarrer in Tuttendorf, † 1662. — 80. Andreas Beyer, Pfarrer in Berthelsdorf seit 1701. — 81. Pastor George Bennewitz, † 1676. — 82. Pfarrer Melchior Breus, geb. 1573. — 83. Christian Cronenberger, Bürgermeister zu Annaberg, † 1687. — 84. Pfarrer Gottfr. Dexelius, † 1661. — 85. Christian Gottlieb Ehrenhaus, 1764 Bürgermeister in Freiberg. — 86. George Engelhard, Cantor in Frauenstein und Strehla. — 87. Heinrich Fleisner, Diaconus in Erbisdorf, 1607 Pfarrer in Berthelsdorf. — 88. Balthasar Fritschmann, 1606 Pfarrer zu Tuttendorf. — 89. Pfarrer David Funke, † 1667. — 90. Conradus de Friberga. — 91. Christian Grumbach, ward 1624 Magister auf der Universität Wittenberg. — 92. Joh. Aug. Harzbach, Lehrer am Freiberger Gymnasium, † 1765. — 93. Samuel Häniker, Pfarrer in Tuttendorf, † 1674. — 94. Joh. Gottfr. Hofmann, Pastor in Tuttendorf, 1681. — 95. Mich. Khun, Schulrektor zu Schlackenwerda, 1624. — 96. Christian Liebe, 1684 Rector und Organist in Frauenstein. — 97. Carl Linke, 1633 Pfarrer in Tuttendorf, 1643 Mittagsprediger am Freiberger Dom. — 98. Christoph Linke, 1663 Pfarrer zu Tuttendorf. — 99. Joh. Löffler, 1592 Pfarrer zu Berthelsdorf. — 100. Israel Maudisch, 1617 Pastor in Berthelsdorf, 1635 Hospital=Pfarrer in Freiberg. — 101. George Müller, 1636 Pastor in Naundorf. — 102. Hofprediger Mich. Niederstetter, † 1613. — 103. Joh. Friedr. Pistorius, 1747 Bürgermeister von Freiberg. — 104. Joh. Paul Ramm, geb. 1701, Mittagsprediger in Freiberg. — 105. Sebast. Rose, Pfarrer in Tuttendorf, gegen 1490. — 106. Andreas Richter, Pfarrer in Berthelsdorf, 1671. — 107. Johann Adam Richter, Cantor, 1700 in Meißen. — 108. David Rothe, Pfarrer, 17. Jahrhundert. — 109. Bürgermeister Johann Friedrich Seyfried, † 1729. — 110. Sal. Friedrich Seyfried, Bürgermeister und Hospitalverwalter in Freiberg, † 1752. — 111. Gottfr. Sam. Seyfried, seit 1722 Pfarrer in Tuttendorf. — 112. Joh. Jac. Scheuered, 1699 Bürgermeister zu Annaberg. — 113. Christoph Stephan, Gymnasiallehrer in Freiberg, dann Pfarrer in Berthelsdorf, † 1652. — 114. George Steinert, Pfarrer in Tuttendorf seit 1554. — 115. Jacob Sättler, Geistlicher in Tuttendorf und Freiberg, † 1657. — 116. Jerem. Spiegel, Rector in Freiberg, † 1657.

C. Nachträge zu allen Abteilungen.

— 117. Barthol. Steiger, 1638 Amtsschreiber in Freiberg. — 118. Andr. Seeländer, Pfarrer, † 1650. — 119. Paul Friedr. Sperling, Sohn des Freiberger Superintendenten, seit 1681 Superintendent zu Leipzig. — 120. Seb. Ullich, Freiberger Mönch, 16. Jahrhundert. — 121. Joh. Wagner, 1592 Pfarrer zu Tuttendorf. — 122. Sam. Hnr. Weidemüller, 1699 Dr. med. — 123. Joh. Wezel, Pfarrer in Tuttendorf seit 1682.

1324. Bidermann, Joh. Glb., Das nach schweren Kriegen durch einen allgem. Frieden erfreute Deutschland Wurde zum erbaulichen und dankbaren Andenken des vor hundert Jahren 1648 glücklich geschlossenen und bisher in Seegen erhaltenen Westphälischen Friedens in einem Singe=Spiel auf der Schaubühne im Kaufhauße zu Freyberg den 14. October und folgende Tage von dasigen Musen=Söhnen vorgestellet und dazu gehorsamst eingeladen. Freyberg, gedruckt bei Christoph Matthäi. Fol. 4 Blatt. (Alt. Ba 42)

1325. Böhmer, Adam, Bergmännisches Glückauf, wie solches dem neuen Oberberghauptmann in einer Bergpredigt gewünschet. Freiberg. 1714. (Alt. Bb 15)

1326. Böhmert, Victor, Zeitschrift des K. Sächsischen Statistischen Bureaus. Redigiert von B. In Commission der Kgl. Expedition der Leipziger Zeitung in Leipzig und der Buchhandlung von R. von Zahn in Dresden. 4. Bis 1883 XVIII Jahrgänge. (Wird fortgesetzt.)

1327. Bräß, Adolf, Das Königliche Seminar zu Nossen während der ersten fünfundzwanzig Jahre seines Bestehens. Eine Einladungsschrift zu der am 28. und 29. September 1881 stattfindenden Jubelfeier. Nossen. 1881. Mit Abbildungen. Enthält auch eine übersichtliche Geschichte des Freiberger Seminars. Vgl. MFA. 20, 102.

1328. Bursian, Der Leichenconduct des Churfürst Christian I. von Sachsen. MFA. 2, 106.

1329. Bülau, F., Brandes, H. B. Chr., und Flathe, Th., Die deutsche Geschichte in Bildern. III. Band 1862. Dresden, Meinhold & Söhne. Hierin: Prinz Heinrich in der Schlacht bei Freiberg, S. 83. (Mit Abbildg.) (Dresdn. Bibl., Hist. Germ. univ. 168) Vgl. dieselben, Band II., 141: Churf. Moritz fällt bei Sievershausen.

1330. Cornelius, Kurfürst Moritz gegenüber der Fürstenverschwörung in den Jahren 1550—1551. Abhandlgn. der bayer. Akademie III. Class. X. Bd. S. 635.

1331. Ders. Zur Erläuterung der Politik des Kurfürsten Moritz von Sachsen. Münchener histor. Jahrbuch für 1866, S. 257 ff.

1332. Dannenberg, J., Bericht über den Verlauf des 2. allgemeinen deutschen Bergmannstages in Dresden, vom 2. bis 6. September 1883. Dresden. (Rege Beteiligung von Vertretern des Freiberger Berg= und Hütten=wesens; Excursion der Dresdner Versammlung nach dem Freiberger Bergrevier.)

1333. Dietrich, Ewald, Erzstufen, Sagen und Erzählungen vaterländischer Begebenheiten, in romantischem Gewande dargestellt. Freiberg, Craz & Gerlach. I. 1830. Die Geisler, Charaktergemälde aus dem 13. Jahrhundert S. 77. Bürgertreue 149. Mordgrube bei Erbisdorf, Sage aus dem 14. Jahrhundert, S. 191. Treue deutscher Frauen (15. Jhrdt.) 203. Tod des Churfürsten Moritz und dessen Begräbnis zu Freyberg 223. (Alt. Bc 142) II. 1830. Freyberg, Craz & Gerlach. (Alt. Bd 106) Enthält: Nr. 4: Der Trompeter auf der Geisterburg, Sage aus den Zeiten des dreißigjährigen Krieges und der Belagerung Freibergs (S. 51 ff.) und Nr. 10 Huldigungs=Feyerlichkeiten in Freyberg in dem Jahre 1827.

C. Nachträge zu allen Abteilungen.

1334. **Liebe, D. G.**, De generatione metallorum. Lipsiae. 1717 (Alt. I. 58 und VI. 579. 4.)

1335. **d'Elvert**, Ueber den Spruch: Brieg, Freyberg und Brünn Machen die Schweden dünn. (Welches Freiberg gemeint sein mag, zweifelhaft) Mittheilungen der Kaiserlich Königlichen Mährisch-Schlesischen Gesellschaft zur Beförderung des Ackerbaues, der Natur- und Landeskunde in Brünn. 63. Jahrgang. 1883. Beilage der Mittheilungen Nr. 3. Notizen-Blatt der historisch-statistischen Section S. 19. (Alt.)

1336. **F. G. G.** Etwas von den bergmännischen Kunstwörtern und Redensarten, insonderheit dem bergmännischen Gruß: Glück auf! Schneeberg, gedruckt bei Daniel Heinrich Fulde. 1782. 4 Blatt 4. (Alt. Bb 100)

1337. **Flade, Christ. Gottl.**, Dankbare Erinnerungen an den Conrector Hübler. Freiberg. 1806. (Alt. Ba 111)

1338. **Ders.** Nachrichten über Leben, Charakter und Schriften des Conrector Hübler. Freiberg. 1806. (Alt. Ba 112)

1339. **Franke, F.**, Gründlicher Bericht von viererley christlichen und nutzbarlichen Betrachtungen des lieben Bergwerks ꝛc. samt einer Bergpredigt von dem geistlichen Bergwerk ꝛc. gehalten in der Thumbkirche zu Freyberg 1583. Leipzig 1588. (Alf. XIII. 210. 4.)

1340. **Frenzel, A.**, Die Kanzel in der Domkirche zu Freiberg. Leipzig, R. Weigel 1856, mit (ungenauen) Abbildungen. Vgl. Hettner, H., in Dresdner Journal 1875 Nr. 1: vom 27. Januar. — M. Moret, le moyen age pittoresque Paris 1830 III., 94 und I., 106—108. — von Quandt, Hinweisungen auf Kunstw. aus der Vorzeit. 1831. S. 11.

1341. (**Frenzel, A.**) Ludwig August Hünich (Jurist in Freiberg). Biograph. Vortrag, gehalten im Naturwissenschaftl. Verein zu Freiberg am 6. März 1874. Freiberg, Druck der Gerlach'schen Buchdruckerei. 1875. fl. 8. (Alt. Bd 280)

1342. **Frisch, Sam. Gottl.**, Biographische Nachrichten über den Amtsprediger M. Joh. Christ. Frisch. Freiberg. 1804. (Alt. Ba 117)

1343. **Ders.** Leben des Buchhändlers A. B. Bernhardi. Freiberg. 1801. (Alt. Ba 28)

1344. **Ders.** Biographische Nachrichten über den Sup. J. F. v. Brause. Freiberg. 1820. (Alt. Ba 118)

1345. **Ders.** Lebensbeschreibung Abrah. Gottlob Werners. Nebst Abhandlungen über Werners Verdienste um Oryktognosie und Geognosie, von Christian Samuel Weiß. Leipzig, F. A. Brockhaus. 1825.

1346. **Fritzsche, Louis**, Tharand, ein Führer durch seine Umgebungen, ein Abriß seiner Geschichte und eine Beschreibung seines gegenwärtigen Zustandes. Dresden, Selbstverlag. 1866. 8. (Alt. Bd 197) Post-Verbindung mit Freiberg S. 72.

1347. **Gautsch, Karl**, Beiträge zu einem Commentar des Necrologiums des Klosters Altenzelle. (Vgl. Bericht der deutschen Gesellschaft in Leipzig. 1841, S. 2.) „Heinricus advocatus de vribere" betr., in: Archiv für Sächsische Geschichte und Altertumskunde, herausgeg. von Karl Gautsch. 1. (und einziger) Jahrgang, S. 31. (Alt. Bc 125)

1348. **Gerlach, Heinrich**, Führer durch das Altertums-Museum in Freiberg. 1875.

C. Nachträge zu allen Abteilungen.

1349. Glasey, W., Die Schlacht bei Sievershausen am 9. Juli 1553. MGSA. XXVI. 1877, 53.

1350. Goepfert, Ernst, Die Mundart des sächsischen Erzgebirges nach den Lautverhältnissen, der Wortbildung und Flexion dargestellt. Mit einer Uebersichtskarte des Sprachgebietes. gr. 8. 1878.

1351. Ders. Alterthümliches im erzgebirgischen Dialect. Beilage zum Chemnitzer Tageblatt und Anzeiger 1879 Nr. 29, Nr. 30, Nr. 33. (Alt. Bh 126)

1352. Gurlt, Adolf, Die Bergbau- und Hüttenkunde, eine gedrängte Darstellung der geschichtlichen und kunstmäßigen Entwickelung des Bergbaues und Hüttenwesens. Essen, G. D. Bädeker. 1877, 8. Freiberger Bergbau betr. S. 21. — Dazu 2. Aufl. 1879. — 3. Aufl. 1884.

1353. Haltmeier, S. C., Feldprediger, Staub-Rede Bey solenner Beerdigung des Wohlseligen Herrn Herrn Carl Rudolph von Rottberg, der als Fähndrich des Königl. Preuß. Bayreuthischen Dragoner-Regiments am 22. Januar 1761 in den Cantonirungs-Quartieren bey Freyberg in Sachsen an einem unglücklichen Schlage vom Pferde seinen edlen Geist aufgab und in der Kirche zu Großschirma begraben wurde. Freyberg, gedruckt mit Matthäischen Schriften. 4. (Alt. Ba 25)

1354. Handels- und Gewerbe-Kammer zu Dresden, Bericht. Dresden, Druck von C. Heinrich. Hierin Angaben über: Frauenbad zu Freiberg, Freiberg-Rossener Dampfdreschmaschinen-Gesellschaft in Freiberg, Freiberger Papierfabrik zu Weißenborn, Bergbau im Freiberger Reviere u. a. (Wird fortgesetzt.)

1355. Hocht, Frid. Aug., Pietas in virum praenobilissimum atque doctissimum M. Christian. Fridericum Jungerum rectorem gymnasii Freibergensis meritissimum. Fribergae. 1794. 4. Litteris Gerlachianis. (Alt. Ba 78)

1356. Hering, C. W., Geschichte der im Jahre 1539 im Markgrafthum Meißen und dem dazu gehörigen thüringischen Kreise erfolgten Einführung der Reformation. Nach handschriftlichen Urkunden des königl. sächs. Haupt-Staatsarchives dargestellt. Großenhain. 1839. 8. (Alt. Bc 190) § 16. Visitation der Klöster zu Celle, Annaberg, Freiberg, S. 113.

1357. Hering, Carl Wilhelm, Geschichte des sächsischen Hochlandes mit besonderer Beziehung auf das Amt Lauterstein und angrenzende Städte, Schlösser und Rittergüter. Leipzig, Barth. 1828. Freiberg betreffend: Begründung I. 54. Tapferkeit und Treue 59. Bergschöppenstuhl 90. Residenz 95. Belagert 97. Verpfändet 104. Hussiten nähern sich 138. Herzog Heinrich der Fromme 169. Tetzel 198. Reformation 220. Churf. Begräbniß 230. Belagerung 365. Siebenjähriger Krieg, Schlacht bei Freiberg, 484. 500. Huldigung I. 508. II. 6. Ablaßgeld gestohlen 21. Schulgebäude 25. Schauspiel 27. Begräbnißfeierlichkeit 58. 70. Schreiben Ferdinands III. an den Rath 84. (FGslb. Class. X. 8. Nr. 685 u. Alt. Bc 175) D. Christian Lehmann, Superintendent in Freiberg, betr. II., 157—159; Oberberghauptmann Siegmund August Wolfgang Freiherr v. Herder betr. II., 210. Oberberghauptmann Friedrich Wilhelm Heinrich v. Trebra II., 214. Christian Wilh. Friedr. Schmidt, Oberbergmeister in Freiberg II., 214; Oberbergamtsassessor Jobst Christoph von Römer in Freiberg II., 215.

1358. Herzog, E., Zur älteren Geschichte der Freiberger Peterskirche. MFA. 8, 753.

1359. **Heuchler, E.**, Die Bergknappen in ihrem Berufs- und Familienleben in 47 Tafeln bildlich dargestellt und von erläuternden Worten begleitet. Dresden. 1857. (Af. XIII. 500 fol.) — Das andere unter Nr. 45 verzeichnete Werk Heuchlers trägt keine Jahreszahl.

1360. **Hey, Gustav**, Die slavischen Ortsnamen des Königreichs Sachsen. Realschul-Progr. Döbeln. 1883. Rothenfurth Nr. 11, S. 13; Bobritzsch Nr. 22, S. 15; Schirma Nr. 31, S. 17; Gränitz Nr. 66, S. 27; Colmnitz Nr. 77, S. 29; Tharandt Nr. 186, S. 53; Sayda Nr. 193, S. 54.

1361. **Hoppe, O.**, Beiträge zur Geschichte der Erfindungen. Erste Lieferung: Wann, wo und von wem ist die bergmännische Schießarbeit erfunden und vervollkommnet und wie steht der Harzer Bergbau zu diesen Fragen. Dazu einige Bemerkungen über das Alter des Feuersetzens und des Schießpulvers. Klausthal, Große. 1880. 68 S. 8. Hierin über die bergmännische Schießarbeit von Martin Weigel und Caspar Morgenstern in den Freiberger Gruben. Vgl. MFA. 18, 122 und Bergmänn. Journal von Köhler, Freiberg und Annaberg 1790. 3. Jahrgang. 2. Bd. S. 539 und Nziha unter Nr. 1379.

1362. **H(ofäus), W.**, Gottfried Silbermanns letzte Orgel. Wissenschaftl. Beilage der Leipziger Zeitung. 1883. Nr. 4 S. 17—20, Nr. 5 S. 25—28.

1363. **Immisch**, Die slavischen Ortsnamen im Erzgebirge. Annaberg. Realschulprogr. 1866. 4. Kolmnitz S. 10; Gränitz S. 16; Lößnitzbach S. 32. (Alt. Bc 110)

1364. **Köhler**, Die Mineralienquellen und Bäder des sächsischen Erzgebirges. Freiberg betr.: Hungerbrunnen des Spitalholzes, Schachtbrunnen des Kurprinz Friedrich August. „Glück auf" Organ des Erzgebirgsvereins 1884, Nr. 8, S. 86.

1365. **Leo, H.**, Vorlesungen über die Geschichte des deutschen Volkes. 5. Band. Auch unter dem Titel: Die Territorien des deutschen Reiches im Mittelalter, seit dem 13. Jahrhundert. 2. Band. Halle, Anton. 1867. Den Aufenthalt König Adolfs in Freiberg betr. S. 1091. (Dresd. Bibl. Hist. Germ. univ. 435)

1366. **Mating-Sammler, A.**, Zur Geschichte des Handwerks der Leinen- u. Zeugweber in Frankenberg. Frankenberg, Progr. 1878. (Hierin unter anderem über Bleichzwang, Freiberg betr. Vgl. MFA. 17, 121.)

1367. **Maurenbrecher, Wilhelm**, Studien und Skizzen zur Geschichte der Reformationszeit. Leipzig, Grunow. 1874. 8. Hierin: Kurfürst Moritz von Sachsen S. 135 ff.

1368. **Merkel, D. J.**, Erdbeschreibung von Kursachsen und den ietzt dazu gehörenden Ländern. 1 Bd. 2. Aufl. Leipzig, Barth. 1797. Hierin: Bergbau S. 92 ff, Bergleute 110, Kreisamt Freiberg 228. (Af. IX. 195a. 8)

1369. **Mosch, Carl Friedr.**, Sachsen historisch-topographisch-statistisch und mit naturhistorischen Bemerkungen dargestellt. 2. Band. Dresden und Leipzig, Commission bei E. F. Steinacker. 1818. Amt Grüllenburg S. 1 ff., Forsthaus Grüllenburg S. 33, Naundorf bei Freiberg S. 36. (Af. IX. 202b. 8.)

1370. **Möller, Andreas**, *Ἀττικολογία*, sive Debitum parentale quod patri suo A. Mollero solvit filius etc. Freiberg. 1659. (Alt. Ba 4)

1371. **Müller, Dan. Traug.**, Von denen Schutz-Göttern und Schutz-Patronen derer Städte, und besonders derer Berg-Städte in unserm Gebürge. Schneeberg, 1754. Mit Fuldischen Schriften. (Af. XI. 192. 4.)

C. Nachträge zu allen Abteilungen. 103

1372. Pasig, Paul Rich., Dr. Martin Luthers Trostschriften. In Auswahl zusammengestellt und, mit einleitenden Bemerkungen versehen, allen Trostbedürftigen aufs neue dargereicht. Oschatz, Druck und Verlag von Fr. Oldecop's Erben. 1883. 8. Hierin S. 24: Trostbrief an drei um des Evangelii willen zu Freiberg vertriebene Hofjungfrauen, Juni 1523.

1373. Pasig, Jul. Leop., Johannes VI., Bischof von Meißen. Leipzig, Hinrichs. 1867. 8. (Alt. Bc 127) Dom in Freiberg betr. S. 184.

1374. Peßholdt, Jul., Verzeichniß Sächsischer Klöster und Stifter in Bezug auf Bibliothekenkunde. Enthalten im Archiv für sächs. Geschichte und Altert., herausgeg. von K. Gautsch. 1. Jahrg. 1843, Heft 5. 6 S. 318 ff. (Alt. Bc 125). Auszüglich abgedruckt im „Anzeiger für Literatur der Bibliothekwissenschaft 1844" S. 14—19, mit Berichtigungen im „Anzeiger der Bibliothekwissenschaft" 1845 S. 2—3.

1375. Ders. Wernerbibliothek des Freiberger Gymnasiums betr. Anzeiger der Bibliothekwissensch. 1851, Nr. 731, S. 166. (FGflb. X, 8. hist. litt. 368 b) Vgl. Frotscher, K. H., Freiberger Gymnasialprogramm 1850/51.

1376. Reinhold, Joh. Hur., Glückauf! oder die unverhoffte Ausbeute, eine comische Operette in einem Aufzug. Sayneeberg, gedruckt bei Fulda & Schill, 1793. (Alt. XIII. 261. 8.)

1377. Richter, Adam Daniel, Umständliche aus zuverläßigen Nachrichten zusammengetragene Chronica der Stadt Chemnitz, Zittau und Leipzig. In der Spickermannischen Buchhandlung. 1767. 4. (Alt. Bd 5) Hierin biographische Notizen über folgende Freiberger: M. Joh. George Müller, Pfarrer in Frankenau, geboren zu Freiberg, † 1720 (Bd. II. S. 203); zur Verwandtschaft der Hilliger, II., S. 241; Antonius Möseler, 1538 Diaconus und Frühprediger in Freiberg, II., 218; Melchior Wolfgang Siegel, geb. 1622 zu Freiberg, und Verwandte II., 207 ff; Georg Agricola und Petrus Mosellanus betr., II., 344 ff; Schriften Agricolas, ebenda S. 367 ff; Sebastian Hilliger, geb. 1553 in Freiberg, II., 397; M. Caspar Horn aus Freiberg, † 1635, Bd. II., 405.

1378. Rüling, Beiträge zu dem Commentar des Necrologiums vom Kloster Altenzelle; Theodoricus Catulus und Heinricus advocatus de vribere betreffend in dem von K. Gautsch herausgeg. Archiv für Sächsische Geschichte I. 1843, S. 163 (Alt. Bc 125)

1379. Rziha, Franz, Lehrbuch der gesammten Tunnelbaukunst, Bd. 1. Berlin, Ernst & Korn. 1867. Hierin S. 46 ff Einführung und Vervollkommnung der bergmännischen Sprengarbeit, Freiberg betr. S. 49. 61 ff. (Alt. VIII. 1011 a)

1380. Schäfer, Gustav, Geschichte des Sächsischen Postwesens vom Ursprung bis zum Übergang in die Verwaltung des Norddeutschen Bundes. Dresden. 1879. (Hierin auch die Geschichte der Freiberger Post.)

1381. (Schmidt, Christian Wilh. Frdr.) Aufsatz von dem Eyde auf den Mundbaum. Schneeberg, gedruckt bey Daniel Heinrich Fulde. 1782. 24 S. 8. Freiberger Bergrecht betr. S. 9 ff. (Alt. Bb 55)

1382. Schmid, Bernhard, Archidiaconus in Dresden. Drey sanffte Haupt-Küssen sterbender Freunde Christi, Bey Christlicher und ansehnlicher Leichbestattung des Weil. Ehrenvesten und kunstreichen Herrn Georg Beuthers, gewesenen vornehmen Bürgers und Buchdruckers zu Freybergk. Dresden, Gedruckt und verlegt durch Melchior Bergens Wittbe und Erben. 1677. 4. (Alt. Ba 19)

1383. **Schnorr von Carolsfeld, Franz,** Katalog der Handschriften der Kgl. öffentl. Bibliothek zu Dresden. Im Auftrag der Generaldirection der Kgl. Sammlungen für Kunst und Wissenschaft bearbeitet. I. Band. Abtlg. A—D und F—H. Leipzig, B. G. Teubner. 1882. betr. Beseler Doctor Peter von Freiberg unter C 327 und Rechtsfälle in Torgau und Freiberg 1462 betr. unter B Bl. 182. — II. Band. Abtlg. J—M. Ebenda 1883; das Register erwähnt S. 581 die Chroniken von Fleischer, Groß und Möller, ferner Kirchen, Klöster, Bergwerk, Statuten und Ordnungen.

1384. **Ders.** Chronik des L. Fleischer betr. Archiv für Litteraturgesch. X., 437; vgl. ebenda VII., 153.

1385. **von Schorn, O.,** Gitterthür am Dom, Abbildung in Zeitschr. f. Kunst und Gewerbe 1881. Beil. 15.

1386. **Schönherr,** Der Einfall des Kurfürsten Moritz von Sachsen in Tirol 1552. Archiv für Geschichte und Altertumskunde Tirols 1868. IV. 193 ff.

1387. **Schulze, Joh. Dan.,** Stipendien=Lexikon von und für Sachsen oder Versuch eines vollständigen Verzeichnisses und Beschreibung der in den Churfl. und Herzogl. Sächsischen Landen für Studierende auf Schulen und Universitäten, für Prediger, Schullehrer, auch andere Gelehrte, und für Wittwen und Waisen derselben vorhandenen Stiftungen. Erster Teil. Leipzig, Köhler. 1805. 8. (Alt. Bf 82) Freiberg betr. S. 69—73. 249—251.

1388. **(Schuricht)** Alphabetisches Verzeichniß aller in dem Churfürstenthum Sachsen befindlichen großen und kleinen Städte, Aemter, Schlösser, Dörfer. 2. Aufl. Dresden. 1791. 4. (Vgl. unten unter von Zeutsch.)

1389. **Statistisches Bureau** des Königl. Ministeriums des Innern. Alphabetisches Verzeichnis der im Königreich Sachsen gelegenen Stadt= und Landgemeinden, nebst den zugehörigen, besonders benannten Wohnplätzen, ingleichen der Rittergüter und der sonstigen exempten Grundstücke nach Kreishauptmannschaften und amtshauptmannschaftlichen Verwaltungsbezirken geordnet, nebst alphabetischem Ortsregister. 1876.

1390. **Dass.** Generalübersicht sämtlicher Ortschaften des Königreichs Sachsen nach der neuen Organisation der Behörden mit Angabe ihrer Einwohner= und Häuserzahl am 1. December 1871. Dresden. 1874.

1391. **Dass.** Generalübersicht sämtlicher Ortschaften des Königreichs Sachsen nach amtshauptmannschaftlichen Verwaltungsbezirken geordnet, mit Angabe der Einwohner= und Häuserzahl vom 1. December 1871, nebst Ortsregister und den demselben angefügten Postbestellanstalten. 1875.

1392. **Dass.** Kalender und Statistisches Jahrbuch für das Königreich Sachsen nebst Marktverzeichnissen für Sachsen und die Nachbarstaaten. Dresden, C. Heinrichs Verlag. (Wird fortgesetzt.) Vgl. Repertorium der in sämtlichen Publicationen des Königlich Sächsischen Statistischen Bureaus von 1831 bis 1866 behandelten Gegenstände. zusammengestellt von Julius Adolph Schrotky.

1393. **Stier, G.,** Regesten aus Luthers Briefen, Anhalt und dessen Fürsten betreffend. Mitteilungen des Vereins für Anhaltische Geschichte und Altertumskunde. Vierter Band, Heft I. Nikolaus Hausmann betr. S. 5 ff, besonders S. 19.

1394. **Straumer, Friedrich,** Der Prinzenraub und die durch denselben denkwürdig gewordenen Stätten. Dresden 1879.

C. Nachträge zu allen Abteilungen. 105

1395. **Trendmann, Joh. Paul,** Geographisches und alphabetisches Generalregister aller in Sachsen befindlichen Städte und Dörfer. Geringswalde. 1775. Vgl. **Schumann** oben unter Nr. 79.

1396. **(Ungenannt)** Alphabetisches Taschenbuch sämmtlicher im Kgr. Sachsen belegenen Ortschaften und der besonders genannten Wohnplätze mit Angabe der politischen Gemeinde, des Amtsgerichts, des Landgerichts, der Kreishauptmannschaft, der Amtshauptmannschaft und des Gendarmeriebezirks, der Gebäude- und Einwohnerzahl am 1. December 1875, sowie der Postbestellanstalten.

1397. **Desgl.** Alphabet. Verzeichniß derer im Churfürstenthum Sachsen vorhandenen großen und kleinen Flüsse, Bäche, Seen, Teiche u. s. w. Dresden. 1792. 4.

1398. **Desgl.** Beschreibung der Feierlichkeiten beim dritten Jubiläum der Augsb. Confession den 25., 26., 27. Juni 1830 in der Freiberger und den übrigen sächs. Bergamtsrevieren. (Alt. Bb 43)

1399. **Desgl.** Christliche Religionsgesänge für Bergleute zur Andacht auf den Gruben. Freiberg, Verlag und Druck von J. G. Wolf. Ohne Jahresangabe. (Al. XIII. 629)

1400. **Desgl.** Exercitia militaria Vor die Bergleute. Anno 1745. Ohne nähere Druckangabe. (Alt Bb 42)

1401. **Desgl.** Gespräche zwischen zweyen guten Freunden Von der Ihro Königl. Hoheit dem Durchlauchtigsten Churfürsten zu Sachsen, In Dreßden, Leipzig, Wittenberg, Torgau, Baußen und Freyberg geleisteten Erb-Huldigung. Darinnen Alles dasjenige, was bey gedachter Huldigung in obbemeldten Städten vorgegangen, umständlich beschrieben wird, nebst einem Extract der barauff verfertigten Gedichte. Freiberg betr. S. 51—60. Franckfurth und Leipzig. 1733. (Al. XI. 456.)

1402. **Desgl.** Kürtzliche Eydes-Erklährung, Sambt des Meyn-Eydes-Verwarnung, So Von dem Churfl. Sächs. Ober- und Berg-Ambte zu Freyberg Vor derer Bergwercks-Bedienten gewöhnlichen Pflichts-Leistung iedesmahl zu geschehen pfleget. (Alt. Ba 156a)

1403. **Desgl.** Mitteil. des Vereins für Chemnitzer Geschichte II. 1879. III. 1882. Hierin unter anderem über: **Freiberger** Lieferungen an Munition u. s. w. (II., 17), Anton Händler (II. 97), Freiberger Ratslinien (II. 136). Vgl. MFA. 17, 125. Goldene Pforte (II., 11), Platte des Herzog Christian Albrecht im Dom zu Freiberg (III., 25)

1404. **Desgl.** Reliquie des ehemals berühmten Kauffmanns-Haußes der Höpner zu **Frankenberg**, nebst dessen Anverwandtschafft mit den Hilschern in Sachßen. Ohne nähere Druckangabe. 31 S. 4. (Alt. Bd 51)

1405. **Desgl.** Verzeichniß der in den 7 Kreisen des Churfürstenthums Sachsen befindlichen schriftsässigen Ortschaften und Aemter. Leipzig. 1789.

1406. **Desgl.** Wünsche und Bitten der Bergarbeiter. Freiberg. 1848. (Alt. Bb 23)

1407. **(Vater, C. F. W. A.)** Meine Reise in das Sächsische Erzgebirge im Monat August 1798. Gedruckt zu Freyberg. 8. Ohne nähere Angabe. (Verse mit Anmerkungen.) Freiberg und Umgegend betr. S. XII. ff. (Alt. Bd 54)

1408. **Walthori, Casp.,** Oratio comprehendens descriptionem monumenti Mauritii, Sax. ducis, princ. Elect. Lips. 1563. 4. und in **Schardii** oratt. T. II. S. 288b—302b.

1409. Wend, Kurfürst Moritz und die Ernestiner in den Jahren 1551 und 1552. Forschungen zur Deutschen Geschichte XII. 1—54. 1872.

1410. Beyl, Ab., Siegesthaler Friedrichs des Großen auf die Schlacht bei Freiberg. Numismatische Correspondenz (Catalog von Münzen ꝛc. mit beigefügten Verkaufspreisen). Berlin, Adolph Beyl. 1884, Nr 959, S. 22.

1411. Bilisch, M. Christian Gotthold, Die armselige Geburt des Immanuel, in der allerersten Nachmittags-Predigt, am Andern Weyhnacht-Feyertage 1757 in der St. Nicolai Kirche zu Freyberg, Krafft einer milden Stifftung, der versammelten Gemeinde zur Erbauung vorgestellet. Beygefügt ist weyland Herrn M. Andreas Beyers, in die 56 Jahr lang, anfänglich um die Schule, nachmals um die Kirche, zu Freyberg wohlverdienten Lehrers, sehr merckwürdiger Lebens-Lauf. Freyberg, gedruckt mit Matthäischen Schriften. 4. (Alt. Ba 24)

1412. Winter, Karl, Die Domkanzel zu Freiberg. Eine Sagen-Novelle. Freiberger Berg-Kalender, 241. Jahrg. 1885, S. 29 ff.

1413. v. Zeutsch, Alphabetisches Verzeichniß aller in dem Kurfürstenthum Sachsen und in den dazu gehörigen incorporirten Landen befindlichen schrift- und amtsässigen, auch accisbaren, großen und kleinen Städte, Aemter, Schlösser, Vorwerke, Kirchspiele, Poststationen, Schäfereien, Mühlen, Schenken, wüsten Marken, aller Berg-, Zechen-, Hütten-, auch Wald-, Forst- u. Jagd-Gebäude, desgleichen hohen Oefen, Schmelzhütten, Poch- und Hammerwerke, auch Pechhütten ꝛc., desgleichen in welchen Kreis, Amt oder Jurisdiction jedes gehörig; mit beigefügten Anmerkungen. 2. von Schurich beträchtlich vermehrte und verbesserte Aufl. 4. Dresden. 1791.

Nr. 70 ist statt accessita vielmehr accessit zu lesen.

Zu der Nr. 107 Ende ist hinzuzufügen: Wiederholt von demselben Drucker 1680. (Alt. Ba 156a)

Zu Nr. 113 Ende ist anzufügen: Freyberg, gedruckt bey den Matthäischen Erben 1752. 4. (Alt. Ba 156a)

In Nr. 118 ist nach „Freyberg" einzuschieben: 1787. (Alt. Ba 156a)

Nr. 140 ist nicht Ders. zu lesen, sondern Mollori, M. Sam.

Der genaue Titel von Nr. 144 ist: Roth, Sal., Mord-Leichpredigt, Bey Begräbniß, derer Vier erschlagenen vnd halb verbrenneten Cörper, Andreae Kölers, Bürgers vnd Würtzkramers allhier zu Freybergk, in Meissen, Sampt seines Weibes, vnd zweyen Kindern, Welche Anno 1616 den 15. Februarij innerhalb wenig Stunden, in ihrer eigenen Behausung, von einem Erzbösewicht, jämmerlich nacheinander hingerichtet, vnd vmbs Leben gebracht: Vnd folgends den 19. Februarij, in grosser Volckreicher Begleytung Christlichen seynd zur Erden bestattet worden, (Gehalten durch Salomonem Rothen, Ecclesiasten der Kirchen zu St. Peter daselbst. Sampt beygefügten Gründlichen vnd warn Erzehlung des Vorlauffs dieser vnd anderer Vnthaten, so erwehnter Mörder vorübet, Auch was für Supplicia vnd

C. Nachträge zu allen Abteilungen.

Straffen demselben zu erlaubt, Vnd wie er den 15. Maij hernachher vom Leben zum Tode gebracht, Mit kurtzer Erinnerung, Was man bey Außführung vnd Straff dergleichen Vbelthäter zu bedencken. (Gedruckt zu Freybergk, in Verlegung Melchior Hoffmans. 4. (JGflb. Class. III. 4. Nr. 97 Vol. XVI.; Alt. Ba 17 und 156 b)

Zu Nr. 147 ist hinzuzufügen: Hierüber vgl. auch die Drucksache Dresd. Bibl. H. 254, 42, deren Titelblatt eine wunderliche Kalbsfigur und darüber die Worte enthält: Im landt zü Meyssen bey freyburg (sic!) am montag December Jm Jar MDXXII. ist ein sollich wunder Gepurt von einer Ku kommen. Der Gaistlichen Figur byn ich gesandt Vmb besserung willem jrem stannd u. s. f. Bilder dazu enthält der Miscellenband. Dresd. Bibl. H. 234.

Nr. 248 ist zu lesen: (Alt. Ba 136)

Der genaue Titel von Nr. 355 lautet: Denen Hoch=Wol=Edlen, Ge strengen, Vest= vnd Wol=Mannhafften Herrn Georgen Hermann v. Schweinitz auff Romnitz, Churf. Durchl. zu Sachsen über ein Regiment zu Fuß wolbestalten Obristen, vnd Commendanten in Freybergk. Herrn Wolff Fridrich Muffeln von Ermreuth, bey derselben Churf. Durchl. löblichen Leib Regiment zu Fuß bestalten Obristen Leutenant, anjetzo Commendanten zum Grossen Hayn. Seinen hochgeehrten vnd zuversichtiggroßgünstigen Patronen Sonnet. Ihr schönen Ritter Preiß, vnd beste Zier der Freyen, Nehmt hin aus meiner Hand der heissen Sinnen Zucht, Nehmt diß Triumph=Gedicht, als meiner Feder Frucht. .....D. S. — Ohne nähere Druckangabe. (Alt. Ba 156 a.

Nr. 452 ist „Alt" zu streichen.

Nr. 455 ist Habet zu lesen.

Zu Nr. 544 Ende ist hinzuzufügen: (Al. XI. 318. 8.)

Seite 43 ist in der Überschrift „Älteste Zeit" anstatt „Mittelalter" zu lesen.

Zu Nr. 597 Ende ist hinzuzufügen: (Al. XIV. 609. 8. ZBG. XII. 1871, 271)

Zu Nr. 612 Ende ist hinzuzufügen: Vgl. Al. XIV. 48. 53. Fol. & 54. 4.

Zu Nr. 617 Anfang ist „De" und am Ende „(Al. XIV. 470, 4)" hinzuzufügen.

In Nr. 619 ist Disp. für Diss. zu lesen.

In Nr. 626 ist Dieze zu lesen und am Ende anzufügen: (Al. XIV 203. 4.)

Zu Nr. 635 Ende ist hinzuzufügen: 2. Ausgabe 1734.

Nr. 639 = Nr. 663. — Nr. 653 = Nr. 620. — Nr. 679 = Nr. 629.

In Nr. 646, Zeile 2 ist „Bergbaue" zu lesen.

Nr. 677 ist Schmid der Name des Verfassers.

Zu Nr. 680 Ende ist hinzuzufügen: (Al. XIV. 110 fol.)

Nr. 682 ist cum aqua metallica zu lesen.

Zu Nr. 694 Ende ist hinzuzufügen: Vgl. auch ZBM. IX., 487.

Nr. 809 lies in folgender Gestalt: Wilisch, Christian Gotthold, Ein Neues Berg=Geschrey auf den Churfächsischen Berg=Refieren ward nach dem Schluß des Quartal Luciae 1762 und am letzten Tage der Friedens= und Danksest=Woche den 26. März 1763 in der gewöhnlichen Berg=Predigt bey zahlreichem Berg-Volk und solennen Berg-Aufzug vorgestellt. Nebst einigen Beylagen. Leipzig bey Johann Christoph Gollnern. 1763. 4. Dazu als Beylagen I. Berg-Gebet, welches nach dem Beschluß der quartaliter gewöhnlichen Berg-Predigten gesprochen wird. S. 19. II. Gebet für das Bergwerk, welches bey allen Sonn- und Wochen-Tags-Predigten, nach den allgemeinen Kirchen-Gebeten gebraucht wird. III. Collecte vor das Bergwerk, welche Montags in allen Betstunden zu Freyberg gesprochen wird. Dazu ein Verzeichnis vom Berg-Regiment 1763. (Alt. Bb 53)

Zusatz zu Nr. 827. Rösch, Hugo, Christian Lehmanns historischer Schauplatz, ein Quellenwerk für erzgebirgische Heimathskunde und Geschichtsforschung. Wissenschaftl. Beil. der Leipz. Zeitung. 1883 Nr. 26 S. 152—156, Nr. 27 S. 157—150. Vgl. Glück auf! Jahrb. für d. Erzgeb. I. (1884), S. 99—124. Poeschel, Joh., M. Christian Lehmanns Schriften und ihre Bedeutung für das sächsische Obererzgebirge. Wissenschaftl. Beilage der Leipziger Zeitung. 1883. Nr. 96 S. 569—574.

Nr. 1017 ist in folgender Gestalt zu lesen: H., W. Gottfried Silbermanns erste Orgel in Sachsen. Wissenschaftl. Beilage zur Leipziger Zeitung 1882. Nr. 57, 58. S. 341—343, 349—351.

In Nr. 1223 ist zu lesen: Das Leben von Joh. Fr. Klotzsch betr.

D.

Alphabet. Autoren-Register.

Die Ziffern bedeuten die laufenden Nummern.

A. L. 876.
A. St. 1201.
Achenbach, H., 597. 598.
Ackermann, G. A., 245.
Adelung 859.
Agricola, Georg, 58. 127. 421. 1318.
Albinus, P., 422.
Am Ende, Ch. G. Ernst, 202.
— Ernst, 1202.
Andreae 39.
Andreas, Joh., 933.
Apiani 264.
Arndt, Ad., 599.
Arndt, W., 3.
Aster 265.
d'Aubuisson de Voisins, J. F., 424.
August, Herzog zu Sachsen, 612.
B. 266. 370. 1203. 1204.
B. Z. A. 267.
Baader, D., 425.
Bake, Reinh., 934.
Balling 426.
Bartsch, L., 83.
Bauer, G. R., 695.
Baumgarten-Crusius 65. 877. 878.
Bech, Fedor, 839.
Becher, J. L., 879.
Bechstein, Reinh., 840. 841.
Becker, H. A., 268.
Benewitz, Otto, 935. 936.
Bennewitz, Otto, 203. 264.
Benseler, Gust. Ed., 59. 60. 269. 270. 427. 749. 788. 813.
Berg- und Hütten-Amt zu Freiberg 623. 624.
Bergakademie 37.
Bergakademisten 271.
Bergmännischer Verein zu Freiberg 428.
von Berlepsch, G., 164.

Bernhardi, Ghlf. Benj., 614.
von Beust, F. C., 429—444. 591. 696.
Beyer, Adolph, 1. 445.
— Aug., 446. 615.
— E., 642
— Just. Jer., 204.
— K., 1205.
— Rob., 272.
Bidermann, Joh. G., 48. 49. 205. 447. 750. 937. 1206. 1207.
Biedermann, G., 616.
Biedermann, G. Heinr., 617.
Biel, C. H., 751.
— F. J., 618.
Bielitz, G. Al., 619.
Biener, Chr. G., 620.
Blavier 621.
Bley, Carl, 1208.
Blöde 733.
Bocatius, Adam, 938.
Bocer, Joh., 61.
Bochmann 273.
Bogner, Simon, 449.
von Böhmer 448.
Böhmert, Victor, 1326.
Bolzenthal 876.
Börner, Robert, 165. 274.
Böttcher, Carl Jul., 880.
Brandes, H. B. Chr., 1329.
Brassert, H., 694. 697. 698.
Bräß, Adolf, 206. 1327.
Brause 207.
— Moritz, 450.
Breithaupt, August, 62.
— Herm., 63.
Brückmann, Fr. Ernst, 451.
Bülau, Friedrich, 814. 881. 882. 1329.
Buläus, Christoph, 939—941.
Bursian, 2. 3. 275. 815. 1328.
Buschick 452. 453.

Buße, Carl Ab., 752.
C. A. J. 883.
Camerarius, Joach., 61.
Cancrinus, Franz Ldw., 454. 621.
Capacci, C., 455.
Carnot, A., 456. 562.
Charpentier, Joh. Frdr. Wilh., 457.
v. Charpentier, Toussaint, 458.
Choulette 516.
Christian, Herzog zu Sachsen, 613.
Cocus, Mart., 942.
Constantin, R., 276.
Coith, Otto, 813.
Cornelius 1330. 1331.
von Cotta, B., 459 461. 589. 734.
Cranivelb 943.
Dannenberg, J., 1332.
von Dechen 461.
Delitzsch 944.
Deucer 625.
Dietrich, Ewald, 1333
Dietrich, Ew. Victor, 64. 462.
Dibelius 945.
Dietmann, Gottlob, 946.
Dieße, D. G., 1334.
Dieze, Dav. Gottl, 626 - 628. Vgl.
 Seite 107.
Distel, Theod., 166. 884. 885.
Do. Nn. 208.
Doles, Johann Friedrich, 811.
Döring, Moritz, 753.
Drobitius, Abr, 947.
Drassdo 463.
Dünne, Ludwig, 128.
E. B. 209.
Eichler'sche Druckerei 33.
Einert, Chr. Gottl., 629.
von Elterlein, Hanns Uttmann, 464.
d'Elvert 1335.
Enderlein, M. H., 465.
von Engel, Adolph, 277.
Engelbrecht, George, 630.
Engelhardt, Carl Aug., 129. 754. 878.
Ermisch, Hubert, 4. 65. 73. 278. 279.
  304. 601. 827. 886. 904.
F. 887.
F. G. G. 1336.
Fabricius, Georg, 50. 65. 261.
Falke, Johann, 280 - 283. 466. 888.
Fiedler, Dan., 889.
Fieß, A., 844.
Finanz-Ministerium, Königl., 728.
Fischer, Friedrich, 948.
Fischer, J. G., 949.

Flade, Chr. G., 1337. 1338.
Flathe, Theodor, 284. 930.1329.
Förster 187. 526.
Fournet 467.
Fragoso de Siqueira, 468. 469.
Frante 755.
— F., 1339.
— Joachim, 950.
Fraustadt, Alfred, 816
Freiesleben, Friedrich, 699.
— Joh. Carl, 470—475. 632. 756.
— K. Fr. Gottlob, 700.
Frenzel, August, 34. 1340. 1341.
Freyberg, Christ. August, 890.
Freydiger, Bernhard, 891.
Freytag, M., 476.
von Friesen, Hermann, 285.
Frisch, Sm.Gttl.,210. 211.1342-1345.
Fritzsche, J. H., 167.
Fritzsche, Louis, 1346.
Froelund 892.
G. 477. 1209. 1281.
G. R. 379.
Garthius, Helwig, 130. 951—955.
Gäßschmann, M. J., 286. 423. 478
 bis 482. 503. 757.
Gaube, Jh. Frd., 131.
Gautsch, K., 40. 132. 817. 1282. 1347.
Gebauer, Heinrich, 66.
Geinitz 483.
Gengler, H. G. Ph.. 84.
Genßreff, Abr., 956—1006.
Georg, Herzog zu Sachsen, 611.
Gerber, Immanuel, 1007.
Gerhard 1210.
Gerlach 40. 189. 758. 759. 1276. 1283.
Gerlach'sche Druckerei 29-31. 34. 586.
— Friedrich Const., 290.
Gerlach, Heinrich, 5—12. 14. 42—44.
  67. 68. 85—88. 133.168—174.
  291 – 308. 485—487. 735. 760
  bis 762. 818. 845. 1008—1010.
  1214. 1284. 1285. 1348.
— Joh. Chr. Friedr., 89. 212. 287
  bis 289. 484. 1211. 1215.
— Sam. Gottlob, 1216.
Gernhard, August Gotthilf, 213. 214.
Gersdorf 846.
Glasey, W., 1349.
Glaser, Barthol., 1011.
Gmelin, J. F., 512.
Gödelmann, Joh. Fr., 1012.
Goldberg, Joh. Christoph, 775.
Goll, Jaroslav, 215.

D. Alphabetisches Autoren-Register.

Goepfert, E., 1350. 1351.
Gottleber 893.
Gottschaldt 175.
Gottschall, C. G., 38. 488—493. 701. 702. 736. 763.
Gottwald, Ed., 494. 1286.
Grabner, Theoph., 1013.
Graeße 44.
Gramp, C. Ferd., 1217.
Grand 495. 562.
Grefius, Nic., 221. 1014.
Grimm, W., 862.
von Grobbeck, Albrecht, 443.
Große, Ulr., 61. 69.
Grübler, Joh. Sam., 51.
Grundig 90.
Günther, Carl Friedrich, 633.
Gurlitt, Corn., 309. 310. 847. 1287.
Gurlt 757. 1352.
Güttener, Gbr., 1015. 1016.
H. 311. 379. 1017. 1218. 1219.
Haan 819.
— Wilhelm, 857.
Hagen, von der, 839. 848—850.
Hallbauer, C. F., 1220. 1221.
Hallwich 820.
Haltmeier, S. C., 1353.
Hammer, Ldw. Friedrich, 312.
Handels- und Gewerbekammer 1354.
Hänsel, Ph. Her. Friedrich, 633.
Hantsch, Adolf, 1288.
Hartmann, Carl, 496—499. 1222.
Hasche, M. Joh. Christ., 500. 1223.
Haselberger, Joh., 600.
Hasse 1289.
— J. G., 501.
— J. L., 737.
Haubold, Chr. Gottl., 633.
Hauschild 876.
Hausen, Christian August, 1020.
Hecht, Fr. A., 216—220. 1224—1226. 1355.
Heinzel 874.
Heise, F., 1302.
Heller, Hermann, 313.
Hempel, Mich., 61. 70. 176. 177. 222.
Hendel, Joh. Frdr., 314. 315. 764.
Henker 316.
Hennig, C. L., 1018.
Herbrig, H. A., 502.
v. Herder, Sigism. Aug. Wolfg., 634.
— W., 503. 504.
Hering, C. W., 1356. 1357.
Herrmann, Wilhelm, 601.

Herttwig, Christoph, 635.
Herzog, E., 13. 331. 821. 894. 895. 1019. 1290—1292. 1358.
Hettner, H., 1340.
Heuchler, E., 45. 178—182. 317—319. 1359.
Hey, Gustav, 1360.
Heydenreich, Eduard, 4. 223—227. 320. 428. 812. 816. 822. 851. 1227. 1293. 1305.
Hilscher, P. C., 321.
Hingst 14. 322—327. 823. 852. 896. 1294. 1295.
von Holtzendorff 328.
Hoffmann 738.
Hoppe, O., 1361.
Horn, Casp. Hnr., 636—638.
— Joh. Casp., 1021.
— — Gottlob, 15. 1022.
Hojäus, W., 1362.
Horstius 897.
Hruschka, Alois, 844. 862.
Hübler, Dan. Gotth. Jos., 329. 1228. 1229.
Hübner, Chr. Gotthlf., 639. 640.
Hübner, Jul., 183.
J. C. 134.
Jahn, C. August, 898.
Janicke, Georg Friedrich, 404.
Jecander 71.
Jentsch, Alfred, 467.
Immisch 1363.
Irwisch, Georg, 1023.
K. 184.
Kabisch 532.
Kade, O., 135.
Kämmel 65.
Karsten 505. 1230.
Katzenberger 765.
Keller, Hnr., 72.
Kellner, David, 506.
Kerl, Bruno, 507—509.
Kießling, J. G., 510.
Klemm, Gustav, 73. 330. 331.
Klostermann 604.
Klotzsch, Joh. Frdr., 16—20. 91—96. 136—138. 332. 511. 512. 602. 603. 641. 642. 824.
Knauth, Joh. Conr., 74.
— Paul, 228. 292. 853.
Knolthe, Hermann, 4.
Knöpschler, J. Ch., 643—645.
Koch, Chr. Leb., 1296.
Köhler 425. 1364.

Köhler, Alex. Wilh., 646. 647. 739. 1231.
Koehler, C., 78.
Köhler, E., 1297.
— Reinhold, 766. 812.
Kommer, Ernst, 703.
Königsdörffer, A. H., 1298. 1299.
von Könneritz, Jul. Traug. Jak., 648.
Köttner, H. von, 1024. 1025.
Krause 207.
Kreischer, C. G., 740.
Kreßner, P. M., 704—706.
Kretschmar 1232.
Kreysig, Geo. Christoph, 23. 333. 93.0
Kreyßig, August Hermann, 1233.
Kühn 1026.
Lampadius, W. A., 513. 514. 649. 741.
von Langenn, F. A., 854. 855. 899 bis 901.
Langer 515.
Langhelb, E., 767.
Lehmann 707.
— Carl Gtlf., 650. 651.
— Christ., 97. 98.
— Ernst, 652.
— — Joh. Tr., 653.
Lempe 654.
Leo, H., 1365.
von Leonhardt, R., 1235.
Leuthold 4. 601. 605. 708. 709. 715.
Levy, Nickel, 516.
Leyser 1027.
— Polycarp, 1028.
Lh. 1236.
Lichtmer, Augustin, 1029.
Liebe, T., 229. 334.
von Lilieneron, R., 927.
Lohde, Joh., 1030.
Lohse, Chr. Gottlieb, 768. 769.
— K. T., 710.
Lorenz, W., 517.
— Chr. G., 1237.
Löscher, C. F., 518.
Lübke 187.
Ludwig, Chr. Tr., 1238.
Lünig, J. C., 655
Luther, Martin, 147. 904.
M. 1239.
Machatschek, Ed., 856—858.
Mähler 656.
Macht, Mich., 1031.
Major, Joh., 1032.
Märker, Johann Friedrich, 1300.
Mating-Sammler, A., 1366.

Maltheus 1033.
Mauckisch, Ernst, 32. 335.
Maurenbrecher, Wilhelm, 1367.
Melanchthon, Philipp, 61. 147
Meißner, Hermann, 865.
Melzer 519. 520.
— O., 1034. 1035.
Mencken 57. 859.
Merbach, K., 521—523.
von Mergenthal, Hans, 859.
Merkel, D. J., 1368.
Meßner, Abr., 1036. 1037.
Meurer 185.
Meyer, Franz Joh. Friedrich, 606.
Michaelis 148. 336.
Mohs, Fr., 524.
Möller, Anb., 75. 825. 826. 1038-1040. 1370.
Mollerus, Sam., 139. 230—235. 332. 337—339. 902. 1041.
— M. Tob., 340.
Monsty, J. T., 1240.
Mooser, Ludwig, 1042. 1043.
Moret, M., 1340.
Mosch 770.
— C. Fr., 525. 1369.
Mstr. 186.
Müller 526.
— August, 46.
— Carl Herm., 470. 474. 527. 528.
— Christoph Hnr., 860.
— Dan. Traug., 1371.
— E. H., 1301.
— Franz, 99.
— Georg, 903.
— H., 459. 529.
— Joh. Christ., 341.
— M., 530.
von Münsterberg, Ursula, 904.
Mylius, Balthasar, 1044.
Myller, Christoph Heinrich, 860.
Neubert 342. 531.
Nitzsche, Robert, 771.
Nobbe, Carl F. August, 905.
— Heinrich F. A., 906.
Nöggerath, Jac., 607.
Offizier-Corps 343.
Ober-Berg-Amt zu Freiberg 660. 661. 728.
Ober-Hütten-Amt 624.
Otto, B., 428.
— G. E., 711.
— Joh., 1045.
P. P. R. D., 344.

D. Alphabetisches Autoren-Register.

Pabst von Ohain 532.
Pasig, Jul. Leop., 1373.
— Paul Michard, 1372.
Pein, C. Ludwig, 661.
Perlbach 886.
Petsche, Gottlob Immanuel, 533.
Petzholdt, Julius, 236. 742. 743. 1241. 1242. 1371. 1375.
Pfeiffer, Fr., 861. 862.
Pfotenhauer, Paul, 21. 22. 100. 237. 315. 346. 863. 907.
Plauck, J. W., 101.
Plattner 531.
— C. A. 535.
— C. F. 347.
Poliander 78.
Pönicke, G. A., 1302.
Portmann, Christ., 76.
Pöschel, Joh., 827. vgl. Seite 108.
von Posern-Klett 348. 349.
Posse, Otto, 857.
Preysich, Christ. Gottfried, 1046.
Prölß, Ad., 772.
— Adolf, 1243.
Prössel, Werner, 238.
Prutz, Hans, 887.
Puttrich, Ludwig, 187. 188.
von Quandt 1340.
R. 350.
Ra. 379.
Rabener, Just. G., 239. 351.
Rachel, J. W., 712.
— M., 864.
Raufft, Michael, 1047.
Rat zu Freiberg 102—119.
Raubte, Georg, 1048.
Reich, F., 743. 744.
Reinharth, Tobias Jacob, 662.
Reinhold, Gttfr., 141. 142. 1050. 1051.
— G. S., 1049. 1376.
Rentzsch, Johann, 352.
Repmann, C E., 663.
Reutter, Leonhard, 911.
Riccius, Chr. G., 120.
Richard, A. B., 773.
Richter 189. 207. 353. 536. 537. 774.
-- Adam Daniel, 1577.
— Albert, 42.
Bernhard, 1214. 1245.
— C. A., 538.
— F. J., 1246.
Heinrich Wilhelm, 539.
Joh. Gottl., 1247. 1248.
— O., 143.

Riebold 240.
Riegel, H., 187.
Ritter, Joh. Christoph, 77. 241.
Röber, Paul Ph., 1052—1063.
Rohbock, Ludwig, 78.
Rohmann, Th., 1303.
Röhricht, Reinh., 865.
Romberg, J. A., 187.
von Römer, K. H., 605.
Rösch, H., 803. vgl. Seite 108.
Rosenmüller, G. H., 898.
Rost, G. E., 776.
— Johann Gotthelf, 312.
Rößler, Balthasar, 775.
Roth, Sal., 144. 242. 1064—1081.
vgl. Seite 106.
Rüdiger, Carl Aug., 145. 243—248. 866. 908—910.
Rüling 1378.
Rziha, Franz, 1379.
S. 354. 379.
Sahr 780.
Sahrer von Sahr, C., 190.
Säller, M. Jacob, 1082.
Sprulius, Rich., 61.
Sch. 191.
Sch-r. 357.
Schäfer 867.
— Dietrich, 4.
— Gustav, 1380.
Schaumburg, J. G., 666.
Scheerer 781—784.
Scheiger, J., 1083.
Schertel 540.
Scheuchler, Benedict, 1084.
Schiffner 527. 1304.
Schinck, Fr. Chr. Gotth., 667.
Schirmer, David, 192. 355. 1085.
vgl. Seite 107.
-- Michael 249. 1086.
Schladebach, Julius, 356.
Schleissentag, Gabriel, 1087—1100.
Schlenkert, Friedrich, 777.
Schmid 541. 668.
— Bernh., 1382.
— Frdr. Aug., 542. 608. 669—675.
- Oswald Gottlob, 912.
— C. W. F., 677. 1381. vgl. S. 107.
Schmidt, G. Friedrich, 676.
— Julius, 75. 103. 104. 828.
— W., 543.
- O. G., 913.
Schmaase 187.
Schneider, Karl Gottlob, 146.

8

Schneider, Daniel, 1101.
Schnorr von Carolsfeld 1383. 1384.
von Schönberg, Abraham, 678.
— Bernhard, 829. 830.
Schönherr 1386.
von Schorn, L., 1335.
Schotanus, Bernh., 1102.
Schott 19. 124.
Schötlgen, Christian, 23.
Schreber, J. D., 914.
Schreiter, Christ., 544. 868.
von Schröder, E., 545.
Schulze, Joh. Dan., 1387.
Schuricht 1388.
Schütz, Johann, 1103.
Stettner 546.
Schultz 457.
— H., 915.
von Schulz, G. 358.
Schulz, H. W. 195.
Schum, Wilhelm, 4.
Schumann, August, 79.
Schurig, Kurt, 547.
Schw. 916.
von Seckendorff 917.
Seidemann, Jh. Carl, 147. 917—920.
Setler, Jacob, 1104—1107.
Seume, Th., 715.
Seyfert 1305.
Siber, Adam. 61.
Sigismund 778.
Silbermann, Joh. G., 196.
Simon, E. Fr. W., 679.
Slevogtius 52.
von Soltau, F. L., 779.
Sommer 1249.
Span, Seb., 680. 681.
Spangenberg, Cyriacus, 831.
Sperges, Jos., 512.
Sperling, Paul, 1102. 1108—1122.
Spielhauß, Ernst, 359.
Springer 187.
Stark, Benjamin, 1123.
— Gottfried, 1040. 1124—1151.
— Jsaak, 1152.
Statistisches Bureau 1389—1392.
Steche, Richard, 47. 166. 832.
Stein, Wilhelm, 379.
Stelzner, A. W., 745.
Stichart, Fr. O., 921.
Stieglitz 187.
— Chr. Ldw., 682.
Stier, G. 1393.
Stobbe, O., 121.

Stöbe 360.
Str. 379.
Straumer, Friedrich, 250. 1391.
Strehl, Joh. Chr., 148.
Strunzius, Frid., 922.
Struve 53. 376.
Stuenbeck, Victor, 716.
Süß, Paul, 149. 251. 252. 923.
Süßmilch, M. von, 1306.
Swoboda, Johann, 717.
Taube, L. E., 684.
von Taura, Elfried, 869.
Th. D., 134.
Tr. A. v., 361.
Theile, Friedrich, 833.
Thiele, Chr. Heinrich, 362.
Tobias 1153. 1154.
Toischer, Wendelin, 870.
Töpffer 1155.
Tränckner 363.
von Trebra 548. 549.
— F. W. H., 785.
Trenckmann, Joh. Paul, 1395.
Triller, C. F., 685. 686.
Trübsbach, Dav. Gotth., 787.
Tuscani, J., 609.
Uhlich, C. L., 718.
Ulbricht, Gustav Hermann, 150.
Ungenannt 24. 54—56. 80—82. 122.
  123. 151—158. 197—201. 253
  bis 259. 364—412. 550—585.
  610. 687—696. 719—727.
  746—748. 787—803. 812. 827.
  834—837. 924-927. 1156-1160.
  1250—1274. 1307—1317. 1396
  bis 1406.
Vater 1276. 1407.
Veit, Heinrich, 804.
von Veltheim, A. F., 1277.
Verein von Gewerken und Gruben=
  vorstehern 586.
Vogel, Bernhard, 1278.
Vogelgesang, W., 459.
Voigt, Georg, 413. 928.
W. Vg. 805.
Waagen 187.
Wackernagel 871.
Wagner, Aug., 1161. 1162.
— Balthasar, 1163—1176.
Wagner, Gabriel, 1177—1185.
— Godfr., 65. 261.
— Thomas, 656. 691.
Walburger, Ambrosius, 1186.
Walch, Carl Friedrich, 124.

D. Alphabetisches Autoren-Register.

Walther 207.
— Casp., 1408.
von Weber 731.
Weber, Gotth. Aug., 462.
— Carl von, 414. 929. 1279.
Webern 587.
Wegele, Franz, 872.
Weickert 800.
Weisbach, A., 1275.
Weissenbach, C. G., 588.
Weiß, E., 589.
Weiße 541.
— Christ. Ernst, 930.
Weller, Hieron., 70. 159. 415.
— Jacob, 1187.
— Joh. Gottfried, 25. 26. 27. 28.
Wenck 1409.
— B. H. W., 692.
— C., 827.
— Woldemar, 416.
Wengler, R. M., 590.
Werner, Abraham Gottlob, 591.
Wernicke, E., 417. 838. 873.
Wiegandt, Friedrich, 874.

Wetzel, Greg., 57.
Weyl, Ad., 1410.
Wiedemann, J. F., 592.
Wilisch 125. 126. 155. 157. 160—162. 262. 263. 807—811. 1411. vgl. Seite 108.
Wimmer, Friedrich, 507—509.
Winkler, Clemens Alexander, 593.
— Kurt Alexander, 593—595.
Winter, Carl, 1412.
Wirth, Martin, 1188—1199.
Wolf'sche Druckerei 32.
Wolkan, R., 875.
Wrubel 812.
Wunder, H., 1280.
Wunderlich, G., 419.
Wynßer, Thomas, 931. 932.
Xaver, Herzog ic., 693.
Zimmer 163.
— Joh. David, 622.
Zimmermann 420.
— Carl Friedrich, 596.
Zschaler, Gottfried, 1200.
von Zeutzsch 1413.

E.

Alphabetisches Sach-Register.

Die Ziffern bedeuten die laufenden Nummern.

Abendgottesdienst 266.
Aberglaube der Bergleute 773.
Ablaß 17. 1357.
Adolph von Nassau 339. 381. 1365.
Adreßbücher 335.
Advocati 122.
Afraner-Album 1231.
Agricola, Georg, 879. 895. 1377.
Alber, Anna, 1186.
— Matthias, 1124.
— Theodore, 1108.
Albini, Christine, 1101.
Albrecht der Beherzte 854.
Albrecht von Brandenburg-Kulmbach 416.
Alemann, Joh. Egid., 624.
Allgemeines 58—82. 268. 272. 295. 319. 324. 341. 359. 396. 420. vgl. unter Statistisches.
Allnped, die von, 814. 822. 833. 834. 824. 881.
Altar zu St. Jacob 130.
Alte Hof, der, 1282. 1307.
Altertümer, Freiberger, in Dresden 291.
Altertumsmuseum 285. 330. 1348.
Altertumsverein 68. 292.
Altertumsvereins-Bibliothek, Katalog dazu 393.
Altväter-Brücke 776.
Altväter-Wasserleitung 450.

Am Ende, Feldmarschallleutnen. 1202.
Amalgamierwerk 42. 458. 468. 527. 530. 552. 559. 594.
St. Anna, Grube, 56.
Anzeiger, Freiberger, 32.
Apotheke 322.
Apotheken-Ordnung 107.
Architektentag 266. 558.
Aristokratie 73.
Armbrustschießen 365. vgl. Schützengilde.
Armenwesen 266.
Arsenikhütte 558.
Aster, Geo. Sam., 1323.
Auer, Wlfg., 1322.
Aufbereitung 463. 502. 505.
Aufruhr 754. vgl. Tumultuieren.
Augustin'sche Extraktion 515.
Augustinus, Nicol., 1323.
Auherr, Wolfgang, 937.
Ausbeutbögen 35. 470.
Ausbeute 423. 440. 441. 446. 451. 481. 491. 503. 549. 554. 560. 573. 575—578. 583. 624.
Avenarius, Joh., 880.
von Baader, Franz, 880.
Bachmann, Georg, 1323.
Back-Anstalt 276.
Balduin, Andr., 956.
Bär, Andr., 1323.
— Joh. Dav., 1322.

E. Alphabetisches Sach-Register. 117

Bartel, Oswald, 1048.
Baudenkmäler 17. 188.
Bäuerlein, Steffan, 888.
Baugewerkentag 266.
Bauman, Kath., 1163.
Baumann, Joh. Andr., 1322.
Bauwesen 274.
Begräbnisfeierlichkeit 1357.
Begräbnisgesellschaften 312. 375.
Begräbniskapelle 266.
Begräbnisschilder 1284.
Behörden 67. 85. 496. 656. 759. 811.
Belagerung 1357. vgl. unt. Schweden.
Beleuchtung, elektrische, 266.
Bellmann, Adam, G.
Benennung der Berggebäude 379. 487.
Benewitz, Otto, 933. 1125. 1164.
— Rosine, 933.
Benneiwitz, George, 1323.
Benzinger, Johann Wilhelm, 1126.
Berg- u. Hüttenwesen 67. 73. 429-812.
Bergakademie 67. 73. 268. 271. 343.
614. 732—748. 771. 781—784.
1319.
Bergamt zu Freiberg 451. 614. 630.
Bergaufzug 787. 793.
Bergbau, Allgemeines, 67. 778. 780.
798. 799. 810. 1352. 1354. 1368.
Bergbaufreiheit 509.
Bergbaustrafe 640. 643.
Bergcollecte 807. 811.
Berg-Commissions-Räte 51 L
Berg-Decrete 664. vgl. Bergordnungen, Mandate, Stolln-Ordnung.
Berg-Gebet 811. Seite 108.
— -Gebräuche 788.
— -Hauptleute 811.
— -Information 678.
— -Kalender 36. 789.
Bergknappen 607. 758. 767. 770. 778.
1359. 1368. vgl. Knappschaft.
Bergkrankheiten 525. 764.
Bergleder 677.
Bergmännisches Leben 45. 749—812.
1376. 1399. 1400. 1402. 1406.
Bergmännische Sprache 525. 678. 757.
775. 804. 811.
Bergmännischer Verein 794.
Bergmannstag, Deutscher, 266. 1332.
Bergmeister 749. 761. 785. 791. 811.
Bergordnungen 611-613. 641.655.687.
Bergpredigten 480. 525. 533. 673.
751. 808. 809. 811. 1325. 1339.
vgl. Seite 107.

Bergproceßmandat 668. vgl. Mandate.
Berggräte 811.
Berg-Rechnungen 576.
Bergrecht 15. 18. 20. 597—731. 1334.
1381.
Bergregal 599. 638. 690. 717.
Berg-Regiment Seite 108.
Berg-Reyen 525. 753. 754. 766. 768.
769. 772. 773. 779. 790. 801-803.
811.
Bergsagen 812.
Bergschmiede-Verfassung 675.
Bergschöppenstuhl 451. 547. 603. 610.
1357.
Bergschreiber 811.
Bergschule 67.
Berg-Urthelsprüche 635. 674. 680. 684.
Bergvermessen 645.
Bergwerkseigenthum 716.
Bergwerks-Gebäude 451.
Bergwerks- und Hüttenverfassung s.
Bergrecht.
Bergwerks-Zeitung 586.
Berg-Zehende L
Berlich, Burchard, 1161.
Bernhardi, A. B., 1250. 1343.
Berßman, Gottfr., 947.
Berthelsdorf 266. 1233. 1323.
Beschert Glück Fundgrube 42. 485.
776.
von Beust, A. E., 294.
Beuther, Georg, 939. 1382.
Beyer, Andr., 1323. 1411.
— Dominicus, 896.
— Ewald, 294.
Bezirksbaumschule 266.
Bezirksobstbauverein 266
Bibelübersetzung, vorlutherische, 253.
Bibelwerk 1274.
Biberstein 1117. 1282.
Bibliotheken 67.
Bidermann, Joh. Gottl., 1228. 1251.
1310.
Bier 410.
Bier-Comment 370. 797.
Bildhauer 2.
Bleichzwang 1306.
Bleiösen 540.
Bleistein 495.
Bleiwarenfabrik 515.
Blitzschlag 142.
Blume, Joh., 957.
Bobritzsch 1360.
Bocer, Joh., 908—910.

Bodenverhältnisse 18. 461.
Böhme, Casp., 937.
Böhmische Handschrift 215.
Brand 1147. 1284. 1301. 1308. 1309. 1312.
von Brand, Wolff Hnr., 958.
Brandgeschichte 371. 379.
Braun, Margareta, 1109.
Reg., 1087.
Braunsdorf, C. Jul., 294.
Bräunsdorf 266. 472. 593. 1233. 1282.
von Brause, J. F., 1344.
Brause, Rob., 1241.
Breithaupt 547.
— Aug., 1275.
Breiting, Gbr., 1127.
Breting, Gbr., 1088.
Breus, Melchior, 1323.
Brücke über die Mulde 17.
Brunnen 318.
von Buch, Leop., 1252.
Buchdrucker 333.
Buchführer, Barbara, 959.
— Sidonie, 1064.
— Valentin, 1065.
Burgberg bei Lichtenberg 266. 1297.
Bürger-Chronik 294.
Bürgermatrikel 0.
Bürgermeister 86.
Bürgertreue 149. 1357.
Cämmerswalde 17.
von Capistrano, Joh., 143.
von Carlowitz, Christoph, 899.
Christbescherung samt Ursula Erbstolln 453.
Christian I., 1328.
Christiansdorf 1290.
Chronik, Freiberger, 373.
Churprinz Friedrich August Erbstolln 463. 505. 527. 529. 776. 1364.
Clausnitzer, Tob., 880.
Claußnitz 17.
Colesschmelzen 515.
Colmnitz 17. 1233. 1294. 1360. 1363.
Conradsdorf 17. 17. 266. 1233. 1310.
Conradus de Friberga 1323.
Constantinroman 223.
von Cotta, Bernh., 1201 1205. 1253.
Cracau, Georg, 91.
Cronenberger, Chr., 1323.
Dampfdreschmaschinen-Gesellsch. 1354.
Defensioner 375.
Deutschneudorf 17.
Dexelius, Gfr., 1323.

Dietrich, Leonh., 1322.
Diöcesanversammlung 266.
Dom 165. 167. 178. 184. 193. 194. 197. 198. 266. 854. 1373.
Dombaumeister 186. 847.
Domcantoren 67.
Domgeistliche 1233.
Dominikaner-Kloster 136.
Domkanzel 199. 200. 1340. 1412.
Domkreuzgänge 170. 171. 285. 330. 1177.
Domorgel 12. 173.
Donatsturm 317.
Donnerpredigt 142.
Dorschenniß 17.
Dörfer 146.
Döring, Moritz, 1244. 1245.
Dörnthal 17.
Drabitius, Abr., 1110.
— Joh., 1128.
Dramatische Aufführungen 266.
Dreyhorn, H. F., 294.
Droschken 266.
Trübsbach, Dav. Glb., 1156.
Ecce von Grimma 1280.
Ehrenhans, Chr. G., 1323.
Eigenlehner, Vorrecht der, 617.
Einigkeit Fundgrube 557.
Einquartierung 342.
Einwanderung Evangelischer 1289.
Einwohnerzahl 67. 266. 270. 293. 336.
Eisenbahn 347. 436. 794.
Elbstolln 504 (498).
Elisabeth Fundgrube 776.
Emrich, Heinemann, 17.
Engelhard, Georg, 1323.
Entstehung des Freiberger Bergbaues 421. 427. 511. 512. 551. 570. 579. 775.
Ephorie, Freiberger, 149. 152. 153. 158. 857.
Epitaphien 50. 51. 183.
Erbbereiten 1. 585. 645. 651. 689. 1319.
Erbische Straße 345. 377.
Erbisches Thor 345. 357. 377.
Erbisdorf 17. 477. 564. 615 1117. 1156. 1233. 1311. 1312. 1333.
Erblux 650.
Erbwermessen 661.
von Erdmannsdorff, Wolf Dietr., 624.
Erler, Lbr. Joh. Friedrich, 1251.
Ertmann, Joh. Gottlob, 937.
von Ermreuth, W. J. M., Seite 107.
Ersäufte Gruben 854.

E. Alphabetisches Sach-Register. 119

Erzgänge 421. 429. 430. 437—439.
443. 459. 460. 470—475. 526.
589.
Erztaxen 493. 623. 624. 656. 693.
710. 714. 725. 726.
Escher, Dorothea, 960.
Ettmüller, G. A. Th., 294.
Eusebienschule 211. 254.
Faber, Francisc., 937.
Fabricius, Georg, 877. 914.
Falkenberg 1313.
Familiengeschichte 813—838.
Familiennamen 813.
Ferdinand, Kaiser, Bescheid von, v.
1357.
Ferienkolonien 266.
Festungswerke 309. 317. 406.
Feher, Sam., 937.
Feuerordnungen 87. 102. 104—106.
109. 110. 113—115. 119. 379.
Feuerpolizei 110.
Feuerwehr 266. 379.
Feuerwehrtag 379.
Fischer, Zeichenlehrer, 1243.
— Joh. Gottfried, 1227.
Flacianismus 885.
Flade, Chr. Gottlob, 1255.
Flammöfen 515.
Fleischer, Laurentius, 1101. 1383. 1387.
— Reg., 1082.
Fleisner, Hnr. 1323.
Flugstaub 515.
Fortbildungsschule 266.
Fortuna, Steph., 1322.
Fossilien, nutzbare, 632.
Franciskaner-Kloster 137.
Franke, Gymnasialrektor, 266.
— Andr., 937.
— Wilh., 1322.
Frankenberg 1233.
Frankenschacht 266.
Frankenstein 266.
Frauenbad 266.
Frauenhäuser 348. 353.
Frauentreue 1333.
Freibergsdorf 1118.
Freiesleben, Joh. Carl, 1227.
Freikuxe 12. 21.
Freifahren 626.
Freiholz 1307.
Freimachen 626.
Freudenstein 87. 194. 296. 310.
Friedensfest 809.
Friedhöfe 87. 128. 266.

Friedrich Erbstolln 563.
— der Freibige 869. 872.
Frisch, Joh. Chr., 1216. 1256. 1342.
Frischmann, Carl, 937.
Fritschmann, B., 1323.
Fritzsche, Chr. Friedrich, 937.
— Joh., 935.
Frölich, Christophorus, 257.
Frotscher, Carl Heinrich, 1227.
Funccius, Chr., 257. 1129.
Funccius, M. J., 1129.
Funke, D., 1323.
Fürstengruft 127. 169. 176. 177.
192—194. 196. 266.
Fürstlicher Besuch 369.
Fürstliche Schreiben 6.
Galgengericht 88.
Gang-Streitigkeit 596. 615.
Gartenkalender 266.
Gärtner, Carl Christian, 1227.
Gassen-Schöppen 118.
Gastel uff Börichen, Barb. Elis., 1044.
Geflügel-Ausstellung 266.
Gegenbuch 638. 642.
Gegend Freibergs vor Erbauung der
Stadt 332.
Geister 1333.
Geisterburg 1333.
Geistlichkeit 131. 882. 1233.
Geißler, J. G., 1322.
Geleitsfreiheit 15.
Gellert, Christl. Ehreg., 1231.
— Chr. Fürchtegott, 1227.
Gelobt Land Fundgrube 564.
Gemeindetag 266.
Gemeinnützige Nachrichten, Freib., 20.
Gemüseausstellung 266.
General-Consumtions-Accis-Ordnung
631.
Generalschmelzadministration 623. 624.
Gensreff, Abr., 1165.
Gerichts-Archive 273.
Gerlach, Joh. Chr. Friedrich, 1221.
Germar, Ernst Friedrich, 1227.
Gerstenhöfer, M. F. J., 294.
Gesangbuch 155. 266. 772.
Geschichtsquellen 21.
Geschlechter, die Freiberger, 815. 817.
818. 821. 825. 826.
Gesegnete Bergmannshoffnung Fund-
grube 565.
Gesetze des Gymnasiums 222. 257.
Geudtner, C. F., Firma 266.
Geyer, Carl Friedrich Otto, 1227.

Gewerbe 67. 266.
Gewerkschaft 676.
Giesemann, Direktor, 266.
Gitterthür 1335.
Glocken 172. 907. 1083. 1303.
Glockeninschrift 1285.
Glück auf! 1336.
Göbelmann, Joh. Friedrich, 961.
Golddrahtfabrik 288. 384.
Goldene Pforte 168. 171. 175. 179-182. 187. 191. 1403.
Goldgewinnung 515. 534. 541. 542.
Goldproben 5.
Goldscheidung 515.
Golz, A. J. O., 294
Görenz, Joh. August, 1227.
Gott wird helfen Erbstolln 566.
Gottschalt, J. A., 294.
Grabdenkmäler 43. 44. 189. 820.
Grabplatten 44. 51. 100. 1403.
Gränitz 17. 1233. 1360. 1363.
Graul, Daniel, 1111.
Graunius, Wolfg., 257. 1052. 1130. 1166.
Grauzzig, Anna Dor., 1131.
Gref, Justina, 1132.
-- Nic., 257.
Gregoriusfest 203. 208. 246. 255.
Greuß, Geo., Pfarrer, 951.
Grieben, Georg, 962.
Grillenburg 1287. 1288. 1303. 1369.
Grimmenser Album 1237.
Groß 1383.
Großhartmannsdorf 17. 1233. 1300.
Großschirma 47. 505. 1148. 1233. 1314. 1353.
Gruben, ältere, 479.
Grüllenburg siehe Grillenburg.
Grumbach, Chr., 1323.
Grundig, Christoph Gottlob, 1247.
Gründung der Stadt 1357.
Grüner Kirchhof am Dom 43.
Güttner, Anna, 913.
Gymnasialbibliothek 204. 215. 216-220. 223 - 227. 229. 231—236. 243. 253. 1375.
Gymnasialsingechor 252. 263.
Gymnasium 67. 205. 207. 213. 214. 230. 237—239. 244. 247. 249. 251. 256. 258. siehe unter Gesetze, Hübler, Andr. Möller, Müller.
Habermann f. Avenarius.
Halsbach 47.

Halsbrücke 472. 538. 584. vgl. Amalgamierwerk.
Halsbrückner Hütten 776. f. Halsbrücke.
Hammerberg 776.
Hammerschmidt, Andr., 880.
Handel 67. 266. 313.
Händler, Anton, 1403.
Handschriften f. Gymnasialbibliothek.
Handwerksburschen 266.
Hänicker, Joh. Tob., 1322.
— Sam., 1162. 1323.
von Hardenberg, Friedrich, 880.
Hartitzsch, Familie, 835.
— Mgr., 1084.
Harzbach, J. Aug., 1323.
Hasche, Amtsrichter, 266.
Hauptstölln 548.
Hauptstreichen 618.
Hausbettelei 266.
Häuser-Chronik 297.
Hausmann, Nic., 50. 880. 912. 914. 1227. 1393.
Hausnummern 67. 266.
Hausthüren 46.
Hebammen-Ordnung 116.
Heber, Chr., 1322.
Hecht, Friedrich August, 1220.
Hedrich, Bern., 937.
Heidenreich, Barthol., 937.
— Paul, 1322.
Heider, Christ., 937.
Heilige Spiele 267.
Heinrich der Erlauchte 324.
— der Fromme, Herzog, 12. 27. 121. 139. 140. 326. 525. 883. 890. 891. 902. 905. 918. 919. 921. 922. 924. 926. 929. 930.
— von Freiberg, mittelhochdeutscher Dichter, 939-841. 844. 848-850. 853. 860—862. 864. 870. 871. 874. 875. 1227.
Heinricus advocatus de vriberg 1347. 1378.
Helbig, Joh. 964.
Helbigsdorf 47.
Herbergen 266.
von Herder, S. Aug. Wolfg. Freiherr, 1239. 1249. 1357.
Herrmann, J. G., 1322.
Herzog August bei den drei Kreuzen 567. 776.
Hessing, Valerius, 1177.
von Heynitz, Carl Wlh. Benno, 1210. 1257.

Hilbersdorf 47. 1233.
Hilger, Just., 965.
— Wolf, 298.
Hillger, Oswald, 1066.
Hilliger, Familie, 828. 838. 907 1100. 1377.
— Joh. Paul, 1053.
— Martin, 1083.
— Oswald, 937. 1227.
— Wolfgang, 1067.
— Zach., 1089
Hilscher 1404
Himmelfahrt Fundgrube 467. 502. 569. 575. 590 776.
Himmelsfürst Fundgrube 266. 477. 524. 531. 569. 615. 811.
Hinrichtungen 266. 403.
Hobelt, N., 937.
Höckendorf 473. 483. 494. 571. 1233. 1286.
Hoffnung Gottes 550.
Hofmann, Mathematiker, 1243.
— Joh. G., 1323.
Hohe Birke 596. 1304.
Hollunder, Christian Fürchteg., 1227.
Holzluxe 629. 679.
von Honsberg, Familie, 819. 836.
— Friedrich, 17.
Horn, Anna, 1188.
— Barb., 966.
— Casp., 1068. 1090. 1377.
— Casp. Hnr., 937.
— Christ. Sig., 1258.
— Friedrich, 1091. 1133.
— Gebr., 1134. 1179.
— Gfr., 1092.
— Kathar., 967.
— Ludwig, 1069.
— Mgbl., 1070.
— Maria, 968.
— Nicol., 969, 1071.
— Sigismund, 257.
— Walpurgis, 1189.
Hospital St. Johannis 275. 350. 390.
Hospitaldörfer 1295.
Hospitalgebet 344.
Hospitalwald 266.
Hübler, Dan. G. J., Konrektor, 1207. 1224. 1225. 1337. 1338.
Hubmeyer, Adolph, 1054.
Huldigung 316. 352. 376. 385. 386. 1333. 1357. 1401.
Huldigungsmedaille 1319.
Humboldt, Al. von, 387. 1203. 1227.

Hungerbrunnen 1364.
Hünich, L. A., 1341.
Hüttenkrankheiten 764. 806.
Hüttenprocesse 456. 495. 515. 517. 535. 562. 592. 505.
Hüttenrauch 476. 507. 515. 521. 545.
Hüttenrechnungen 624.
Hutterus, Mich., 1322.
Hyginhandschrift 224.
Jhle, F. M., 294.
Import fremder Erze 515.
Industrie 67.
Ingenieurversammlung 266. 558.
Innungsartikel 12.
Innungswesen 266. 388. vgl. Malerinnung.
Inschriften 50. 51—54. 57.
Isaak s. Silberschnur 452.
Jagdmedaille 1319.
Jahrbuch für den Berg- und Hüttenmann 37.
Jahrbuch für das Berg- und Hüttenwesen 34.
Jahrmarkt 311.
Janicke 1259.
Jenichen, Dav., 1093.
— George, 937.
Johannes im Korbe 754.
Johannes von Freiberg 839. 851.
Johannesthaler 389.
Johanniskirche 1233.
Jubelmünze 1319.
Jubiläen 266. 334. 360. 378. 391. 392. 735. 736. 774. 781—784. 808. 811. 1398.
Judentaufe 154.
Jünger, Chr. Fr., 1355.
Junge, Karl August, 1227. 1260.
Junge hohe Birke Fundgrube 572. 776.
Jungfrauenkloster 132. 133. 138. 1124.
Junghans, Hnr., 937.
Jungnickel, J. G., 294.
Kaiserlicher Besitz von Freiberg 323.
Kaland 13. 163.
Kanonen 298.
Kastenstube 299.
Katharina von Mecklenburg 326. 921. 929.
Kaufhaus 67.
Kelle, Carl Gottfr., 1227.
von Kaufungen, Kunz, 306. 317. 813. 846. 867. 868. 1227. 1394.
Keil, Ambr., 970.
Kelche 185.

Khun, Mich., 1323.
Kilmann, Barbara, 1190.
— Sam., 257. 1055.
Kinderbewahranstalt 266.
Kindergottesdienst 266.
Kirchen 67.
Kirchengeschichte 127—201. 266.
Kirchspiele 67.
Kirchenstatistik 146.
Kirchenzettel 153.
Kleiderordnungen 83. 103. 108.
Kleinhartmannsdorf 17.
Kleinschirma 17. 1227. 1233.
Kleinvoigtsberg 550.
Kleinwaltersdorf 17. 1161. 1227. 1233.
Klemm, Gustav Friedrich, 1227.
Klima 67.
Klöbitsche Baude 800.
Klöppel, Matth., 1191.
Klöster 414. 1374. vgl. unter Dominikanerkloster, Franciskanerkloster, Jungfrauenkloster.
Klotzsch, Andr., 1112.
— Joh. Fr., 1223.
Knappschaft 451. 492. 525. 701. 760. 763. 774. 777. vgl. Bergknappen.
Knaute, Anna, 943.
Kohl, R., 294.
Köhler, Anb., 1072.
— David, 937.
Kölbel von Geising 820.
Köler, Andr., Seite 106.
Kommunalanlagen 99.
Königstafeln der Schützengilde 10.
von Könneritz, Heinrich und seine sechs Söhne 648.
Konstantinroman 223.
Kori, August Sigismund, 1227.
Körner, Theodor, 1217. 1227.
Kornhaus 67.
Krause, H. H., 294.
— Joh. Gottfr., 937.
Krawieder, Anna, 1073.
Kreisamt Freiberg 1368.
Kreul, Andreas, 845.
Kreuziger 16.
Kreuzfahrer 349. 859. 865.
Kreuzgänge s. Domkreuzgänge.
Kreuzmühle 266.
Kriegsdrangsale 1293. 1298. 1403.
Kriegsschulden 363.
Kronberg, Christian, 1094.
Kronberger, Oswald, 937.
Krüger, L. B., 294.

Krummenhennersdorf 47. 1105. 1233.
Küchenmeister, Sebast., 937.
Kugler, Rechtsanwalt, 266.
Kühn, Georg, 1322.
Kuneken 823.
Kunstdenkmäler 17.
Kunstgeschichtliches 164—201.
Kupferstein 495.
Kurprinz s. Churprinz.
Laboratorium 514.
Lampadius 1222.
Landesbeschädiger 16.
Landsberger, Abr., 972.
Landstraße 282.
Langen, Joh., 1180.
Langenrinne 206. 472. 1155. 1196.
Langhennersdorf 47. 1298. 1299.
Lehmann, Familie, 827.
— Christ., 827. 1041. 1357. Seite 108.
— Joh. Christ., 827. 946. 1046. 1047.
— Ottilie, 973.
— Petrus, 827.
— Theoph., 973.
Lehrerschaft 248. 261. 262.
Leichenconduct 1328.
Lempe, Joh. Friedrich, 1211. 1261.
Lempel, Christoph, 937.
Leichpredigten 144. 933 ff. 1153.
Leuschner, Mart., 937.
Lichtenberg 17. 266. 1233. 1266. 1296. 1297.
Liebe, Chr., 1323.
Linde, Anna Barb., 1135
— Anna Sabina, 1167.
— Carl, 1136.
— Christoph, 1168.
— Friedrich, 1102. 1157.
— Jan. Frbr., 1102.
— Joh. Heinr., 1218.
Linda 1283.
Lindemann, Paul, s. Lindenau.
Lindenau, Paul, 903. 919.
Lindener, Anna, 1113.
— Anna Dor., 1137.
— Joh., 1138.
— Paul, 873.
Lindner, Gottfr., 23.
Lingke, Familie, 12. 1102.
— Marie, 1157.
— Marie Sophie, 1182.
Linke, Carl, 1323.
— Chr., 1323.
Löffler, Joh., 1323.
Lokalblätter 20—33.

Löscher, Sam. Jac., 1262.
Löser, Friedrich, 1074.
Lößnitz 1281.
Lößnitzbach 1363.
Loßnitz 12. 283.
Lotzke, Johann, 842. 863.
von Löwendal, Woldemar, 624.
Ludwig, Christian, 1114.
— Christophorus, 1192.
Lutherbriefe 7.
Luther, Jo. Andr., 1321.
— Martin, 7. 1372. 1393.
Magdeburger, Hieron., 876.
Malerinnung 417.
Mandate 657. 658. vgl. Bergproceßmandat.
Männergesangfest 356.
Marcellus, Joh., 937.
Markt=Ordnung 117.
Markscheiderzug 539.
Martini, Wolf Casp., 937.
Maukisch, Jsr., 1139. 1323.
Medaillenarbeit 876.
Meder, A. Marie, 1007.
Mehner, Maria, 1075.
Meißen, Bischöfe von, 856. 858.
— Fürstenschule St. Afra, 281.
Meißner, Kreisamtmann, 614.
Melanchthon=Briefe 7.
Melden, Magd., 974.
von Mergenthal, Casp., 865.
— Hans, 859. 865.
— Nicol., 975.
Meßgewand 398.
Metall=Drahtfabrik 288. 381.
Metzner, Abr., 952.
Meurer, Maria, 976.
St. Michaelis 17. 1147. 1233. 1312.
Mineralien=Verzeichnisse 756.
Mißling, Dan., 1193.
Mitteilungen des Freiberg. Altertumsvereins 68.
Möller 1383.
— A., 1370.
— Andr., 75. 977. 1018. 1140. 1158.
— Regina, 1110.
— Salome, 977.
von Molsdorff, Geschlecht der, 831.
Mönchstab 147. vgl. Seite 107.
Monhaupt, Nicol., 866.
Monumentale Quellen 39—47.
Mord 144. 1114. 1199. vgl. Seite 106.
Mordgrube Fundgrube 574. 1333.

Morgenstern, Casp., 1361.
Moritz von Sachsen, Churfürst, 413. 880. 884. 887. 901. 911. 916. 927. 928. 931 932. 1329—1331. 1333. 1349. 1367. 1386. 1409.
Moritz=Monument 1. 164. 166. 174. 201. 1408.
Mosellanus, P., 897. 913. 915. 1377.
Mulde 17. 266.
Muldenflöße 301.
Muldner Hütte 508. 558. 776.
Müller, Christoph Gotthelf, 1229.
— Geo., 1323.
— Joh. Geo., 1377.
— Justine, 1056.
— M. Sophie, 1141.
— Ros., 978.
Müller, Sam., Rector des Gymnasiums, 1226.
— Sophie Salom., 1005.
von Münsterberg, Ursula, 886. 894. 904. 917.
Münzen, 18. 49. 55. 56. 1319.
Münzer, Familie, 834.
Münzsystem 490.
Münzverfassung 92. 95. 281. 300.
Musit 811. 1320. 1322. 1324.
Mylius, Abr., 1322.
Nachrichten, Freiberger, 30.
Naturselbstdruck 302.
Naumann, Joh. Gottl., 937.
Naundorf 17. 1233. 1323. 1369.
Nestler, Martin, Bergmeister, 632.
Neuer Morgenstern Erbstolln 553.
Neuesorge 1315.
Neuhausen 17.
Neujahrszettel 148.
St. Nicolai=Kirche 161.
Nicolaus 161.
Niederbobritzsch 266. 563.
Niederlangenau 17. 566.
Niederschöna 17. 266.
Niederstetter, Mich., 1323.
Nitzsche, Anna, 1076.
Noth, H. Th., 294.
Novalis s. von Hardenberg.
Oberbergamt 451. 614. 728.
Oberbergamts=Assessores 811.
Oberbergamts=Verwalter 811.
Oberberghauptleute 749. 755. 761. 795. 811.
Oberbobritzsch 17. 266. 1233. 1305.
Ober=Einfahrer 811.
Obergruna 565.

Oberhof 286.
Oberhüttenamt 451.
Oberhüttenamts = Assessoren 614.
Obermarkt 419.
Oberneuschönberg 17.
Oberschaar 47. 1233.
Oberschöna 47. 1103. 1233.
Ober=Zehendner 811.
Obstausstellung 266.
Orgeln 135. 157. vgl. Silbermann.
Ortsstatistik 67.
Ossa, Melchior 900.
Otthen, Joh., 1322.
Papierfabrikation 283.
Papstesel 147. vgl. Seite 107.
Pattinsonieren 495. 515.
Pechel, Christ., 257.
Pest 327. 368.
Petrikirche 131. 156. 157. 1233. 1358.
Petrus de Freiberga 937.
Pezold, Georg, 1103.
Pfaffroda 17.
Pfennigsparkassen 266.
Pfeil, Petr., 937.
Pferde-Göpel 553.
Photographien von Freiberg 11.
Piccolomini, Schreiben von Octavio, 8.
Pilzösen 515.
Pistorius, Joh. Fr., 1323.
von der Planitz, K. M. E. Edler, 294.
Platner, Georg, 257.
Plattner, C. F., 1212.
Plätze 67.
Pleißner, Mgdl., 979.
Pochwerk 776.
Polizei=Taxe 100.
Post 266. 1380.
Prager, Anna Cathar., 1191.
— Aug., 1006.
— Catharina, 1169.
— Hans, 1077.
— Joh., 1170.
— Judith, 1097.
— Sam., 980.
— Sidonie, 953.
— Val. Gottfr., 981.
Prämienthaler 1319.
Predigerkloster 136.
Predigermönche 28.
Prinzenraub s. Kaufungen.
Probierküche 776.
Prölß, A. E., 294.
Promenade 67.
Prüferfest 266.

Pulver=Recept 22—316.
Purschenstein 17.
Quatembergeld 667.
Quellmalz, Anna, 1171.
— David, 936. 1045. 1115.
— Sam. Theod., 1322.
Raffinatsilber 515.
Raffinieren 495.
Ramm, Joh. P., 1323.
Raming, Tan., 982.
Rangordnungen 67. 123.
Rathaus 67.
Ratsämter 67.
Ratsarchiv 6. 269. 304.
Ratsdörfer 1295.
Ratslinien 1403.
Ratsordnungen 5. 67. 102—119.
Ratsvergleich 12.
von Raumer, Carl, 880.
Realschule 67.
Receßgeld 667.
Rechenberger, Adam, 880.
Rechtspflege 67. 93.
Rectoren des Gymnasiums 221. 260.
Reformation 145. 150.
Register=Weisungen 659.
Reich, F., 294.
Reichel, Elis., 1195.
Reichenbach 47.
Reichsfechtschule 266.
Reichstagswahl 266.
Reinsberg 1282.
Reisebeschreibung 1276. 1306. 1407.
Reisner, Ab. Gottl., 937.
Reiterschießen 266.
Religionsgesänge 1399.
Resen, Mrgth., 1078.
Rhagius, Joh., 880. 889.
Richter, E. F. J., 294.
— G. W., 294.
— Joh. Ab., 1323.
— Joh. Gottlob, 1263.
Richzenhayn, Anton, 1098.
Riedel, Gottfried, 1322.
Rittergüter 1302.
Rivins, J., 244. 878. 880. 893. 898.
Rochlitzer, Joh. Carl Gttf., 1213.
Rochlitzer'sche Erziehungsanstalt 212.
Röling, Friedrich, 983.
Römer, Hnr., 257.
von Römer, Jobst Chr., 1357.
Roje, Seb., 1323.
Röseler, Ant., 1377.
Rosinenhäuschen 776.

Roßwein 311.
Roth, Magd., 984.
— Sal., 985.
Rothe, Christian, 937.
— Dav., 1323.
Rothenfurth 17. 56. 1233. 1360.
Rothschönberger Stolln 528.
von Rottberg, C. R., 1353.
Rüdiger, Carl August, 1242.
Rudolff, A. Magd., 986.
Rudolph, Bast., 987.
— Friedrich, 934.
Sagen 67. 812.
Saigern 495.
Salzburgische Emigranten 399. 404.
Salzniederlage 15.
Sammlungen, öffentliche, 67. 268. 746.
Sarcerius, Erasm., 880.
Satler, Dorothea, 1183.
Sättler, Jac., 1323.
Sayda 47. 266. 1360.
Schade, Mag. P., 892.
Schäfer, Diac., 885.
Schaller, Wolfg., 937.
Schauspiel 1357.
Schaustuse 811.
Schede, Friedrich, 937.
Scheidhauer, Joh. Andr., 1240.
Schellenberg, Joh., 1116.
Schenk, Jac., 880. 920. 1248.
Scheuereck, Joh. J., 1323.
Schießmethoden 537.1361. vgl. Sprengarbeit.
Schilling, Casp., 937.
Schirma 1360.
Schirmer, Dav., 937.
— Georg, 1184.
Schlacht bei Freiberg 328. 1329. 1357. 1409.
Schlackenbad 314. 315.
Schlackenhaldenbrand 508.
Schlagwetter=Commission 697.
Schleiffentag, Gbr., 1057.
Schloßkirche, Orgel in der, 135.
Schmelz=Bücher=Extracte 624.
Schmelzhütte 558.
Schmettau, Mgd., 1079.
Schmid, Chr. Wilh. Friedr., 1264.
Schmidt, Chr. Wilh. Frdr., 1357.
Schmieder, Friedrich, 937.
Schmiede=Taxe 111. 664.
Schneider, Aug., 937.
von Schönberg, Geschlecht, 816. 829. 830.

von Schönberg, Abr., 1105.
— Caspar, 858.
— Curt Alex., 1279.
— Dietrich III., 858.
— Hans Eberhard, 1265.
— Geo. Friedrich, 1099.
von Schönbergk, Hnr., 989.
— Moritz, 1117.
von Schönberg, Nicol., 1142.
— Wolff, 950.
von Schönburgk, Joh. Ernst, 1114.
Schönlebe, Anna, 990. 1196.
— Anna Cath., 1058. 1144.
— Casp. Ludw., 1059.
— Catharina, 991. 993. 994.
— Dor., 1049.
— Ernst, 1118.
— F., 1060.
— Friedrich, 992.
— Gbr., 938. 1119.
— Gottfr., 954.
— Hnr., 1143.
— Jonas, 1196.
von Schönlebe, J. E., 1155.
Schönlebe, Ludwig, 948.
— Magdalena, 1120.
— Reg., 995.
Schöppen, ein alter Urtelsspruch der, 26.
Schornsteinfegertag 266.
Schrempff, Elias, 1197.
Schrotamt 94.
von Schubert, Gotthlf. Hnr., 880.
Schulgebäude 1357.
Schulgeschichte 202—263.
Schulkomödien 228. 250.
Schulpredigten 242.
Schumann, Jonas, 937.
Schürfen 704.
Schütz, Amtsprediger, 885.
Schütze, Wlp., 1080.
Schützenbuch 10.
Schützengilde 10. 305.
Schutzgötter 1371.
Schweden, Belagerung durch die, 264. 290. 337. 338. 340. 351. 355. 358. 360. 361. 366. 367. 374. 380. 381. 383. 394. 395. 400. 405. 779. 1335.
Schwedenmonument 78.
Schwefelsäure 509.
Schwefelsäurefabrik 515. 558.
Schweinitz, Elisabeth, 1121. 1185.
von Schweinitz, Geo. Hm., 1008. 1121. 1185. vgl. Seite 107.

Seeländer, Andr., 1323.
Seidel, Christoph, 940.
— Elis., 941.
Seiffen 17.
Seminar 206. 209. 210. 240. 1327.
Senecahandschrift 226.
Settler, Barb., 1318.
Seyfart, A. Mar., 996.
Seyffried, Anna Marg., 1100.
Seyfried, Friedrich, 1323.
— Sal. Friedrich, 1323.
— Gottfr. Sam., 1323.
Sidonie, Herzogin, 855.
Siebenjähriger Krieg 265. 401. 402.
vgl. Kriegsdrangsale.
Siebgen, Barb., 997.
Siegel, Barb., 1172.
— Chr., 999.
— Melchior Wolfg., 1377.
— Wolfg. 1122.
Siegesthaler 1410.
Sievershausen 1349.
Silberdrahtfabrik 288. 384.
Silbermann, Familie, 837.
— Andreas, 1043.
— Gottfr. 12. 880. 915. 949. 1042.
1043. 1160. 1200. 1362. vgl.
Seite 108 und unter: Orgeln.
Silbermannfeier 266.
Silberwagen 796.
Singespiel 259 = 1324.
Sohra 1305.
Sparkassentag 266.
Sparmarken 266.
Speise-Anstalt 276.
Sperber, Joh., 937.
Sperling, Anna Maria, 1173.
P. Fr., 1323.
— Marie, 1050.
— Paul, 257. 1174.
Spiegel, Jerem., 1323.
Spielkarten 289. 354.
Spieß, Geo., 1145.
Sprachliches 1350. 1351. vgl. unter:
Bergmännische Sprache.
Sprengarbeit 425. 1379. vgl. Schieß-
methoden.
Stadtbrauerei 266.
Stadtbücher 6.
Stadt-Chronik, neueste, 303.
Städtisches Leben 264—420.
Stadtrecht 12. 83—126.
Stadtrechnung 11.
Stadtverfassung s. Stadtrecht.

Stadtverordnetenwahl 266.
Stadtviertel 67.
Stammvermögen 266.
Starck, Barbara Walth., 1123. 1175.
— Friedrich, 1152. 1187.
— Seb. Gottfr., 1061. 1123.
Statistisches 1388—1392. 1395—1397.
1405. 1406. 1413.
Statuten 89. 90. 124.
Stecher, Chr. G., 294.
Steffens, Hnr., 880.
Steglen, Kilian, 955.
Steiger, B., 1323.
Stein, Kunz von Kaufungen betr.,
auf dem Obermarkt 306.
Steinkohlenverbrauch 347.
Stephan, Chr., 1323.
Steinert, G., 1323.
Steuerregister 14. 1295.
Steuerwesen 67.
Stiftungen, wohlthätige, 67. 97. 98.
241. 245. 249. 266. 284. 287.
389. 407. 1258. 1387.
Stockmann 1266.
Stollen, ältere, 479.
Stolln-Geschworne 811.
Stolln-Ordnung 683.
Straßburg, Paul, 1081.
Straßen 67.
Straßenbau 1288.
Straßenräuber 16.
Straßenrecht 15.
Statistisches 1326.
Strauß, Joh. Sam., 1322.
Studenten 736.
Studentisches Leben 765. 771. 781
bis 784. 792. 794. 802.
Streittag 762.
Stuhlweiber 110.
Superintendenten 149. 1233.
Süsse, Joh. Chr., 937.
Süssemilch, Barb. El., 1198.
von Sütphen, Stephan, 1146.
Tageblatt 32. 33.
Tanneberg, Melchior, 1199.
Taube, Bergrat, 1267.
Telephonleitung 266.
Terenz 250.
Tharandt 1303. 1346. 1360.
Theater 266. 329. 362.
von Theler, (Geschlecht der Edlen,
494. 1280.
Thonwaarenfabrik 558.
Thore 67.

E. Alphabetisches Sach-Register. 127

Thorschmied, Dan., 1000.
— Regina, 942.
Thurmhöfe 307.
Thurmhofer Bergbau 536.
Thurmhofer Berggebäude 484.
Tieftrunk, Casp. Chr., 937.
Tielke, Hauptmann, 1215.
Tierschutzverband 266.
Titular=Buch 364.
Topographie 379.
Torstensohn 395. vgl. Schweden.
Totengrüfte 51.
Trachten der Berg= und Hüttenleute 527. 713. 776.
Trainer, Georg, 1106.
— Paul, 1107.
Tränckner, M., 294.
von Trebra, Fr. Wilh. Hnr., 1209. 1232. 1268. 1357.
Treibseile 497.
Trenckner, Gfr., 1147.
Trenerus, G., 257.
Triangulirung 543.
Trinkstube 42. 408.
Trinkstubenordnung 2.
Trummer, Geo. Christian, 1322.
Trützschler, Hanns Hnr., 624.
Tumultuieren der Bergleute 658.
Türkentaufe 409.
Turnhalle 266.
Tuttendorf 47. 472. 1162 1233. 1285. 1316. 1323.
Uhle, Mich., 1322.
Uhlich, Seb., 1323.
Umgegend 1281—1317.
Unglücksfälle 525.
Unterpfand, stillschweigendes, an Berg= teilen 638.
Urkundenbuch 4.
Urkundliche Quellen 1—28.
Vagabundentum 266.
Valentin, Dan., 937
Veranius Agrippa 1322.
Vereine 67. 266.
Vereinigt Feld bei Brand 580.
Verfallene Schächte 581.
Verhaltungsregeln für Bergleute 660. 729. 730.
Verhüttung 426.
Verwaltungen 67. 266.
Verwünschtes Kind 25. 321. 411. 418.
Verzellbuch 3.
Verzellen 96.
Vierteljahresbericht 546.

Vierung 634. 654.
Visitation der Klöster 1356.
Vogel, Paul, 1322.
Vogelschießen 412.
Voigtel, Nicol, 937.
Voigtsberg 472. 473.
Voigtsdorf 47.
Volksbibliothek 266.
Wagner, Balth., 1001.
— Jacob, 937.
— Joh., 1323.
— Marg., 1003. 1051.
— Richard, 1278.
— Sam., 1085. 1148.
Wahl's Freib. Merkwürdigkeiten 372.
Wahlenbücher 486.
Wahrzeichen 308. 331.
Waisenhaus 266.
Walburger, Tob., 1002.
Walpurg, Ambros., 1062.
Wanderungen von Bergleuten 604.
Wandel, Joh. Andr., 1149.
— Regina Sal., 1150.
— Wilhelm, 1151.
Wappen d. Freib. Geschlechter 817. 818.
Wappen der Stadt Freiberg 40.
Wasserstolln E. E. Rats 482.
Wasserverhältnisse 67.
Weber, C. F. G., 294.
Weckel, Dav., 1176.
Wegefahrt 47. 1103. 1161. 1233.
Weidemüller, S. Hnr., 1323.
Weigel, Marg., 1004.
— Martin, 1005. 1361.
— Urs., 1006.
Weigmannsdorf 47. 266. 1233. 1266.
Weigold, Chr., 1322.
Weihnachtsbescherungen 266.
Weisbach, Bergrat, 266.
Weißenborn 47. 1233.
Weißer Schwan und volle Rose 615.
Weller, die, 831.
— Hieron., 880. 906. 925.
— Jacob, 1086.
— Nicol, 852.
— Soph. Elisab., 1063.
Wellner'sche Doppelöfen 515.
Wendheim, Joh., 937.
Wenden 544.
Werkblei 495.
Werner, A. G., 429. 737. 879. 1204. 1208. 1214. 1219. 1230. 1235. 1236. 1238. 1246. 1269. 1271. 1277. 1345.

Wernerbibliothek 1375.
Wernerfest 805. 1270.
Wetzel, Joh. Andr., 1322.
— Joh., 1154. 1323.
von Wichmannshausen, Joh. Georg, 624. 1273.
Wilisch, Chr. Frdr., 1206. 1274.
Wirth, Mich. Martin, Pfarrer, 937.
Wirtshausleben 320.
Wittwen- und Waisen-Kasse 97. 98. 112. 125. 126.
Wolf, Director, 266.
Wolkenstein, Joh. Casp., 937.
Wunderzeichen 141. 150. 415. 786. 1018.

Wüste Marken 1292.
Zehenden-Amt 451.
Zehendner 811.
Zehendner-Schreiber 811.
Zelle, Kloster, 12.
Zeitbuch Adam Bellmanns 6.
Zeitung, Freiberger, 31.
Zethau 47.
Zinkblende 434.
Zinkgewinnung 515.
Zinkhütte 558.
Zinn 478.
Zollfreiheit 15. 23.
Zörler, Andr., 937.